아시아의 개인기록, 문서, 그리고 생활변화

국립중앙도서관 출판시도서목록(CIP)

아시아의 개인기록, 문서, 그리고 생활변화
편저자: 이정덕, 손현주
-- 서울: 논형, 2016
p. ; cm. -- (논형학술; 88)

ISBN 978-89-6357-173-7 94330 : ₩20000
ISBN 978-89-90618-29-0 (세트) 94080

아시아 문화[--文化]

309.11-KDC6
306.095-DDC23 CIP2016014265

아시아의 개인기록, 문서, 그리고 생활변화

이정덕 · 손현주 편저

논형

아시아의 개인기록, 문서, 그리고 생활변화

초판 1쇄 인쇄 2016년 6월 15일
초판 1쇄 발행 2016년 6월 20일

편저자 이정덕 · 손현주
펴낸곳 논형
펴낸이 소재두
등록번호 제2003-000019호
등록일자 2003년 3월 5일
주소 서울시 영등포구 양산로 19길 15 원일빌딩 204호
전화 02-887-3561
팩스 02-887-6690
ISBN 978-89-6357-173-7 94330
값 20,000원

서문

기존의 근대성 논의는 미시적이고 개인적인 차원의 분석보다는 거시적 분석에 근거한 경제적 · 문화적 · 정치적 측면의 구조적 성격과 제도적 과정의 변동에 초점을 맞추는 경향이 있다. 예를 들면, 마르크스(K. Marx)의 유럽사회의 자본주의적 생산관계 분석과 아시아적 생산양식론, 베버의 책 『프로테스탄티즘의 윤리와 자본주의의 정신』에서 보여지는 서구 근대성의 보편적 가치와 중요성, 뒤르껭(E. Durkheim)의 사회분업론에서 주장하는 유기적 연대와 시민도덕의 창출 등은 모두 서구의 문화와 역사적 경험이 근대화의 본질적 부분이라고 주장한다. 근대화 과정을 공동사회(community)에서 이익사회(society)로의 전환으로 보는 퇴니스(F. Tönnies)의 주장, 벨(D. Bell)의 탈산업사회론에서 주장하는 서비스업 중심의 사회구조가 문화에 끼치는 영향, 파슨스(T. Parsons)의 기능론적 관점에서 주장하는 사회를 구성하는 하위 단위들의 분화와 통합 등은 정치, 경제, 기술 등과 같은 구조의 끊임없는 분화와 상호작용의 결과로 야기된 근대적 다원성(modern plurality)에 대한 거시적 분석들이다.

서구 중심의 근대성 담론이 부정과 극복의 대상이 된지 오래되었다. 기든스(A. Giddens)와 벡(U. Beck)이 주장하는 '성찰적 근대성'(reflexive modernity) 이론도 위기에 빠진 서구 중심의 근대화 담론을 새롭게 재구성하여 변화하는 사회질서에 적응하여 기존 서구 근대성이론의 혁신을 담아내고자 하는 노력이다. 이러한 서구 중심의 근대성 담론이 벽에 부닥치면서 등장하는 것이 다중근대성(multiple modernities) 또는 대안근대성(alternative modernities)과 같은 새로운 패러다임이다. 다중근대성과 대안근대성은 근대성을 이해하는데 서구가 아닌 나라와 문명도 중요함을 강조하는 것이다. 제도뿐만 아니라 개인의 고유한 경험도 근대성을 이해하는 데에 관계가 있다는 것이다. 이것은 서구 중심의 균질화된 발전경로에 대한 가정을 거부하는 것이다. 가족 생활, 경제적 · 정치적 구조, 도시화, 근대 교육, 매스 커뮤니케이션, 개인주의의 확대와 같은 영역들이 다양화될 수밖에 없고, 여러 가지 형태의 제도와 이데올로기 패턴이 생기는 것으로 보았다.

제도 중심의 근대성에 대한 반성은 개인이 일상생활에서 경험하는 개인의 근대적 경험에 대한 관심으로 표출된다. 개인의 경험은 다양하고 일정한 규칙이 없다. 인간이 향유할 수 있는 근대적 경험은 경제제도, 정치제도, 종교제도, 교육제도, 가족제도, 문화제도 등과 같은 다양한 제도, 도시 · 농촌과 같은 지역적 공동체, 공식 및 비공식적 집단, 계급, 젠더, 성, 세계화의 영향, 매스미디어, 기술, 소비생활 등을 통해서 가능하다. 근대적 경험은 직장을 매개로 한 경제활동과 친밀성에 기반한 일상생활로 크게 나눌 수 있다. 직장생활은 시장에 자신의 능력을 임금을 매개로 교환하는 장소이기 때문에 경제적 걱정, 독립성 등과 같은 성격과 거대 조직의 생태계를 경험할 수 있는 공적 공간이다. 또한 일상생활은 사적인 공간으로 개인의 친밀한 인간관계 형성과 여가생활, 교육, 의식주 해결 등과 같은 소비생활을 경험하는 영역이다. 이러한 근대적 경험은 근대적 의식을 형성하는데 중요한 역할을 하게 되고 한 개인이 근대적 인간으로 탄생하게 되는 개인적 근대성을 가능케 한다.

개인적 근대성은 근대적이라고 간주할 수 있는 일련의 태도와 가치를 내면화한 개인이 사회적으로 근대성을 경험하고 참여하는 방식을 통해서 획득할 수 있는데, 이러한 개인적 근대성은 성, 사회경제적 지위, 교육, 도시 및 농촌 등과 같은 여러 요인들에 의해 영향을 받는다. 사회심리학자인 인켈스(A. Inkeles)와 스미스(D. Smith)는 그들의 책 『근대 되기(*Becoming Modern*)』(1974)에서 개인적 근대성의 특징을 다음과 같이 설명하고 있다: 새로운 경험과 지식에 대한 개방적 태도, 사회변화에 대한 준비성, 소집단보다 국가의 일을 중시하며, 과거보다는 현재나 미래를 지향하는 태도. 그리하여 근대사회 구성원들은 운명을 수동적으로 수용하기를 거부하고 전통적 권위에 의존하거나 원초집단과 동일시하는 경향이 약화된다.

현실에서 쉽게 개인적 근대성을 확인할 수 있는 것 중의 하나가 개인기록물이다. 개인기록물은 일기, 회고록, 자서전, 편지, 메모, 사진, 가계부, 동영상 등이 있다. 이 중에서도 일기가 가장 대표적인 개인기록물로 간주될 수 있다. 개인기록물은 사적인 기록물이자 공적인 기록물이다. 개인기록물은 개인 생활에 대한 사상, 생각, 정보를 우리에게 알려 준다. 그래서 사적인 영역이다. 다른 한편 공적인 영역을 내포하고 있다. 사회라는 테두리 안에서 다양한 인간과 집단들과의 상호작용 속에서 형성되고 경험한 것을 사적인 형태로 축적한 기록들이기 때문이다. 개인기록물은 기록될 당시의 사회상을 필연적으로 반영할 수밖에 없다. 또한 개인기록물이 중요한 것은 기존에 역사학자나 사회학자들에게 사적인 자료의 복원과 해석을 통해 사회변동의 근본적인 원인과 기제에 대해 더 잘 이해할 수 있는 중요한 자료를 제공할 수 있기 때문이다.

이 책의 목적은 두 가지가 있다. 첫째는 대안근대성의 하나로 아시아의 근대성을 살펴보는 것이다. 아시아의 여러 국가들은 발전이라는 이름하에 근대화를 열정적으로 추진하였다. 서구의 발전 형태를 모방하고 따라 잡음으로써 경제적 번영과 성공에 대한 강한 집념을 드러낸 것이다. 하지만 이들의 발전양식은 서구와는 다른 아시아 사회가 갖는 특수한 발전경로를 보여 주게 된다. 아시아의 근대화는 미국을 비롯한 서구의 영향을 받았지만 짧은 시간, 국가의 주도적인 역할, 아시아 시민들의 독특한 욕망에 의해 새로운 모습을 띨 수밖에 없었다. 두 번째 목적은 아시아의 근대성을 파악하는 수단으로 일기를 포함하는 생활사를 통해서 아시아인의 근대적 경험을 이해하는 것이다. 개인의 경험은 근대를 형성하는 미시적, 개인적 차원을 넘어서서 거시적이고 제도적인 근대성을 형성하는 중요 요소가 되는 것이다.

이 책의 저자들은 대만, 베트남, 일본, 중국, 한국 등으로 그 출신이 다양하여 근대성에 대한 접근방식도 여러 가지 형태이다. 이것은 아시아 근대성의 변화과정을 이해하고 그 성격을 파악하는데 기여를 하게 된다. 그러나 이러한 다양성은 이 책의 한계성이기도 하다. 일관된 주제와 문제의식보다는 저자들의 관심이 이리 저리 물 흐르듯이 가고 있기 때문이다.

먼저 첫 번째 세 편의 글은 한국 농민일기에 나타난 특성을 살펴보았다. 남춘호의 글 "토픽모델링 기법을 통한 텍스트 마이닝과 일기자료연구"는 경북 김천의 농민이 쓴 『아포일기』에 등장하는 단어를 통해 일기 전체의 토픽을 찾아내고, 일기를 요약하고, 일기내용을 군집화하여 일기의 유의미성을 고찰하는 토픽모델링 기법을 사용하였다. 토픽모델링은 엄청난 양의 정보와 지식이 디지털화되는 빅데이터 시대에 부응하여 문헌에 대한 사전 지식이 없이도 주제들을 도출해 낼 수 있는 기법이다. 이 글에 따르면 토픽모델링은 전통적인 문헌분석방법과 비교를 해도 일기의 의미를 추출하는데 큰 차이가 없을 뿐만 아니라 새로운 주제를 발견하는데 도움을 준다. 또한 토픽모델링은 문헌에 나타나는 어휘의 문맥을 파악하게 함으로써 단순히 문헌에서 특정한 주제만 축출하는 키워드 탐색방법을 극복할 수 있는 대체물이 될 가능성을 보여 주었다. 이러한 장점에도 불구하고 명사중심의 토픽모델링 기법은 인간의 내면세계를 표현할 수 있는 개인의 감정과 정서를 분석하는 데에는 일정한 한계가 있을 수밖에 없다. 이 글의 저자는 명사 이외의 품사를 활용할 수 있는 언어처리 프로그램이 향상된다면 디지털 일기에 대한 연구가 더욱 활성화될 것이라 제안하고 있다.

손현주 · 진정원의 "『아포일기』에 나타난 농민의 정치참여의 특징"에 관한 글은 농민일기에서 나타나는 농민의 정치참여의 특징이 무엇인가를 다루고 있다. 특히 정치참여과정에서 드러나는 정치에 대한 개념, 정치참여의 형태와 발달과정을 규명하고 있다. 이 글은 일기에 나타난 정치참여의 다면적 측면을 분석하기 위하여 질적인 방법인 내용분석을 시도하였다. 일기의 원저자인 권순덕은 정치를 국가의 고유한 전유물로 간주하는 국가현상론에 근거하고 있으며, 국가가 개인보다 우월하다는 국가주의적 정치관을 갖고 있다. 또한 권순덕은 협의의 정치개념과 자유주의적 정치관을 갖고 있어서 정치집회와 시위에 적극적으로 참가하지도 않았고, 정치단체와 조직에 가입하여 열성적으로 참가하지도 않았을 뿐만 아니라 자신의 정치적 역량을 긍정적으로 평가하지 않아 적극적으로 정치활동에 참여하지 않았다. 그럼에도 불구하고 정치에 대한 관심을 꾸준히 표방하여 투표, 조합장 선거활동, 선거유세 참가 등과 같은 통상적 정치참여와 김천 복합화물터미널 유치 반대운동 등과 같은 비통상적 정치참여의 형태로 자신의 이익과 공동체 발전을 위해 노력한다. 이 글이 갖는 의의는 정치적 근대화는 제도적 근대화로 인식하는 경향이 있어서 그동안 등한히 되었던 개인의 정치적 근대화 발달과정을 미시적 과점에서 설명하고 있다는 점이다.

안승택의 글인 "농민의 풍우인식과 지식의 혼종성: 『평택 대곡일기』"는 경기도의 주요 곡창지대인 평택평야에서 농사를 지은 신권식의 바람과 비에 대한 지식의 형성사를 전통과학지식과 근대과학지식의 혼종성에 기반하여 고찰하고 있다. 이 글의 장점은 크게 두 가지가 있다. 첫째는 풍우에 관한 민간지식이 농촌이라는 생활과 일터의 공간에서 생성, 전파, 소멸의 과정에서 끊임없이 재생산되는 역동적인 과정을 일목요연하게 풀어 헤치고 있다는 점이다. 둘째는 바람과 비의 지식이 농촌에서 단지 전통적 성격과 근대적 성격이 같이 존재한다는 의미의 혼종성을 넘어서 전통적 지식과 근대적 지식의 병존, 경합, 대체라는 관계의 양상을 살펴보고 있다. 혼종성은 근대화 과정의 산물이기도 하다. 전통성과 근대성의 혼재, 서구의 성격과 비서구의 성격이 상존하는 것은 단지 지식에 머무르지 않고 모든 영역에서 급속한 근대화를 경험하는 나라라면 경험하는 보편적 현상이다. 그러나 대부분 연구는 혼종의 발달과정을 무시하는 경향이 있는데 이 글은 그런 한계성을 극복하고 있다. 그러나 저자도 지적하고 있듯이 이 글은 지역적 특수성을 통해서 풍우 지식의 형성과정을 일반화할 수 없는 문제를 어쩔 수 없이 갖고 있다.

박광성 · 이정덕 · 이태훈의 글인 "농민공 일기에 나타난 중국의 압축성장: 포섭과 배제의 논리"는 압축적 성장이라는 성공의 거대담론에서 묻히고 침묵의 존재가 되어 버린 중국 농민공의 생활일기에 관한 것이다. 저자는 철학자 장 프랑수아 리오타르(J. F. Lyotard)의 거대서사와 소서사의 개념을 차용하여 한 시대의 실상을 제공하는 소서사의 중요성을 중국 경제성장의 독특한 현상인 농민공의 삶을 조명하고 있다. 이야기는 이렇다. 지테젠이라는 농민공은 중국 서북부의 산시성이라는 지역에서 도시 건축노동자로 일하게 된다. 이 글은 그의 생존을 위한 몸부림을 농민공 형성 배경, 일터의 숙식환경, 노동강도와 건강, 사회적 차별과 멸시, 감정세계와 여가생활, 수입과 소비, 희망이라는 측면에서 일기 원문을 날 것으로 적어 놓고 있다. 생생함이 배어 있다. 저자의 결론은 이렇다. 전체 노동인구의 1/3에 해당되는 농민공의 차별과 배제를 통해서 성장한 중국의 성공신화는 농민공의 어둠의 서사가 없이는 불가능하였을 뿐만 아니라 이들에 대한 서사가 없이는 중국사회의 진정한 발전은 허위라는 주장이다.

마츠다 시노부(松田 忍)의 글인 "'일본에서의 생활'의 전쟁, '생활'의 전후: '생활이 운동이 된 시대'"는 1920대부터 1950년까지 일본에서 일어난 생활운동을 그리고 있다. 생활운동이 전개된 이 시기는 관동대지진, 세계공황, 중일전쟁, 태평양전쟁, 전후 복구 등과 같이 일본에게 있어서 정치적, 경제적, 외교적 격변기였다. 이러한 격변의 시대는 위기로 간주되었고 국가는 생활개선운동, 문화생활운동, 신생활운동, 국민정신총동원운동, 신생활동운동 등을 통해 국민들을 각성시키고 동원하는 이데올로기적 기제가 필요하였다. 국민들도 어려운 시대에 대한 국민적 사명으로 여겨 생활운동에 적극적으로 동참할 수밖에 없었다. 이러한 생활정치는 민주주의 참여 부족에 대한 반성, 기성 정치에 대한 대안, 지역정치와 환경문제에 대한 관심 등과 같은 오늘날 의미의 생활정치와 다르다. 저자는 그 당시에 발간된 잡지에 대한 내용을 분석하고, 잡지 구독자의 동인 클럽활동을 추적함으로써 생활운동이 국민들에게 수용되는 과정을 고찰하고 있다.

안 투 짜(An Thu Trà)의 글 "베트남의 압축성장 속의 장인: 기억과 경험"은 베트남 전통 도자기 공예와 조 페이퍼(Do paper) 공예가 근대화 과정에서 겪게 되는 흥망성쇠를 보여 주고 있다. 이 글의 저자는 베트남 민속박물관에서 근무하는 인류학자로 인터뷰와 발품을 팔아 얻은 정보를 바탕으로 수공예의 장인들이 산업화, 세계화와 같은 환경변화에 따른 대응전략과 생산성과 효율성을 높이기 위해 기계 · 기술의 수용과정을 생생하게 적고 있다. 특히 푸 랑(Phu Lang) 마을의 도자기 장인들은 근대화시기 한국의 장인들과 비슷한 고민을 하고 있었다. 수공예 기술의 보존 · 전승과 같은 장인의 역할에 대한 고민이 그렇고, 자식들이 자신의 업을 잇기보다는 더 좋은 교육을 받아서 수입이 많은 직업을 갖기를 원해 자식의 대학교육에 투자할 수밖에 없는 상황도 그렇다. 이 글은 도자기 공예든, 종이 공예든 베트남의 수공예가 근대화의 국면에서 새로운 시대상황에 부응하여 수공예에서 중소산업으로 전환하는 과정과 전통적인 장인정신의 정체성 상실에 대한 과정을 비판적으로만 보지 말고 사회 전체의 이익을 위해 무엇을 할 것인지에 대해 고민하자고 제안한다.

종숙민의 글 "이케다 고진의 문서와 대만 총독부 전매국 공문서를 통해 본 소금 전매"는 1900년대 초 대만에 대한 일본의 식민지시대에 있었던 소금 전매국 직원의 독직(瀆職) 사건을 일본인의 개인문서와 전매국의 문서를 통해서 사건의 전말을 규명하고 있다. 일본은 대만에 대한 식민지통치 초기에 기존의 소금 전매제도를 폐지하고 새로운 소금 공급을 실시하게 된다. 이런 과정에서 염전 수축 비용을 전용하는 독직 사건이 터지게 되는데, 일반인과 매체들은 이 사건을 단순 공금횡령으로 알고 있었다. 하지만 이 글은 사건 관련자의 일기와 전매국 당안을 고증하여 이 사건의 배후는 제국주의 시대에 식민지인과 피식민지인에 대한 차별과 차이임을 밝혀내고 있다.

각 글에서 발견할 수 있는 공통점은 일상생활과 경험에 대한 다양한 축적에 관한 것이다. 우리가 살아가기 위해서는 혁신과 새로운 아이디어를 요구한다. 우리는 끊임없이 새로운 형태의 사회원리와 질서를 추구한다. 하지만 과거부터 오늘날에 이르기까지 우리의 생각과 정체성을 특징짓는 것 중의 하나가 축적이다. 축적은 기본적으로 기록을 통해서 가능하다. 구술자료, 일기, 문서 등을 통해서 기억을 기록하고, 경험을 공유하며, 지식을 체계화하고, 특정 방법을 익힐 수가 있다. 다양한 형태의 축적은 우리의 생각을 지속시키고 인간에게 내재한 감성과 지성의 다양성에 기여한다. 여기에서 논의된 글들이 축적의 한 행태로서 근대화 과정에서 생성된 인간의 삶과 지식의 역동성을 지속시키고 계속성을 확장시킬 수 있기를 고대한다. 그리하여 더 좋은 사고와 인간의 바람직한 의지를 재구성하는데 출발점이 되길 바란다.

저자들을 대표하여

손현주

차 례

1장

토픽모델링 기법을 통한 텍스트마이닝과 일기자료연구*

남춘호 · 유승환

1. 서론

최근 들어 전 세계적으로 아날로그시대에 생산된 텍스트자료의 디지털화가 빠른 속도로 진행되고 있다. 대표적인 것으로는 신문이나 학술논문, 문학저작들을 들 수 있으며, 본 연구에서 집중적으로 다루고자 하는 일기자료 역시 예외가 아니다. 방대한 텍스트 자료의 디지털화는 그러한 텍스트를 연구해 온 사회과학자나 문학 및 역사연구자들에게 새로운 도전이 되고 있다. 왜냐하면 이들이 주로 사용해 온 종래의 '가까이서 읽기(close reading)' 방법으로는 책상에 배달된 엄청난 규모의 디지털 텍스트들을 도저히 소화해낼 수 없기 때문이다. 이에 따라 자연스럽게 디지털 자료의 연구에 컴퓨터를 활용하려는 노력들이 이루어졌는데, 가장 초기에 시도된 방법은 개별 연구자들이 관심을 가진 핵심키워드를 투입하고 이에 관련된 텍스트 내용만을 추출해서 분석하는 것이었다. 그러나 이 방법은 연구자가 이미 연구 관심분야에 대한 핵심키워드들을 사전에 알

---

* 이 글은 『비교문화연구』 제22집 1호에 수록된 "일기자료 연구에서 토픽모델링 기법의 활용가능성 검토"를 이 책의 취지에 맞추어 수정한 것이다.

고 있고, 또한 해당 텍스트 자료에 어떤 어휘로 기록되어 있는지 알고 있어야만 활용가능하다는 점에서 상당한 한계가 있다.

그런데 신문이나 왕조실록 같은 자료의 연구에 비하여 디지털화 된 일기자료 연구에서는 또 한 가지 검토할 측면이 있다. 사회과학자나 역사학자들에게 일기, 특히 일반인들의 일기가 연구의 대상으로 떠오른 것은 일상생활에 대한 관심의 증대에 기인한다. 일기 속에는 근대 혹은 압축근대를 경험해 온 일기 저자의 일상생활과 내면세계가 서술대상과 시공간적으로 가장 근접한 지점에서 '날 것' 그대로 기록되어 있기 때문이다(정병욱, 2013: 265; 정병욱 · 이타카기, 2013: 4-7). 그러나 일기를 쓴다는 행위 자체가 연구의 대상이 되어야한다는 주장에서(이케다 2014: 25-26)에서 잘 드러나듯이 일기를 쓰는 동기나 내용, 형식은 일기에 따라서 매우 다양하다. 거칠게 이분법적으로 표현해 보자면, 개인기록도 있고 집단일지의 성격을 띤 것도 있으며, 사건일기도 있고, 내면일기도 있고, 보여주는 일기도 있고, 숨기는 일기도 있다. 또한 일기저자의 성별이나 계층, 직업, 출신 지역 등에 따라서도 일기의 내용은 상당한 차이를 보인다(니시카와, 2014: 8-45). 따라서 설령 일기 중의 특정주제만 연구하고자 할 경우에도 해당 일기의 저자와 일기의 특성에 대한 이해가 선행되어야 한다. 앞에서 예로 든 왕조실록이나 신문은 이미 해당분야의 연구자들에 의해서 자료의 생산과 기록, 수정, 보존 및 저장 과정이 상세하게 파악되어 있는 반면에 일기자료는 생산과 기록과정 자체가 개별 일기마다 새롭게 연구되어야하는 과제를 안고 있는 것이다.[1] 그러나 유

---

1) 디지털화 과정을 거친 종래의 텍스트 자료들은 대규모의 전자화된 자료라는 측면에서 보면 흔히 언급되는 빅데이터와 유사한 점이 있다. 그러나 한신갑(2015: 168-169)이 적확하게 지적하고 있듯이 빅데이터가—예컨대 카드사용 관련 기록, 인터넷 페이지 뷰 기록들, 이메일이나 SNS의 기록—디지털화된 환경 속에서 일상생활의 자연스러운 과

명 정치인이나 문인의 일기를 제외하면 대부분의 일반인들 일기는 해당 인물에 대한 연구나 또는 해당일기의 특성에 대한 연구가 이루어져 있지 않으며, 특히 일기저자가 사망하였고, 저자에 대한 별도의 자료가 없는 경우, 우리가 기댈 수 있는 것은 일기전체를 통독해서 역으로 그것이 어떤 종류의 일기인지 파악해보는 도리밖에 없다. 그런 점에서 보면 관심분야의 핵심키워드를 추출하는 방법은 디지털화 된 일기 자료 연구에서는 더더욱 한계를 가진다.

그런데 최근 비정형화된 텍스트 자료에 대한 데이터 마이닝 기법의 일부로 고안되어 발전하고 있는 토픽마이닝 기법은 텍스트자료가 담고 있는 내용에 대한 사전지식을 최소한으로 요구하면서 기계적으로 텍스트 전체의 내용을 분석하여 의미 있는 주제들(토픽)을 추출해준다는 점에서 디지털 문서들, 특히 신문이나 소설, 학술논문, 역사적 사료 등의 내용분석에 활용되기 시작하고 있다. 그렇지만 아직 일기자료의 연구에 토픽모델링 기법을 적용해 본 사례는 블레빈스(Blevins, 2010) 외에는 거의 없다. 19세기 미국사를 전공한 블레빈스 역시 토픽모델링 기법을 통하여 새로운 연구를 수행하기보다는, 일기를 기존의 방법으로 연구한 것과 토픽모델링 기법을 통하여 연구한 결과를 비교하면서 토픽모델링 기법으로 추출된 토픽들의 타당도를 검증해보는 수준에 그치고 있다.

이하에서는 먼저 토픽모델링 기법, 특히 의미상으로 해석가능성이 높

정에서 생산된 전자흔적들(digital trace)이라는 점을 감안해보면 양자 사이에는 본질적 차이가 있다. 그리고 사회학의 전통적인 사회조사 자료와 비교해 볼 때 소셜미디어 분석에 사용되는 자료들은 자료의 생산과 수집과정이 연구자에 의해 전혀 통제되지 않은 상태에서 이루어졌기 때문에 연구와 무관한 잡음이 무수히 포함되어 있으며, 이에 대한 연구가 활성화되기 위해서는 빅데이터의 생성과 수집, 기록 저장 과정에 대한 연구가 선행되어야 한다. 디지털화된 일기자료의 경우 일상생활의 전자 흔적이 아니라는 점에서는 디지털화된 역사기록과 유사하며, 자료의 생성과정과 성격에 대한 연구가 보완되어야 한다는 점에서는 빅데이터 자료들과 유사한 과제를 안고 있다.

은 토픽들을 추출해주는 메커니즘과 관련하여 토픽 모델링 알고리즘의 이론적 전제는 무엇인지를 중심으로 소개하고 관련한 선행연구들을 검토해 본다. 다음으로는 한국 농촌의 일기사료[아포일기]를 대상으로 토픽모델링 기법을 예시적으로 적용해 볼 것이다. 그리고 이를 통하여 일기자료의 연구에 있어서 토픽모델링 기법 적용의 가능성과 한계를 검토하고 향후의 과제를 제시해보고자 한다.

2. 토픽모델링이란 무엇인가?

토픽모델링은 데이터 마이닝 기법들 중의 하나로서 비구조화된 텍스트 자료들의 뭉치로부터 의미 있는 주제(토픽)들을 추출해주는 확률모델 알고리즘이다. 초기에는 확률적 잠재의미분석(pLSA) 기법이 사용되었으나, 블레이(Blei)와 동료들(2003)이 LDA(Latent Dirichlet Allocation) 알고리즘을 발표한 이후로는 주로 LDA기법 혹은 LDA의 변용 기법들이 사용되고 있다.

토픽모델링 기법은 텍스트 마이닝 기법의 하나인데 다양한 텍스트 마이닝 기법들은 초기에는 주로 산업이나 경영분야에 적용되었다. 이후 방대한 텍스트 자료로부터 맥락과 관련된 단서들을 이용하여 해석가능성이 높은 주제들을 추출해주는 특성 때문에 디지털화된 문헌연구의 기법으로 점차 적용분야가 확대되고 있다. 가장 활발하게 적용된 분야는 문헌정보학에서 논문의 초록을 분석하여 주제들을 추출하고 저자를 식별하거나, 시간의 흐름에 따른 주제 분포의 변화를 통해 해당 학문분야의 연구동향을 파악하는 연구들이다(Griffiths and Steyvers, 2004; Gerrish and Blei, 2010; 박자현 · 송민, 2013; 김하진 외, 2014). 다음으로는 신문기사를 분석하여 매체에 따른 보도의 정파성을 분석하거나(강범일 외, 2013), 시기별 주제 변화를 포착하고 이를 사회적 역사적 사건이나 상황과 연관시켜서 고찰하는 연구들(Newman and Block, 2006; DiMagio et al., 2013; Bonilla and Grimmer, 2013; Nelson, 2010; Yang et al., 2011)에도 적용되어왔다. 토픽모델링 기법은 문학저작들의 주제 분석에도 비교적 활발하게 활용되어 왔으나(Rhody, 2012; Jockers, 2014; Jockers and Mimno, 2013), 그 외의 자료에는 적용된 사례가 많지 않은데, FDA 회의록 분석을 통하여 리더십의 스타일을 연구한 경우(Broniantowski and Magee, 2011)와 중국 청조의 실록을 분석하여 청왕조가 반란이나 소요를 어떻게 인식하고 규정하였는지 연구한 사례가 주목할 만하다(Miller, 2013). 특히, 후자는 반란이나 소요에 대한 사전정의된 코딩지침 없이 사료 속에서 폭력과 관련하여 나타난 토픽을 분석함으로서 역으로 청왕조가 일상적 범죄나 반란 소요를 어떻게 이해하고 분류하고 규정하였는지 귀납적으로 포착하고자 시도하였으며, 또한 고전한문 사료에도 토픽모델링을 적용할 수 있음을 잘 보여주었다.

본 연구에서 다루고자 하는 일기자료에 토픽모델링 기법을 적용한 사례는 블레빈스(2010)의 연구가 유일하다. 그렇지만 그는 일기연구를 통해서 새로운 연구주제를 탐색하기보다는 이미 18세기 미국여성사 전문연구자인 울리히(Urlich, 1991)에 의해서 일상사 연구의 주목할 만한 연구 성과로 발표된 조산원이야기(A Midwife's Tale)의 주요 사료인 마사 발라드(Martha Ballard)의 일기를 토픽모델링 기법을 통해 분석하고 그 결과를 울리히(Urlich)의 연구결과와 비교함으로써 그가 명시적으로 표현하고 있지는 않지만 추출된 토픽들에 대한 일종의 타당도 검증을 하는데 치중하고 있다. 두 번째 연구(Barid and Blevins, 2013)에서는 마사 발라드의 일기와 부유한 필라델피아 퀘이커교도의 부인이었던 드링커(Drinker)의 일기를 비교하고 있다. 드링커는 일기를 통해 여성의 관점에서 미국혁명의 극적인 영향을 연대기적으로 기록하고 있는데, 블레빈스와 그의 동료는 18세기 미국여성사 연구에서 중요한 사료로 자리 잡은 두 일기자료에 대한 토픽마이닝 분석을 통하여 '두 일기에서 지속적으로 나타나는 이슈는 무엇인가?', '계급과 교육수준의 차이, 메인주 농촌과 필라델피아 도시라는 환경의 차이 등은 두 일기의 토픽분포에서 어떤 영향을 미치는가?', '사람들과의 일상적 상호작용의 범위는 어떤 차이를 보이는가?' 등을 탐구하고자 시도하고 있다. 제인 오스틴(Jane Austen, 1775~1817)의 소설 『이성과 감성(*Sense and Sensibility*)』이 119,394단어에 불과한데 비하여 Drinker의 일기는 8, 178일에 걸쳐 975,131단어로 구성되어 있음을 감안하면 이들의 작업은 토픽모델링 기법의 활용이 없이는 불가능했을 것으로 판단된다.

토픽모델링은 텍스트 뭉치(corpus)[2]의 내용을 자동적으로 코딩해서 실질적으로 의미 있는 소수의 범주들(토픽)로 추출해주는 절차를 제공해준다. 토픽모델링 알고리즘의 실행을 위해서는 사전에 정의된 코드나 의미의 범주를 정해줄 필요가 없으며, 단지 토픽의 숫자만 정해주면 자동적으로 텍스트뭉치로부터 지정된 수의 토픽을 추출해준다는 점에서 전통적 텍스트 분석방법들에 비해서 더 귀납적이다. 토픽의 수만 정해주면 토픽을 구성하는 어휘들과 각 어휘들이 토픽에 속할 확률을 산출해주며,

2) corpus는 사전적으로는 말뭉치로 번역되어 사용되지만 여기서는 텍스트의 뭉치로 표현하기로 한다. 왜냐하면 corpus는 텍스트 마이닝에서는 주로 여러 문서들의 집합(collection)을 의미하기 때문이다.

동시에 전체 텍스트뭉치에서 토픽들이 어떻게 분포되는지는 물론 개별 문서들은 어떤 토픽으로 구성되는지 보여준다.

그러면 토픽모델이 어떻게 실질적으로 해석가능성이 높은 토픽들을 추출해주는가? 이는 LDA 알고리즘에 들어있는 '의미는 관계적이다'라는 전제에 기인한다. 의미는 어휘자체에 내재해있는 것이 아니라 각 어휘들이 어떤 어휘들의 군집 속에 있는가에 따라서 정해진다. 동일 주제에 속하는 어휘들은 대화 속에서 동시에 나타날 가능성이 크며, 토픽모델은 구문법(syntax)이나 서사(narative), 혹은 텍스트내의 위치에 상관없이 한 문서 내에서 어떤 어휘들이 동시발생(co-occurence)하는가를 측정한다(Mohr and Bogdanov, 2013: 546-547). LDA 알고리즘에서 텍스트뭉치 속에 있는 각각의 문서는 각 저자가 말하고자 하는 주제들에 따라서 생성된 어휘들의 자루로 간주된다.[3]

LDA 알고리즘을 식재료와 음식에 비유해서 설명해보자면 다음과 같다. 식재료창고에 다양한 음식메뉴의 100인분 식사재료가 준비되어 있는데 각 메뉴의 식재료들은 같은 바구니에 들어있으며 바구니의 크기, 즉 음식들의 비율은 상이하다고 가정해보자. 그리고 100명의 사람들이 식재료창고에 가서 마음에 드는 메뉴의 바구니를 찾아서 필요한 식재료들을 골라서 자루에 담아왔다. 여기서 식재료창고에 있는 전체 식재료들은 텍스트뭉치에 해당하며, 각자가 가져온 식재료의 자루들은 문서에 해당하고, 각각의 식재료들은 어휘에 해당한다. 그리고 음식메뉴별 식재료 바구니들은 토픽에 해당한다. 배추라는 식재료(어휘)는 김치라는 음식메뉴바구니(토픽)에도 들어있고, 배추된장국이라는 음식바구니에도 들어

---

3) 인문사회과학자를 위한 LDA 알고리즘에 대한 기초적 설명으로는 Weingart(2012)와 Rhody(2012), Jockers(2014: 163-165)를 참조하기 바란다.

있다. 배추는 고춧가루, 소금, 새우젓, 멸치젓, 마늘 등의 식재료와 조합을 이룰 때는 김치(토픽)가 되고, 된장, 마늘, 물과 조합을 이룰 때는 배추된장국이 된다. 동일한 배추(어휘)라도 함께 사용되는 식재료(어휘)의 조합과 그 비율에 따라서 음식(토픽)이 달라진다.

100명의 사람들이 각자의 식재료자루(문서)에 식재료들을 담을 때는 식재료창고(텍스트뭉치)의 음식바구니 비율에 따라 음식메뉴(토픽)가 뽑힐 확률이 달라지며, 또한 각 음식바구니에서 식재료를 고를 때도 음식바구니(토픽)안의 식재료(어휘)비율에 따라서 개별 식재료가 뽑힐 확률이 달라진다. 어떤 사람은 김치와 보리밥과 무국을 선택할 수도 있고 다른 사람은 김치와 된장국을 선택할 수도 있다. 또한 같은 김치(토픽)를 골랐더라도 배추, 소금, 멸치젓을 선택할 수도 있고, 무, 소금, 마늘, 새우젓을 선택할 수도 있다. 이제 100인의 식재료자루 속에 들어있는 재료들을 관찰하고 나서 원래 식재료창고에 있던 음식메뉴바구니가 무엇이었으며 그 비율은 어떠했는지, 그리고 식자재 창고에 있던 각각의 음식바구니에는 어떤 식재료들이 어떤 비율로 들어 있었던 것인지를 추론해내는 것이 LDA알고리즘이다. 그리고 결과적으로 각자의 식재료주머니(문서)는 어떤 음식(토픽)들로 구성되어 있고, 각 식재료들(어휘)은 무슨 음식의 재료인지 찾아내는 것이다. LDA의 알고리즘에서는 동일한 음식(메뉴)에 속하는 식재료들(어휘)은 동일한 식재료자루(문서)에 함께 들어있을 가능성이 높을 것이라고 전제하며, 식재료자루 속의 동시출현빈도를 측정할 뿐 식재료의 위치나 순서는 고려하지 않는다. 그리고 원래의 식재료 창고의 음식(토픽)비율이나 각 음식메뉴바구니(토픽)의 식재료구성비가 어떠했을 때 현재와 같은 100개의 식재료바구니들이 결과적으로 관찰될 가능성이 가장 높을 것인지를 추정하는 방식으로 확률모형의 파라미터들을 역으로 추정한다.

이 같은 LDA알고리즘은 동일한 어휘(배추)라도 함께 사용되는 어휘들의 조합이 다르면 다른 토픽(음식)으로 분류해주며, 다른 어휘라도 동일한 의미를 가지고 있어서 유사한 어휘조합에서 사용되면 — 마치 새우젓과 멸치젓이 위의 예에서 동일한 김치(토픽)로 분류되었듯이 — 동일한 토픽(음식)으로 분류해준다. 또한 LDA는 모든 어휘를 하나의 신호로 처리하기 때문에 텍스트뭉치에 사용된 언어가 영어든 한국어든 중국어든 동일한 알고리즘으로 토픽을 산출해준다.

토픽모델링 기법이 텍스트자료의 분석에 적용되기 시작한 것은 디지털화된 대규모 텍스트자료의 출현에 직접적으로 기인한다. 전통적인 텍스트 분석의 절차를 살펴보면, 1) 흔히 학자들은 텍스트를 세밀하게 읽으면서 획득한 통찰력에 기반하여 전문가적인 해석을 내어놓는다. 그러나 이 방법은 개별 연구자의 통찰력에 크게 의존하고 있기 때문에 다른 연구자에 의해서는 동일한 결과가 산출되기 쉽지 않다는 재생가능성의 문제점을 내포하고 있다. 2) 그리고 텍스트의 양이 많아질 때 보다 흔히 사용하는 방법은 연구 질문, 사전적인 이론의 도움, 텍스트일부의 정독을 통하여, 한 묶음의 테마를 뽑고, 코딩 규칙을 작성하여, 대개는 다수의 연구보조원들로 하여금 텍스트 전체를 코딩하게 한다. 그러나 이 방법은 연구자가 전체 텍스트를 읽기 전에 이미 무엇을 발견할 것인지 알 수 있다는 것을 전제로 하며 코더들 간의 신뢰성 확보가 어렵다는 문제가 있다. 그리고 여전히 규모가 아주 큰 텍스트자료에는 적용하기가 곤란하다. 3) 디지털 텍스트인 경우에는 흔히 연구질문이나 사전적인 이론적 기반에 기초하여 키워드를 설정하고, 컴퓨터를 이용하여 텍스트 속에서 키워드를 탐색하여 해당 부분만을 추출한 후 이를 세밀하게 정독하는 가까이서 읽기 방법이 사용되기도 하였다. 이 방법은 대량의 텍스트를 소화할 수 있다는 장점은 있지만, 여전히 텍스트의 내용을 읽어보기 전에 무엇이 핵심 키워드인지, 해당 키워드가 어떻게 표현되고 있는지 사전적으로 알고 있어야 한다는 문제가 있다. 또한 어휘의 내용은 어휘 자체에 내재해 있기도 하지만 상당부분 사용되는 맥락에 따라 의미가 달라진다는 점에 비추어 보면 한계를 지니고 있다(DiMaggio et al., 2013: 576-577). 앞의 비유적 설명을 빌리자면 김치라는 주제와 관련된 텍스트를 추출하려고 배추라는 핵심키워드로 탐색하면 엉뚱하게 배추된장국을 추출해줄 수도 있다.

그런 점에서 보면 토픽모델링 기법은 토픽의 추출 방법이 명료해서 타 연구자에 의한 재생가능성이 높으며, 사전 지식에 크게 의존하지 않고, 의미의 관계성을 찾아낼 수 있다는 점에서 디지털 텍스트자료의 분석에 매우 유용한 기법이라고 하겠다. 토픽모델링 기법 중에서 비교적 널리 사용되는 표준적 LDA알고리즘의 실행에 투입되는 정보는 분석대상인 문서들(documents)의 집합인 텍스트뭉치(코퍼스)와 토픽수 뿐이다. 텍스트의 내용과 관련된 사전적인 지식을 크게 필요로 하지 않는다는 점에서 귀납적인 성격이 강하다고 할 수 있다.

연구자가 사전에 지정해 주어야할 유일한 정보는 토픽의 개수이다. 그런데 최적의 토픽 수에 대한 통계적 해법은 없다. 토픽 수 결정은 산출된 토픽들의 해석가능성과 타당도 및 연구 질문과 관련한 유용성에 따라 좌우된다. 토픽 전체에 대한 통계적 방식의 평가는 곤란하다. 왜냐하면 토픽모델링은 흔히 잡음 자료들을 소수의 토픽에 몰아넣음으로써 나머지 다수의 토픽들을 좀 더 해석 가능한 것으로 만들어준다. 따라서 전체 토픽을 대상으로 평가하여 최적의 모델을 선택하기는 곤란하며, 오히려 얼마나 많은 수의 의미 있고 분석적으로 유용한 토픽을 산출해 주는가에 따라서 토픽 수를 선택하는 것이 나으며, 그런 의미에서 모든 토픽에 대한 최적화 시도는 무의미하다(DiMaggio et al., 2013: 582-583). 또한 토픽 수의 결정은 일종의 렌즈 선택과 유사하다. 연구 관심에 따라서 원경에 대한 전체적 조망이 필요할 경우에는 소수의 토픽으로 묶어서 망원렌즈처럼 쓸 수도 있고, 보다 세밀한 관찰이 필요할 경우에는 많은 수의 토픽을 추출하게 하여 현미경처럼 사용할 수도 있다. 결국 토픽 수의 결정에서는 추출된 토픽의 해석가능성과 타당도, 연구 질문과 관련 유용성 및 분석의 용이성 등이 중요한 기준이 되고 이 단계에서는 해당 연구영역에 대한 전문적 식견이 요구된다.

이와 관련하여 산출된 토픽의 타당도를 검증하기 위해서는 1) 토픽모델링이 과연 어휘들의 의미를 제대로 분간하고 포착해내는지 내적인 의미 타당도를 살펴보는 방법이 있다. 그리고 2) 토픽모델링으로 산출된 토픽이 외부의 변수와 예측된 대로 반응하는지 확인하여 일종의 외적 타당도를 검증해 볼 수 있다. 토픽모델링으로 산출된 토픽이 과연 내적인 의미타당도가 있는지 검토하는 가장 간단한 방법은 수작업으로 파악한 특정 사건이나 내용과 토픽모델링으로 추정한 사건이나 내용이 얼마나 유사한지 비교해 보는 것이다. 넬슨(Nelson, 2010)은 남북전쟁 당시 지역신문에 대한 토픽모델링 분석을 통하여 도망노예광고 토픽을 추출하고 이 토픽의 타당도를 검증하기 위하여 수작업으로 세어본 도망노예광고의 연도별 추세와 도망노예토픽으로 추정한 도망노예광고의 추세를 비교하여 양자가 거의 일치함을 보여주었다. 마사 발라드의 일기에 토픽모델링을 적용한 블레빈스는 같은 일기자료를 이용하여 조산원이야기를 발표한 울리히의 연구결과와 비교해봄으로서 토픽모델링으로 산출된 토픽들의 타당성을 검토하였다. 블레빈스에 따르면 조산원이었던 발라드가 분만에 참여한 회수를 수작업으로 계산한 울리히의 연구결과와 자신의 연구에서 발견된 분만 관련 토픽의 년도 별 추세가 거의 유사한 분포를 보여주었다. 또한 블레빈스는 문서(일기자료)의 기록 일자 자료와 토픽들의 분포를 비교하여 추운날씨에 관한 토픽의 분포는 겨울철에 빈번하게 나타났으며, 정원 가꾸기에 관한 토픽의 분포는 주로 봄부터 여름사이에 빈번하게 나타났다고 보고하였다. 블레빈스 자신은 타당도라는 용어를 사용하지 않았지만 위의 방법은 추출된 토픽들이 외부변수(날짜나 계절)에 예측 가능한 또는 설명 가능한 방식으로 반응하는가를 살펴본 것이므로 일종의 외적 타당도를 측정해본 것이라고 할 수 있다.

마지막으로 분류된 토픽들의 외부변수에 대한 예측력내지 설명력을 직접 검토함으로써 타당도를 검증해볼 수도 있다. 조커스(Jockers) 등(2013: 756-760)은 소설 텍스트들의 토픽을 분류한 후 저자의 성별과 토픽분포의 관계를 분석하였다. 이들에 의하면 "여성-패션" 토픽은 여성작가의 소설에서 더 자주 나타났으며, 그 밖에도 상당수의 토픽들이 작가의 성별과 관계가 있음을 발견하였다. 이들은 이를 이용하여 문서별 토픽분포비율을 가지고 작가의 성별을 추정하는 모델을 수립한 후, 역으로 이 모델로 하여금 각 문서의 작가의 성별을 추정하게 하여 추정치와 실제 작가의 성별을 비교해 보았다. 그 결과 전체의 81%는 성별을 바르게 추정하였으며, 19%만 잘못 분류한 것으로 나타났다. 이처럼 문서의 토픽분포가 작가의 성별을 예측 내지 추정하는 정도를 살펴봄으로써 토픽모델링 기법에 의해 추출된 토픽의 외적타당도를 보여주기도 하였다.

토픽모델링 기법은 이처럼 기존의 텍스트 분석과는 달리 선험적 이론에 기초한 사전적 코딩범주의 투입을 요구하지 않으며, 전통적인 가까이서 읽기의 방법으로는 도저히 소화할 수 없는 방대한 양의 텍스트 뭉치에서 유의미한 토픽들을 자동적으로 산출해준다. 이는 토픽모델링 기법이 '어휘들의 의미는 어휘자체에 내재하기보다는 어휘가 사용되는 맥락 혹은 함께 사용되는 어휘들과의 관계에 기초한다'는 전제하에서 만들어진 알고리즘이기 때문이다. 의미를 맥락 속에서 찾는다는 특성으로 인하여 토픽모델링 기법은 동음이의어, 다의어는 물론 사적인 일기표기에서 자주 나타나는 약자표기나 방언으로 인한 문제도 해소해준다. 그렇지만 토픽모델링 기법의 활용에서 연구하는 해당분야의 전문적 지식이 전혀 필요하지 않다는 의미는 아니다. 토픽모델링 기법에서는 토픽의 수를 사전에 지정해 주어야 하는데 토픽 수의 지정은 주로 산출되는 토픽들의 해석가능성, 타당도, 연구문제에 비추어본 유용성 등에 의존하기 때문이다. 다음 장에서는 27년간에 걸쳐 기록된 농민일기를 대상으로 토픽모델링 기법을 예시적으로 적용해보고자 한다.

3. 아포일기 토픽분석

토픽모델링은 세계 최정상 기사 이세돌을 궁지로 몰아넣은 인공지능 알파고와 마찬가지로 기계학습(machine learning)방법을 사용한다(남춘호 · 유승환, 2016). 텍스트 내용에 관해서는 아무런 정보를 주지 않아도 기계학습에 의해 주어진 수와 주제(토픽)를 텍스트 뭉치로부터 추출해 준다. 토픽 모델링 알고리즘에서는 어휘의 의미는 어휘 자체에 내재해 있는 것이 아니라 함께 사용되는 어휘들과의 관계 속에서 형성된다는 전제하에 동일한 문서에서 공동출현하는 어휘들의 빈도로부터 유의미한 토픽들을 산출해준다. 여기에서는 토픽 모델링 기법을 이용하여 경북 김천의 한 농민일기(아포일기)의 내용을 분석해 보기로 한다.

아포일기는 경북 김천시 아포읍에 거주하는 농민 권순덕이 25세가 되던 1969년 1월 1일부터 2000년 12월 31일까지 기록한 총 27년에 걸친 9,468일의 기록이다. 본 장에서는 먼저 아포일기 텍스트 전체에 토픽모델링 기법을 적용하여 아포일기 전반을 원경에서 조망해보고 다음에는 자녀에 관한 텍스트만 따로 추출하여 권순덕의 자녀관이나 교육관에 대해 분석해보고 이를 전통적인 텍스트 분석 방법을 이용한 연구의 결과들과 비교해봄으로써 토픽모델링으로 산출된 토픽들의 해석가능성이나 타당도를 중심으로 일기에 대한 활용가능성과 문제점들을 검토해보고자 한다. 토픽모델링을 수행하기 위해서는 먼저 한글자연어처리과정을 거쳐야한다. 이하에서는 전처리 과정, 토픽모델링 실행 및 산출된 토픽의 해석 순으로 논의를 진행하고자 한다.[4)]

1) 전처리 과정

본 연구에서는 우선 토픽모델링에 들어가기에 앞서서 한글자연어처리기 KoNLP를 사용하여 전처리 과정을 수행하였다. 전처리 과정에서는 아포일기 텍스트를 분석하여 품사분류와 어근분리를 수행하고 명사를 추출하였다. 아포일기에는 동음이의어나 다의어가 자주 등장하고, 경북 김천지역의 방언들이 구어체로 표기되어 있거나 소리 나는 대로 표기

4) 한글자연어처리에는 R기반의 KoNLP_Ver 0.76.5(Jeon, 2012)패키지를 이용하였으며, 토픽모델링 분석에는 R기반의 LDA프로그램인 topicmodels 패키지를 사용하였다 (Grun and Hornik, 2011).

된 경우가 많다. 그런데 토픽모델링 기법에서는 동음이의어나 다의어, 혹은 다양한 표현의 문제들을 대부분 해소해주었다. 토픽모델링 기법은 어휘 자체가 아니라 어휘가 사용되는 맥락에 따라 토픽을 분류하므로 동음이의어나 다의어는 사용되는 맥락에 따라서 상이한 토픽으로 분류해주며, 동일한 의미의 다른 표현들은 사용맥락이 동일하면 같은 토픽으로 묶어주기 때문이다. 그러나 명사와 조사의 품사분리에서는 사전에 명사로 포함되지 않은 경우, 명사와 조사의 분리 상에서 문제를 일으키는 경우도 발생하였다.[5] 따라서 본 연구에서는 KoNLP에 탑재된 세종사전에 아포일기의 방언명사들을 추가시켜 전처리 과정을 수행하였다. 명사만을 사용한 것은 아직 한글자연어 처리 프로그램들의 동사나 부사 형용사의 어근분리 성능이 안정되지 않았기 때문인데, 방언이 많은 아포일기의 경우 그 문제가 더 심각하였다. 또한 기존 연구사례를 보면 명사만 사용했을 경우에도 의미 있는 토픽들을 추출해주는 것으로 보고되어 명사만을 분석에 포함시켰다(Jockers et al., 2013: 748-750; 강범일 외, 2013: 319-320). 명사사전의 추가 후에도 계속적으로 오분류되어 나오는 어휘들은 불용어휘집(stopword list)에 넣어서 전처리 과정에서 제거시켰다.

5) Blevins(2010)가 분석한 Ballard의 일기에서도 딸을 의미하는 daughter은 Dauther, Dagts, Daftr, Daug, Dagt, Daugts, Daght, Dats, Daughter, Daughts, dt, Daught, daugt, dgt, datr, daugrtr, dafters, dafter, dtr 등으로 다양하게 표기되었으나 토픽분류에서는 대부분 동일한 토픽으로 묶여 나왔다. 개인일기의 특성상 방언이나 다양한 약자표기가 많은데 이런 다양한 표현에서 발생하는 문제들은 토픽모델링 알고리즘에 의해서 대부분 해소되었다. 품사의 분류과정에서 특히 동사방언들의 어근이 명사로 오분류되는 경우가 상당수 있었는데 이런 오분류 어휘들은 발생빈도가 대부분 아주 낮아서 전체분석의 경우 발생빈도를 8이상으로 제한하는 방법으로 분석에서 제외시켰다. 또한 1음절 단어나 6음절 이상의 단어에서 오분류의 문제가 심각하여 본 연구의 대상은 2~5음절 명사로 제한하였다. 다만 6음절 이상의 명사 중 유의미한 언어는 결합명사나 고유명사가 많았는데 김천내과의원 같은 경우 김천, 내과의원이라는 명사를 추가하여 두 단어로 분리시켰다.

아포일기의 텍스트는 모두 981,065개의 낱말(중복포함)로 구성되어 있는데 전처리 과정을 거쳐서 명사를 뽑은 결과 43,799개의 명사가 추출되었다. 이 중에서 어휘 총 빈도, 문서별 어휘빈도(TF), 해당어휘의 출현문서수(DF)를 활용하여 3,619개의 어휘를 추출하여 토픽모델링 분석에 사용하였다.[6]

2) 날짜별 전체일기 토픽분석

토픽모델링 실행에서 첫 번째로는 매일의 일기를 문서(document)로 지정하여 9,468일 전체 텍스트뭉치에 나오는 3,619개 어휘를 R기반 topicmodels 패키지로 분석하여 일기전반의 내용을 조망해보았다. 토픽수는 추출된 토픽의 해석가능성을 고려하여 40개로 정하였다.[7] 각 토픽별 구성어휘는 〈부표 1〉과 같다.

---

6) 대부분의 개인일기와 마찬가지로 아포일기의 어휘사용패턴을 보면 소수의 어휘가 집중적으로 사용되는 지수곡선 커브를 그리고 있다. 이는 Ballard의 일기에서도 나타나는 특징이다(Blevins, 2010). 따라서 본고에서는 1차로 해당어휘가 일기전체에 나타난 총 빈도수가 8회 이상인 어휘를 추출하고 2차로 TFIDF가 0.2보다 큰 어휘를 재추출하였다. TFIDF는 각 문서별 해당어휘빈도(TF)를 해당어휘가 나오는 전체 문서수(DF)로 나눈 값이다. 이렇게 하면 빈도가 낮은 어휘와 더불어, 특별한 의미 없이 모든 문서에 공통적으로 등장하는 어휘(예컨대 나, 자신, 생각)도 제거해주기 때문에 각 문서특유의 잠재적 의미 토픽을 더 잘 추출할 수 있다(Grun et al., 2011: 7).

7) LDA알고리즘을 실행해주는 R 패키지 topicmodels는 내부적으로 VEM(variational expectation-maximization) 추정법과 Gibbs 샘플링을 이용한 추정법을 제공해주는데 각 추정법을 사용하여 모델을 추정할 때 참고할 수 있는 펄플렉시티(perplexity)값을 산출해준다. 펄플렉시티 값이 낮을수록 좋은 모델이라고 할 수 있다. 본 연구에서는 날짜별 전체일기 분석에서는 VEM_estimation 추정법을, 그리고 뒤에 나올 세자녀문서 분석에서는 Gibbs샘플링에 의한 추정법을 선택하였다. 이는 전자는 토픽 수 40근처에서 낮은 펄플렉시티값을 보이고 후자는 토픽 수 15근처에서 낮은 펄플렉시티 값을 보였기 때문이다. 토픽수의 결정은 토픽의 해석가능성과 추정법별 펄플렉시티 값을 동시에 고려하여 결정하였다. Gibbs샘플링의 경우 반복회수는 1,000으로 지정하였다(Grun and Hornik, 2011: 7-8, 12-18).

① 농사관련 토픽

아포일기에서 추출된 40개 토픽들을 전반적으로 살펴보면 농민의 일기답게 농사관련 토픽이 가장 많이 추출되었다. 농사관련 토픽주제들을 보면 벼농사와 관련하여 벼농사일반(9), 벼수확(17), 볍씨 · 기타작물파종(26), 모내기(38)가 추출되었고, 과수 및 채소농사와 관련하여 과일수확 · 자두(8), 과실수확 · 복숭(10), 과수 · 교육(12), 배추 · 무우농사(20), 포도수확(25), 보리농사(29), 노타리 · 파종(33), 과수전지(37) 등의 토픽이 그리고 시비(2), 매상(23), 농약살포(24), 양계(32) 등의 토픽이 추출되었다. 토픽 16은 경운기 · 기계 · 누님 토픽인데 농사용 장비나 기계 및 그 작업과 관련한 인물이 추출된 토픽으로 보인다. 여기에 농업정책에 관한 토픽(1), 농사와 날씨(31)에 관한 토픽을 합치면 40개 토픽 중 절반 가까이가 농사에 관한 것이라고 볼 수 있다.

다음으로는 자녀 및 가족 관련 토픽들이 많이 추출되었는데 훈이군대(14), 훈이 · 공부(19), 공부 · 대학(22) 등이 직접적으로 자녀에 관한 토픽들이고, 부인사랑고충(11), 집사람 · 감기몸살(27)은 부인에 관한 토픽이며, 부모님 · 친족(6), 어머님 · 생신 · 처가(28), 형제(39)는 부모와 형제자매에 관련된 토픽이다. 그리고 친지애경사(13)에 관한 토픽 역시 이와 관련된다고 볼 수 있다. 다음에 가족의 질병과 병원 치료에 관한 토픽(35)이 있으며, 여행(5), 농한기 놀이(30), 각종공사(18), 조합 · 부역(4) 등이 발견된다. 그리고 농업정책과는 별개로 정치(7) 토픽이 별도로 추출되었으며, 인간, 생활, 세상 등의 어휘로 이루어진 인생관(15)토픽이 뒤를 잇는다. 그리고 아포일기에는 일기하단에 지출항목을 적기 때문에 지출항목 관련 토픽이 2개 추출되었다. 그런데 토픽 21은 자녀선물에 관한 내용과 물류단지 유치반대 활동들에 관한 어휘들이 뒤섞여 있으며,

토픽 3은 태풍, 예보 등 기상에 관한 어휘들과 현주 시집에 관한 어휘들이 뒤섞여 있다. 토픽 34 역시 과수, 전정 등의 작업과 훈이 회사에 관한 어휘가 섞여 있다.[8]

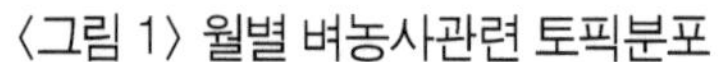
〈그림 1〉 월별 벼농사관련 토픽분포

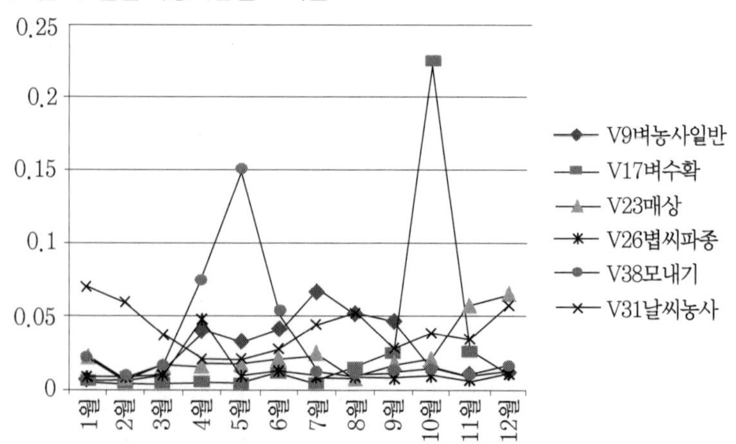

토픽모델링에서 토픽수를 결정할 때 가장 중요한 기준은 해석가능성과 타당도 그리고 연구질문에 비추어 본 유용성이다. 아포일기에서 가장 빈번하게 나타나는 농사관련 토픽들의 타당도를 간접적으로 검증해보기 위해서 월별로 농사관련 토픽의 출현빈도를 비교해보았다. 먼저 벼농사관련 토픽들의 월별출현빈도를 보면, 5월의 모내기와 10월의 벼

8) 이 세 토픽은 오분류되었을 가능성이 있다. 토픽모델링 기법은 분류가 어려운 어휘들은 일부 토픽에 몰아넣는 방식으로 다른 토픽들의 해석가능성을 높이기 때문에 추출되는 토픽항목들 모두가 해석가능성이 높지는 않다(DiMagio, 2013: 583). 다만 미처 파악하지 못한 새로운 잠재적 의미 구조를 보여주는 것일 가능성을 완전히 배제할 수는 없다. 또한 연구자가 물류단지 유치 반대운동에 관심이 있을 경우에는 토픽의 수를 늘여서 현재 자녀 · 선물 관련어휘들과 혼재되어 구성된 토픽 21이 어떻게 변화하는지 관찰해 볼 수도 있고, 토픽 21이 주로 등장하는 텍스트만 추출하여 가까이 읽기를 통해 세밀하게 분석해 볼 수도 있을 것이다.

수확 토픽이 가장 눈에 띈다. 벼농사 중에서 집중도가 가장 높은 것이 모내기작업과 수확작업임을 감안하면 이러한 결과는 두 토픽의 타당도가 매우 높다는 것을 보여준다. 그리고 상대적으로 집중도는 약하지만 4월에는 볍씨 · 기타작물파종토픽이 높은 비율을 보이며 벼농사일반토픽은 4월부터 9월에 걸쳐 장기간 상대적으로 높은 비율을 보이고 있다. 마지막으로 매상 토픽은 11~12월에 높은 비율로 나타나는데 이는 이 시기가 추수가 끝나고 본격적인 추곡매상이 이루어지는 시기이기 때문으로 짐작된다. 그리고 날씨에 관한 토픽은 12월부터 2월까지의 겨울철과 7~8월의 여름철에 빈도가 높은데 대체로 추위나 더위 · 장마에 관한 어휘가 주를 이룬다는 점을 감안하면 이러한 결과 역시 타당한 것이라고 여겨진다.

〈그림 2〉 월별 과수 및 채소 관련 토픽분포

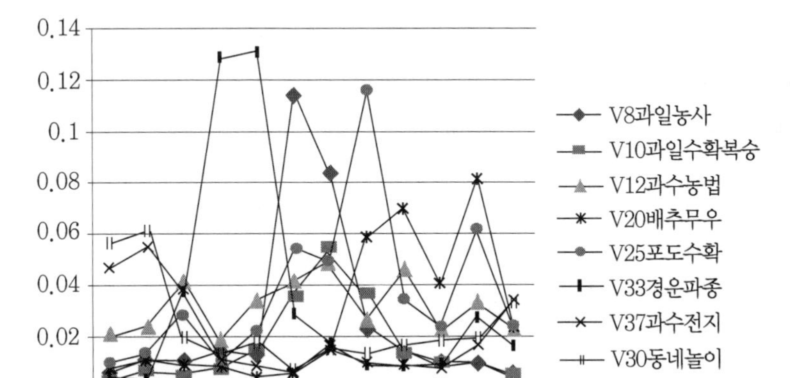

〈그림 2〉의 과수 및 채소농사 관련 토픽을 보면, 경운(노타리) 및 파종 토픽은 4, 5월에, 과일농사 · 자두(8)와 과실수확 · 복숭(10)은 6~7월

에 포도수확(25)은 8월에 높은 비율을 보인다. 흥미로운 것은 배추 · 무우와 관련된 토픽(20)인데 수확기인 11월이 가장 빈도가 높고 다음이 파종기인 8~9월로 가을김장채소의 수확기 및 파종기와 정확하게 일치한다. 그리고 12월과 1, 2월에는 과수전지작업토픽(37)이 상대적으로 높은 비율을 보인다. 또한 농한기인 이 시기에는 농한기 놀이 토픽(30)도 높은 비율로 나타난다.

한편 농사관련 토픽들의 '연도별'변화 추세를 살펴보면 과수나 채소농사의 경우 시기의 변화에 따른 작목의 변화를 뚜렷하게 파악할 수 있으며, 벼농사의 경우 기계화에 따른 모내기노동의 감소가 확연히 드러난다. 이를 통해 장기간에 걸친 농사관련 토픽의 변화추세 속에서 농업 기계화나 영농방식의 변화, 농산물시장의 변화와 연관된 작목의 변화나 농업노동과정의 변화를 검토해 볼 수도 있다. 다만 여기서는 지면의 제약상 상세한 논의 및 도표의 제시는 생략하기로 한다.

토픽모델링의 결과로 추출된 토픽들의 타당도를 측정하는 방법 중의 하나는 텍스트 외부의 변수와 토픽과의 관계를 비교해서 외적타당도를 살펴보는 것이다. 여기서는 농사일은 계절성을 강하게 띤다는 특성을 이용하여 문서(매일의 일기)의 기록일자라는 외부정보와 농업관련 토픽들의 관계를 주로 비교해보았으며, 그 결과는 농업관련 토픽들의 (외적)타당도가 매우 높다는 것을 보여주고 있다.

② 가족관련 토픽

아포일기에서 농사관련 토픽 다음으로 빈번하게 나타나는 것은 부모, 형제, 부인, 자녀들에 관련된 토픽들이다. 연도별로 가족관련 토픽의 분포를 보면 원가족에 관련된 토픽들[부모님친족(6), 어머님생신처가(28),

형제(39)]은 대체로 자녀들이 초등학교에 입학하기 전인 1981년경까지 많이 나타나지만 이후로는 점차 감소한다. 대신 그 자리에 자녀들의 공부에 관한 토픽[훈이 · 공부(19), 공부 · 대학(22)]과 부인에 관한 토픽이 들어선다. 부인에 관련된 토픽으로는 훈이 · 공부토픽에 부인이 중요하게 등장하는 것을 별도로 하면 집사람 · 감기 토픽(27)은 주로 1981~87년 사이에 나타나고 부인 · 고충토픽(11)은 1992년 이후 나타난다. 집사람 · 감기토픽은 부인이 휴식도 없이 큰집, 형님 집에 가서 탈곡, 타작, 상자 나르기를 하고 자녀돌보기 등으로 피로하여 몸살감기로 고생하는 내용들이 구체적으로 묘사되어 있다. 반면에 후반부에 주로 나타나는 부인고충 토픽은 부인의 농사일이나 가사 및 자녀에 관련된 구체적 노동의 내용보다는 남편으로서 느끼는 부인에 대한 사랑과 건강 염려, 과중한 피로 고충 고통에 대한 미안함, 여자로서 잠자리, 가정, 가족을 위한 노력에 대해 느끼는 따뜻한 심정과 행복을 토로하고 있다. 전자에서는 자기착취적 노동에 동참시켜야만 했던 부인의 과중한 노동일과 고통에 대한 직접적인 묘사가 주를 이루는 반면 생활이 다소나마 안정되기 시작한 후반부에서는 부인의 고통과 피로에 연민과 건강에 대한 걱정, 가족을 위한 노력에 대한 감사와 거기서 느끼는 행복감 등 주로 감정적, 정서적 묘사가 주를 이루고 있다. 그리고 이 무렵부터는 결혼식, 예식장, 식사, 대접 등으로 이루어진 애경사토픽(13)이 증가하기 시작한다. 이정덕 외(2014: 2-3)에 의하면 아포일기 저자 권순덕의 특징은 가족, 자녀, 형제들을 범위로 하는 가족주의 이념이라고 지적하는데, 연도별 토픽분포의 결과에서도 그러한 특징은 뚜렷하게 드러난다. 아포일기의 인간관계에 대한 언급은 초기에는 원가족 부모 형제자매에 관한 토픽이, 자녀가 성장하면서는 자녀와 부인에 관한 토픽이 주를 이루며 가족 이외의 사람들에 대한 토픽은 발견되지 않는다. 다만 생활이 안정된 후 증가하는 애경사 토픽에는 원가족이나 생식가족 이외에 친구 동기생이 등장하기도 하며 농한기놀이 토픽에서도 친구라는 어휘가 등장하지만 기본적으로 아포일기의 토픽분포에서도 가족주의적 성향이 강하게 드러난다.

〈그림 3〉 년도별 가족관련 토픽분포

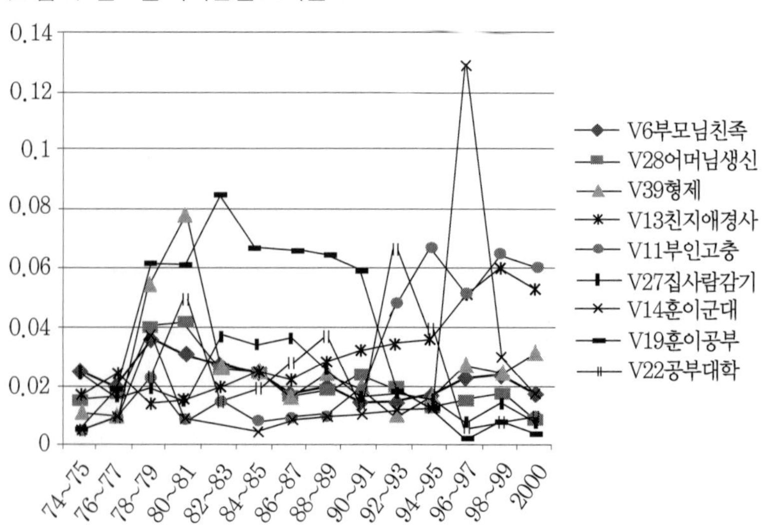

③ 정치 정책 관련 토픽

농사관련토픽이나 가족관련 토픽 이외에 흥미로운 것은 농업정책 토픽(1)과 정치 토픽(7)이다. 농업정책 토픽은 농민, 정부, 정치 , 농촌, 정책, 국민, 법석, 매상, 수입, 가격, 농사, 한심, 상인, 낭비, 준비, 농산물, 발전, 벼농사, 정취(정치) 등의 어휘로 구성되어 있으며, 정치토픽은 국민, 대통령, 정부, 국회, 선거, 정치, 국가, 학생, 야당, 김영삼, 노태우, 부정, 김대중, 발전, 전두환, 정권, 여당, 정취, 혼란, 운동 등의 어휘로 구성되어 있다. 두 토픽 모두에 국민, 정부, 정치라는 어휘가 커다란 비중으로 포함되어 있으나 농업정책 토픽에서는 농민, 농촌, 정책, 매상, 수입, 가격, 농사, 한심, 낭비 등의 어휘와 조합을 이루고 있어서 주로 구체적인 농민과 농촌의 현실이라는 맥락 속에서 언급되는 반면, 정치토픽에서는 대통령, 국회, 선거, 국가, 학생, 야당, 김영삼, 노태우, 부정, 김대중, 발전, 전두환, 혼란, 운동 등의 어휘와 조합을 이루어서 언급되고 있어서 상이한 잠재적 의미 토픽을 이루고 있다. 농촌과 농업에 관하여 정부, 정치를 논의할 경우에는 농민, 농촌, 농사의 현실경험에 기반하여 외국, 선진국, 수입, 개방에 대한 대책을 제대로 수립하지 못하여 추곡, 매상, 가격 측면에서 손해가 크고 한심하다면서 도시에 비해 농가는 비지땀을 흘려도 타격이 크며 영농의 어려움은 정부의 외면과 방치, 정책 실패의 탓이 크다고 불만을 제기한다. 한편 정치토픽에서는 정당(야당, 여당), 정치인(김영삼, 김대중, 전두환, 노태우), 국민, 대통령, 국회, 선거, 국가, 발전 등의 어휘가 중심을 이루고 있으며, 학생, 운동, 데모는 자유, 혼란, 낭비, 경제, 염려, 농성, 분규, 노사, 법석, 사태 등의 어휘들과 조합을 이루어 정치는 정당과 정치인, 대표자(대통령)가 중심이고 국민은 선거를 통해서만 참여하는 것이라는 인식을 보여주고 있으며, 학생, 운동, 데모, 노사, 분규에 대해서는 자유가 혼란, 낭비, 법석, 사태, 경제, 염려로 이어지고 있어서 부정적인 시각을 드러내고 있다.

〈그림 4〉 농업정책토픽(1)

〈그림 5〉 정치토픽(7)

편의상 토픽 1을 농업정책으로, 토픽 7을 정치로 명명하였으나 두 토픽에는 공통적으로 국민, 정부, 정치라는 어휘가 빈도순으로 6위내에 포함되고 있어서 국민과 정부 정치의 관계에 대한 견해를 보여주고 있다. 전자에서는 농민과 농촌의 어려운 현실은 농민개개인의 탓이라기보다 정부의 농업정책 실패라는 구조적 요인에 기인한다는 관점을 보여주고 있다. 그런데 후자에서는 국가의 대통령 국회 정부를 국민의 선거로 구성하는 것이 정치이며 여기서는 정당(여당, 야당)과 정치인이 주요 행위자이고 국민의 정치참여는 선거를 통해서만 이루어져야하며 학생이나 노동자의 시위와 같은 정치참여방식에 대해서는 부정적 시각을 드러내고 있다. 정치가 무엇인가, 국민 혹은 농민과 정치의 관계는 무엇이며 국민의 정치참여는 어떠해야 하는가에 관해서 아포일기가 보여주는 이러한 시각들은 87년 체제의 성립배경 및 그 성취와 한계를 이해하는데 중요한 기반을 제공하고 있는 것으로 여겨진다.

두 토픽의 연도별 분포를 살펴보면 또 한 가지 흥미로운 사실을 포착할 수 있다. 먼저 매일의 일기에서 두 토픽이 나타난 비율을 합계해서 연도별 평균추세의 변화를 살펴보면 80~81년, 88~89년, 92~93년의 세 꼭지점이 발견된다. 이 시기는 각각 박정희정권의 군사독재가 끝난 직후, 87년 민주화운동직후, 92년 문민정부 이행기에 해당한다. 다만 농업정책토픽(1)과 정치(7)토픽을 분리해서 살펴보면 80~81년과 92~93년의 작은 꼭지점은 유사하지만 88~89년의 경우에는 정치일반토픽(7)이 급상승한 반면 오히려 농업정책토픽(1)은 감소하고 있다. 전체적으로 보면 80년의 봄, 87년 민주화이후, 92년 문민정부 이행기에는 억압되어있던 정치적 담론공간이 확장되어 활발한 정치적 의사표현이 이루어졌던 것으로 보이며, 80년과 92년에는 본인이 몸담고 있는 농촌의 현실과 관련하여 농민과 농촌 정부와 정치의 관계를 논의하는 서술들이 많았던 반면에 87년 민주화이행기에는 농민, 농촌, 정부에 관한 구체적 논의들이 사회전반의 정치체제 변화에 대한 논의들 속에 흡인되어 들어갔던 것으로 판단된다.

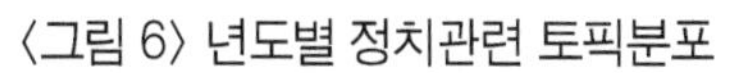
〈그림 6〉 년도별 정치관련 토픽분포

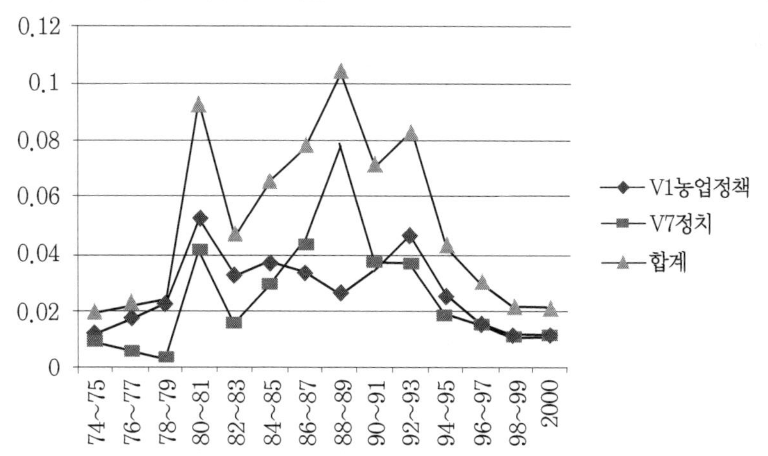

농업정책과 정치토픽의 어휘구성과 연도별 분포추세의 변화에 바탕을 둔 위와 같은 해석을 좀 더 정밀하게 확인해보기 위해서는 해당되는 일기의 기록을 찾아가서 전통적인 가까이서 읽기의 방법으로 텍스트분석을 수행해볼 필요가 있다. 이를 위해서는 각각의 날짜별 일기 속에서 농업정책토픽이나 정치토픽의 구성비율이 일정비율보다 큰, 예컨대 50%를 넘는 날짜를 추출하여 해당 날짜의 일기를 추출할 수 있다. 물론 정부나 정치관련 일기를 찾기 위해서는 정부나 정치라는 핵심어를 가지고 해당 텍스트를 추출할 수도 있으나, 핵심키워드 검색 방법에는 한계가 있다. 왜냐하면 앞에서도 보았듯이 농업정책 토픽의 핵심어휘들은 농민, 정부, 정치, 농촌, 정책, 국민, 법석, 매상, 수입의 순으로 구성되어 있어서, 어떤 날의 일기에는 농업정책을 서술하고 있더라도 정부나 정치라는 어휘는 들어있지 않을 수도 있기 때문이다. 마찬가지로 정치토픽을 다루는 일기에서도 정부와 정치라는 어휘는 없이 국민, 국가, 학생, 야당, 부정, 발전, 혼란, 운동, 처벌, 염려 등으로만 구성되어 있을 수도 있기 때문이다.[9]

여기서는 농업정책토픽과 정치토픽이 서술된 해당날짜의 일기를 찾아서 분석하는 대신 아포일기 전권을 세밀하게 통독하여 전통적인 텍스트분석방법으로 분석한 손현주(2015: 106-112)의 연구결과와 비교하여 토픽모델링 기법에 기반한 위의 발견과 해석들이 과연 타당성을 가지는

9) 남북전쟁 당시의 신문을 연구한 Nelson(2006)은 신문에 난 도주노예현상금 광고의 숫자를 파악하기 위해서 신문기사의 토픽모델링으로 추출한 도주노예토픽의 비율이 30%가 넘는 기사를 도주노예광고로 간주하고 연도별 분포를 그려보았다. 그리고 이를 수작업으로 도주노예광고를 세어본 결과와 비교한 결과 양자가 거의 일치된 추세를 보인다는 점을 밝힘으로써 토픽모델링 기법이 신문에서 특정한 분야의 기사를 검색하는 유용한 방법임을 입증하였다. Nelson은 "도주 노예"라는 키워드로만 검색할 경우에는 도주노예현상금 광고가 아니라 도주노예에 관한 일반기사가 검색될 가능성이 크기 때문에 토픽모델링의 방법이 더 효과적이라고 주장한다.

지 검토해보기로 하자. 아포일기에 나타난 저자의 근대적 경험을 문화적 측면, 정치적 측면, 기술적 측면으로 나누어서 고찰한 손현주에 의하면 권순덕은 80년대 이후 사적인 주제에서 공적인 주제로 관심의 폭을 확장하며, 농촌의 산적한 문제의 원인을 개인의 책임에서 사회구조적 문제로 생각하는 인식의 전환을 보여준다. 70년대까지는 투표행위만 하였으나 80년대 중반이후 92년까지는 국회의원선거나 대통령선거 유세집회에 참가하기도 하면서 정치의식을 표출한다. 그렇지만 권순덕의 정치참여는 투표, 선거, 정치집회 참여로 국한되며 데모와 시위 같은 정치참여 행위에 대해서는 정치를 혼란하게 하고 국가 전체의 안전을 파괴하는 것으로 간주한다. 권순덕에게 민주주의는 직업정치인들이 중심이 되는 대의제로 간주된다. 정치는 국가가 정책을 실행하는 방향과 방식이라고 보는 협소한 의미의 정치 개념을 가지고 있으며 정부정책의 실패, 특히 농업정책의 실패에 대해서는 강한 불만을 가지고 비판하지만, 개인이 다양한 정치활동에 적극적으로 참여하여 정부의 권력을 제한하고 개인의 자유를 최대한 보장하려는 움직임에 대해서는 비판적이다.

이러한 손현주의 연구에서는 정치일반과 농업정책(혹은 농민 · 농촌 · 정부 · 정책) 토픽이 분화되어 나타난 본고의 연구 결과와는 달리 양자가 함께 다루어지고 있으나, 후자의 토픽과 관련하여 강하게 정부정책의 실패를 비판한다는 점, 정치일반에서는 선거와 투표로 정치참여의 범위를 제한하며 학생이나 노동자들의 다양한 적극적 정치참여에 대해 부정적이라는 점, 80년대 중반이후 92년까지 적극적인 정치의식의 개진이나 정치참여가 나타난다는 점 등에서는 본고의 토픽모델링에 기반한 해석과 일치하고 있어서 일기에 토픽모델링을 적용한 본 연구의 해석이 상당한 타당성을 지니고 있음을 보여준다.

3) 자녀관련 일기의 문단별 토픽분석

앞에서 살펴본 것처럼 날짜별로 분석한 아포일기에는 자녀들에 관한 토픽이 높은 빈도로 나타난다. 이 절에서는 문서의 단위를 날짜단위가 아니라 문단단위로 좁혀서 자녀들이 언급된 문단을 추출하여 토픽모델링을 실시해봄으로써 보다 세부적인 자녀관 내지 자녀 양육관을 살펴보고자 한다. 토픽모델링 알고리즘은 동일문서에서 나타나는 단어들의 공동출현빈도에 기초하여 의미 있는 토픽을 추출하기 때문에 문서의 단위가 좁아질수록 세부적이고 구체적인 토픽이 추출되고 문서의 단위가 커질수록 포괄적인 토픽이 추출된다.[10] 토픽의 수는 해석가능성을 고려하여 15개로 정하였다.

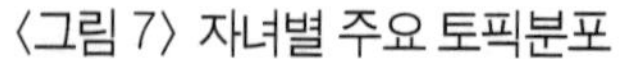
〈그림 7〉 자녀별 주요 토픽분포

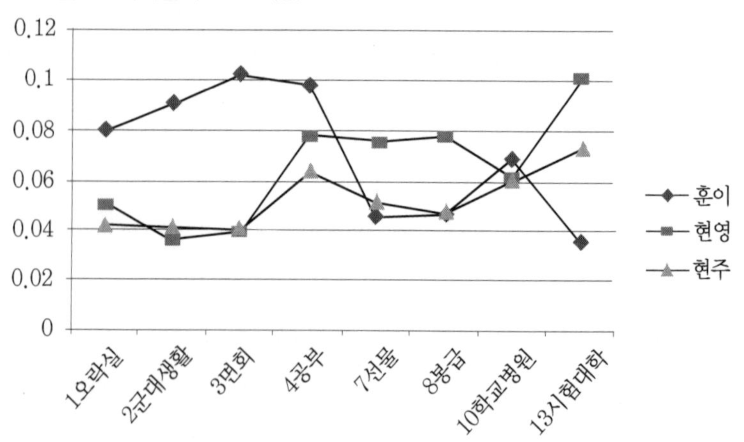

10) 토픽모델링에서 토픽의 수를 얼마나 할 것인가 다음으로 연구자가 결정해야 할 요소가 문서의 단위를 어떻게 정할 것인가이다. 이 역시 토픽의 해석가능성, 연구질문에 비추어 본 유용성에 비추어 결정할 수밖에 없다. 신문기사 등에서는 대체로 기사꼭지를 그대로 한 문서로 사용하므로 큰 문제가 없지만, 원자료에 뚜렷한 단위가 없는 소설 등에서는 문서단위를 무엇으로 할 것인지가 중요한 결정사항중 하나이다. 토픽 수가 크면 훨씬 더 세밀한 토픽들이 추출되는 것처럼 문서의 단위가 작아지면 그만큼 세부적인 토픽들이 추출될 가능성이 크다(Jockers, 2014: 137-142).

자녀의 이름이 언급된 문단만 뽑아서 분석하였지만, 자녀와는 다소 거리가 있는 토픽들도 나타났다. 이 중에서 권순덕의 자녀관이나 교육관을 잘 살펴볼 수 있는 토픽 9개를 골라서 해당 토픽별 구성어휘를 관련이 높은 순으로 제시해본 것이 〈부표 2〉이다. 3자녀가 언급된 문단별로 토픽의 분포를 보면 군대생활이나 군대면회에 관련된 토픽은 아들인 훈이 문서에서 가장 빈번하게 나타났으며, 오락실, 성질, 약속, 꾸중, 잘못, 거짓말 등으로 구성된 오락실(1) 토픽도 훈이 문서에서 빈번하게 나타났다. 이는 오락실에 들락거리는 아이에 대한 꾸중과 걱정, 훈육을 담은 토픽이라고 하겠다.[11] 반면에 선물, 엄마, 생일, 졸업 등으로 이루어진 선물(7)토픽은 공부를 잘해서 상을 타거나 장학금을 받았던 현영문서에서 가장 높은 비율로 나타났으며 그 다음이 현주문서이다. 회사에 취직하여 봉급을 타고 적금을 하는 내용으로 구성된 봉급토픽(8)도 현영문서에서 가장 많이 나타났으며 학교, 선생님, 병원, 상처, 치료 등으로 구성된 학교 · 병원 토픽은 세 자녀에게서 비슷한 빈도로 나타났다. 공부에 관한 토픽은 4와 13이 있는데, 13번 토픽은 시험, 전문대학, 공부, 학교, 불안, 걱정, 등록금, 전기, 노력, 접수, 지원, 합격, 소원, 장학생 등으로 구성되어서 구체적으로 대학교 지원을 둘러싼 주제임을 알 수 있다. 반면에 4번 토픽은 공부, 걱정, 학교, 노력, 머리, 시간, 성적, 학원, 욕심, 결심, 엄마, 중(고등)학교, 방학, 문제, 시험, 뒷바라지, 체력 등으로 이루어져서 중 · 고등학교 시기까지의 공부에 관한 내용임을 알 수 있다. 전자는 현영문서에 가장 높은 빈도로 나오는 반면 후자는 차이

11) 자녀별 학교시기별로 추세를 살펴본 결과에 의하면 훈이 문서 중에서도 훈이 중 · 고시기 문서에 오락실 토픽이 가장 빈번하게 나타났으나 지면 제약상 도표의 제시는 생략한다.

는 적지만 상대적으로 훈이 문서에 높은 빈도로 나타난다. 상대적으로 공부를 잘해서 장학금을 받기도 했던 둘째딸 현영과 관련하여 전기대학교 입학을 기대하는 등 관심을 많이 보였기 때문에 시험 · 대학 토픽은 현영문서에 가장 빈번하게 나타나고 다음이 현주문서였던 반면에 어려서부터 공부에 열의를 보이지 않았던 아들 훈이 문서에는 구체적으로 대학진학과 관련한 토픽은 상대적으로 자주 보이지 않는다. 그렇지만 중고시기의 공부에 대한 관심과 걱정은 오히려 아들 훈이 문서에 더 자주 나타났다.

토픽모델링 기법은 개별문서별 단어별로 토픽을 할당해준다. 따라서 이번에는 공부토픽(4)에 할당된 각문서의 단어를 추출하여 자녀별로 4번 토픽을 구성하는 어휘들의 네트워크를 그려보았다. 어휘는 동일문서상의 공동출현빈도가 4회 이상인 경우만을 노드로 추출하였으며 노드(어휘)간의 거리는 공동출현빈도를 사용하되 연결선은 출현빈도가 8회 이상인 경우만 그려보았다.[12] 네트워크 그래프를 비교해보면 훈이 문서의 경우 62개 노드에 연결선(ties)은 176개인 반면, 현주는 29개 노드 94개 연결선, 현영은 20개 노드 76개 연결선을 보였는데 이는 훈이의 경우가 등장하는 어휘의 총수가 가장 많고 어휘간의 연결정도도 짙다는 것을 보여준다.

---

12) 공동출현빈도 4회 이상인 어휘만 골라서 노드로 삼고 여기서 연결선이 없이 고립된 노드들은 제거한 후 최종적으로 공통빈도 8회 이상인 경우만 연결선을 그렸다.

〈그림 8〉 공부일반 토픽 핵심어휘 네트워크(훈이)

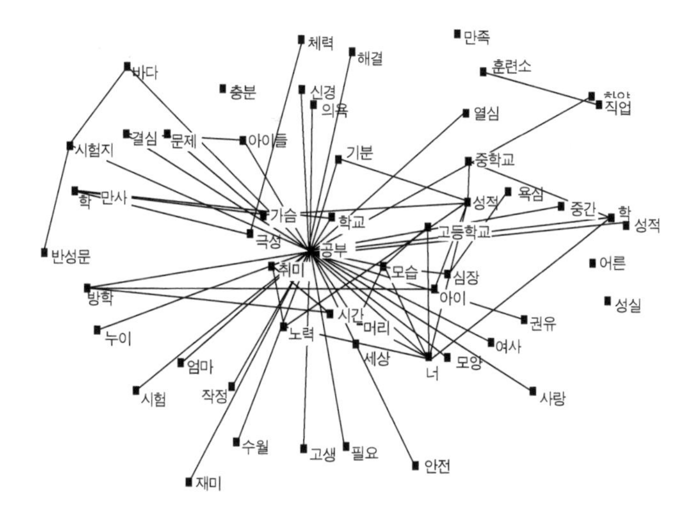

〈그림 9〉 현주 공부토픽 핵심어휘 네트워크 〈그림 10〉 현영 공부토픽 핵심어휘 네트워크

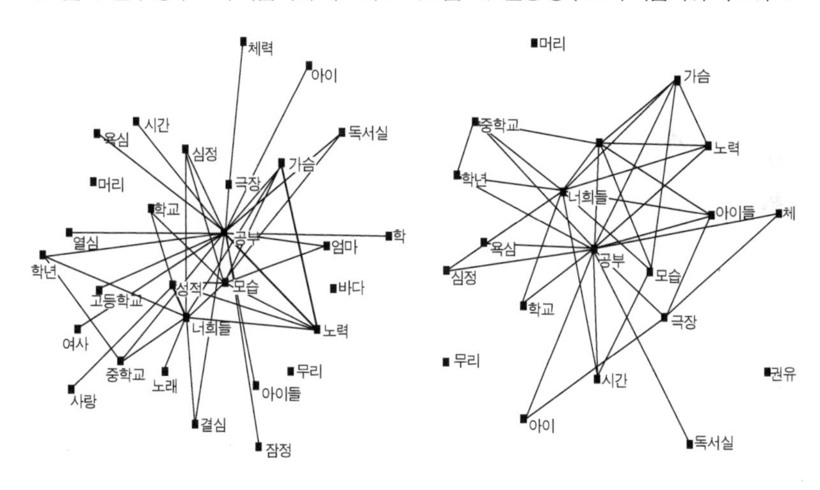

딸들의 공부토픽에서는 공부가 가장 중심적 어휘이며 너희들, 모습, 노력, 성적, 가슴, 심정, 걱정, 학교 등이 상대적으로 연결선이 많다. 그런데 훈이 그래프에서는 공부가 중심을 이루는 점은 동일하지만, 딸들의

경우와 달리 중간정도의 연결선을 가지는 노드들에 추가로 취미, 시간, 머리, 아이, 기분, 시험지, 성적표, 고등학교, 중학교, 방학, 학년 등의 어휘가 보이며, 공부와 직접 단선으로 연결된 어휘도 훨씬 많다. 이는 아들의 공부와 관련해서는 훨씬 구체적이고 다양한 어휘들을 다양한 조합으로 동원하여 서술하고 있음을 보여준다.

마지막으로 세 자녀의 교통이동관련 토픽(15)의 분포를 살펴보기 위하여 세 자녀의 교통이동관련 어휘들의 네트워크상의 연결정도 중앙성(degree centrality)을 분석해 본 결과는 〈부표 3〉과 같다. 어휘의 의미는 결국 함께 사용되는 어휘들과의 맥락에서 나온다는 점을 감안하면 해당토픽의 내용은 연결정도 중앙성이 큰 어휘들에 의해서 좌우될 것이므로 각 어휘의 연결정도 중앙성을 살펴보면 해당 토픽의 의미를 파악할 수 있다. 우선 자녀별로 공부토픽 전체의 어휘 구성을 보면 흥미로운 점은 아들문서의 교통이동토픽 해당 어휘가 만나는 사람이나 목적, 장소, 교통편 등의 측면에서 가장 다양하고 많으며 딸들은 이동의 목적이나 상대, 교통편 모두에서 다양성이 적다는 것이다.

현영문서의 경우에는 연결정도 중앙성이 큰 어휘들을 살펴보면 택시나 버스를 이용하여 고사시간에 교실에 도착하는 내용이 전부임을 바로 알 수 있고 하단에 여자, 친구, 남자 등 만나는 상대에 관한 어휘가 나온다. 현주의 경우에는 연결정도 중앙성이 100이 넘는 어휘는 전혀 없으며 친구, 시간, 김천, 남자, 마을 등이 상대적으로 중앙성이 높아서 친구, 남자를 만나기 위해 마을에서 김천으로 이동하는 내용이 중심을 이룸을 짐작할 수 있으며, 중앙성이 낮아지면서 총각, 여자, 데이트 등의 대상 및 목적과 구미, 대구 등의 이동지역이 나오고, 마지막에 버스, 택시, 구입, 차표 등의 교통편 및 이용관련 어휘가 등장한다.

반면 아들 훈이 문서에서는 연결정도 중앙성이 100이 넘는 어휘가 훨씬 많다. 상대적으로 연결정도 중앙성이 가장 높은 단어들은 친구, 시간, 여자, 김천, 눈물, 택시, 도착, 이용 등이어서 아들의 교통이동토픽도 친구, 여자를 만나러 김천에 택시로 이동하는 것이 주된 의미 맥락임을 알 수 있다. 그 후로 등장하는 교통편을 보면 버스, 승용차, 열차, 자가용 등으로 다양하고, 구미, 약전, 골목, 대구, 마을, 논산, 대전 등 지역도 더 넓게 퍼져있고, 접수, 사정, 약전, 약속, 퇴소식, 금오산, 남자, 아파트, 자랑, 한약 등 이동의 목적도 다양하다. 근대화의 가장 큰 축의 하나가 교통 통신의 발달이라고 할 때 교통 및 이동에 관한 토픽의 자녀별 차이는 아포일기 저자의 자녀관을 극적으로 보여주는 것이라고 판단된다.

아포일기에 나타난 자녀관을 전통적인 텍스트분석방법으로 분석한 진양명숙(2015: 54-56)에 따르면 권순덕의 자녀관에서 가장 뚜렷한 특징은 '딸보다는 아들이다'로 요약되는데, 이는 공부토픽(4)이나 교통이동토픽(15)의 네트워크 분석에서도 잘 드러난다. 상대적으로 어려서부터 공부에 열의를 보이지 않는 아들에 대해서 포기하기보다는 오히려 공부를 잘하는 딸들에 비해서 더 많은 걱정을 하고 더욱 구체적이고 다양한 방법으로 채찍질하고, 설득하고, 격려하고, 지원하며 그 과정에서 훨씬 많은 어휘들을 다양한 조합으로 구사하면서 서술하는 것으로 보인다. 또한 이동과 교통이라는 측면에서도 아들의 경우에는 다양한 목적으로 다양한 교통수단을 이용하여 다양한 지역으로 이동하는 것을 딸들에 비할 수 없을 정도로 상세하게 기록하고 있다는 점에서 토픽모델링의 결과는 진양명숙의 연구결과와 여실히 부합하는 것이라고 하겠다.

4. 결론

최근 들어 텍스트자료의 디지털화가 빠르게 진행되면서 엄청난 양의 텍스트 자료에 들어있는 내용을 분석하는 기법으로 토픽모델링의 활용이 증가하고 있다. 이는 해당 텍스트자료의 내용에 관련된 전문적인 사전적 지식에 기반하지 않고도 방대한 디지털 텍스트 자료로부터 의미 있는 잠재적 주제들을 추출해주는 텍스트 모델링 기법의 기능 때문이다.

본 연구에서는 일상생활사에 대한 학문적 관심의 증대에 기인하여 주요한 연구자료로 떠오르고 있는 일반인들의 개인일기에 토픽모델링 기법을 적용할 수 있는지 검토해보기 위하여 경북 김천의 농민일기를 대상으로 토픽모델링 분석을 수행해보았다.

토픽모델링 기법에 의하여 아포일기 전체를 원거리에서 조망해 본 결과에 의하면 아포일기에는 벼농사, 과수 및 채소농사, 시비나 농약살포, 농기계 작업, 농업정책, 날씨 등 농사관련 주제들이 절반 이상을 차지하고 있으며, 다음으로는 부모, 형제자매, 부인, 자녀 등 가족에 관한 주제들이 자주 등장한다. 상대적으로 적은 수의 주제들로는 여행과 놀이, 정치, 각종공사, 부역 · 조합 등이 발견되었다.

토픽모델로 추출된 토픽들의 해석가능성은 40개 토픽 중 2~3개를 제외하고는 아주 높았다. 일기전체를 날짜단위로 분석한 경우 문서(각 날짜의 일기)의 외부정보인 날짜정보를 이용하여 월별, 연도별로 주제와의 연관성을 검토하여 외적타당도를 검증해보았는데, 강한 계절성을 띠는 농사일 관련 토픽들은 월별분포가 예상대로 나타났으며, 연도별 변화에서도 기계화에 따른 농사작업의 변화나 시장변화에 따른 작목의 변화를 잘 반영하는 것으로 나타났다. 가족관련 토픽들의 경우에도 결혼과 분가, 자녀 학교 입학, 진학, 졸업과 취업 및 군입대 등 생애주기에 따른 변화를 그대로 반영하고 있었다. 흥미로운 점은 정치 관련 토픽들인데 여기서도 80년의 봄, 87년 이후 민주화시기, 92년의 문민정부 이행기의 정치적 담론공간의 확장이라는 한국사회의 중요한 시기적 변화와 아포일기에 나타나는 정치관련 담론의 출현시기가 정확하게 일치하였다.

마지막으로 아포일기를 전통적인 텍스트분석 방법으로 연구한 타 연구자들의 연구결과와 본 연구의 결과를 비교해 본 바에 따르면 두 가지 연구방법 모두에서 강한 가족주의적 성향이 발견되었다. 아포일기 저자의 인간관계에 대한 관심은 철저하게 원가족 중심성을 보이다가 자녀들이 성장하면서 생식가족 중심성으로 이어지고 있으며 가족의 범위를 넘어선 인간관계나 사회적 관계에 대한 관심은 단편적, 산발적으로 나타날 뿐이다.

세 자녀가 포함된 문단만 골라서 문단단위로 토픽모델링을 실시한 결과와 전통적 텍스트 분석의 결과를 비교해보면 '딸보다 아들'이라는 아포일기 저자의 자녀관이 공통적으로 드러났다. 상대적으로 공부를 잘해서 기대를 모았던 딸의 경우에는 대학 시험을 둘러싼 토픽은 빈번하게 나타나지만 대입이라는 특별한 사건 이전에 이루어진 공부일반에 해당하는 토픽에서는 아들의 경우 훨씬 더 다양한 어휘들을 밀도 높게 구사하면서 다방면으로 관심과 기대, 설득, 걱정하는 모습을 보여주고 있다. 특히 주목을 끄는 것은 교통 및 이동토픽에서 아들과 딸 사이에 커다란 차이를 보이고 있다는 점이다. 아들의 경우 이동의 목적과 상대, 이동지역, 이동수단 등에서 딸들에 비해서 훨씬 다양하게 서술되고 있다. 근대화의 기본 축 하나가 교통의 발달과 이에 따른 공간적 사회적 이동 범위의 확장이라고 볼 때 교통 및 이동 주제에서 나타난 아들문서와 딸 문서 사이의 차이는 중요한 의의를 지닌다. 그런데 전통적 텍스트 분석방법을 이용한 기존연구에서는 '딸보다 아들'이라는 주제에 주목하였음에도 불구하고 교통 및 이동 측면에서의 차이를 발견하지 못하였다. 이는 토픽모델링 기법이 사전적 지식이나 선입견 없이 텍스트의 내용에 접근하게 해주기 때문에 얻어진 장점의 한 예로 판단된다.

아포일기 저자의 정치의식과 정치행위 측면에 대한 분석결과를 보면 협소한 정치관, 선거이외의 정치참여방식에 대한 부정적 견해, 어려운 농촌 현실과 관련한 국가나 정부 정책에 대한 책임추궁과 비판 등의 측면에서 기존 텍스트분석 방법에 의한 연구와 토픽모델링에 의한 연구결과가 상당부분 일치한다. 그런데 이러한 정치의식과 정치행위에 대한 토픽이 아포일기에서 빈번하게 출현한 시점이 한국사회의 정치적 변화의 주요길목에서였다는 점을 감안해보면 87년 체제로 일컬어지는 한국사회의 정치적 변화의 성과와 한계에 대한 연구에 주요 시사점을 제공한다고 하겠다.

이처럼 토픽모델링의 기법을 활용하여 일기자료 속에서 비교적 해석가능성이 높고, 타당도가 높은 주제를 추출해내고 경우에 따라서는 사전적 지식이 선입견으로 작용하여 간과할 수도 있었던 주제를 발굴해낼 수 있었던 기반은 토픽모델링 기법이 가지고 있는 몇 가지 특징들에 기인한다. 토픽모델링 기법의 특징을 간추리자면 1) 텍스트의 분석 이전에 사전적 지식을 요구하지 않으며, 2) 문서를 어휘의 자루(bag or words)로 가정하여 어휘들의 관계 속에서 잠재적 의미구조를 포착하고, 3) 전통적인 가까이서 읽기(close reading) 대신 멀리서 읽기(distant reading)를 가능케 해준다는 점이다. 그러나 사전적 지식을 요구하지 않는다는 것은 빅데이터에 과도한 의의를 부과하는 일각의 주장처럼 데이터 자체가 모든 것을 말하기 때문에 더 이상 이론은 필요 없다는 의미는 아니다. 토픽모델링의 기법에서도 토픽 수의 결정이나 문서 단위의 결정에서 가장 중요한 선택기준은 해석 가능성이기 때문이다. 토픽모델링의 결과로 산출된 토픽들의 해석가능성은 해당 토픽을 구성하는 어휘들의 조합으로부터 판단하는데, 이때 누구에게나 쉽게 다가오는 겉으로 드러난 해석가능성보다는 해당분야의 전문성이 없이는 포착할 수 없는 토픽들의 해석가능성이 더 중요한 경우가 많다. 많은 경우 누구나 쉽게 해석가능성을 포착할 수 있는 주제들의 경우에는 토픽모델링의 기법을 적용하더라도 대부분 기존 연구의 결과나 이미 알려져 있는 내용을 재확인하는 수준에 그칠 가능성이 큰 반면에, 새롭고 흥미로운 주제들은 겉보기에 해석가능성이 없어 보이는 토픽들에서 나타나기 때문이다. 겉보기에는 쉽사리 해석하기 어려운 단어들이 조합을 이루고 있을 때 과연 그것이 단순한 오분류 때문인지 아니면 어떤 새롭고 심층적인 의미구조를 반영하는 것인지를 판단하기 위해서는 해당분야에 대한 전문적 식견과 통찰력이 요구된다. 그런 측면에서 보자면 토픽모델링의 경우에는 해당분야에 대한 전문적 지식과 주관적 해석능력이 요구되는 지점이 텍스트 분석의 입구에서 출구로 위치 이동한 것이라고 볼 수 있다.

토픽모델링이 가능하게 해준 방대한 규모의 텍스트 문서에 대한 '멀리서 읽기(distant reading)' 또한 '가까이서 읽기(close reading)'에 대한 대체물은 아니다. 일기, 특히 일상생활사 연구의 중요한 자료로서 의의가 강조되는 일반인들의 일기의 경우 일기저자나 해당일기의 특성에 대한 별도의 정보가 없는 경우가 많으므로 일기 전체를 멀리서 읽기로 조망하여 해당 일기의 특성을 파악할 필요가 있다. 그러나 앞에서도 보았듯이 어떤 토픽이 오분류로 인한 것인지 아니면 잠재적 의미구조를 반영하는 것인지를 파악하기 위해서는 일기의 해당부분을 추출하여 가까이서 세밀하게 읽어보는 과정이 무엇보다 중요하다. 그리고 대부분의 경우 멀리서 읽기로 일기의 전반적 특성을 이해한 후에는 개별 연구자의 관심영역에 해당하는 텍스트를 추출하여 가까이서 읽기를 수행할 필요가 있다. 그런데 관심영역의 텍스트를 추출하기 위해서 흔히 사용해 온 핵심키워드 탐색방법은 그 키워드가 해당 일기에 어떤 어휘로 어떻게 기록되어 있는지를 사전에 모두 파악하고 있지 못할 경우 적용하기 곤란하다. 또한 동일한 어휘라도 맥락에 따라서 상이한 의미를 지니는 점을 고려하면 키워드 탐색법은 한계가 분명하다. 그런 점에서 보면 토픽모델링 기법은 방대한 텍스트뭉치로부터 특정분야의 텍스트를 추출하는 작업에서 키워드 탐색방법의 대안이 될 수 있다.[13)]

다음으로는 문서를 '어휘의 자루'로 간주하고 관계적 의미를 추적하는 특징에 관해 살펴보자. LDA알고리즘이 가진 위의 전제는 토픽모델링 기법이 의미상 해석가능성이 높은 토픽들을 자동적으로 추출해주는 핵심적 기반이다. LDA 알고리즘의 이런 전제로 인하여 다의어, 동음이의어, 일기 저자 특유의 다양한 방언이나 약자사용 등의 문제가 해소될 수 있

---

13) 이와 관련하여 최근에는 LDA의 토픽 분류 알고리즘을 약간씩 수정하여 토픽 추출시에 특정 핵심어와의 관련성을 고려하여 토픽추출이 이루어지게 하는 알고리즘도 개발되고 있는데 이는 기존의 자율기계학습(unsupervised Machine Learning)의 특징을 가졌던 LDA알고리즘을 연구자의 필요에 맞도록 (준)지도기계학습((semi)supervised Machine Learning)으로 변용하려는 노력들의 일환이다. 지도학습은 사전에 정보를 주고 기계학습 하도록 하는 방법으로서, 앞의 예에서처럼 핵심키워드를 주는 경우도 있고, 긍정적 · 부정적 반응의 사례를 주어서 인기도나 감정 설명에 이용하기도 한다. 또한 특정한 시점 주위로 토픽이 군집되도록 하여 역사적 사건에 보다 적합하게 토픽이 추출되도록 하기도 한다(Wang and McCallum, 2006; Templeton et al., 2011: 2-5; Tangherlini et al., 2013: 726-731)

다. 그리고 영어만이 아니라 여러 나라의 언어에 광범위하게 적용가능하게 된 것 역시 위의 특징에 기인한다. 특히 주목되는 점은 토픽모델링 기법을 사용하면 영어의 경우 광학문자판독기(OCR) 처리과정에서 남게 된 불완전 판독된 찌꺼기들로 인한 문제가 해소되었다는 보고이다.[14] 향후 한글 광학문자처리기의 불완전 판독 찌꺼기로 인한 문제도 토픽모델링을 거쳐 해소할 수 있게 된다면 아직 디지털화되지 않은 수많은 텍스트 자료의 분석에 획기적 전기가 될 것으로 기대한다.

다만 '어휘자루' 전제와 관련하여 문제가 되는 것은 특정한 목적의 연구에서는 어휘의 순서나 서사구조가 중요한 의미를 지닐 수도 있다는 점이다(Mohr et al., 2013: 229). 이미 생애사 자료의 서사구조에 기반한 네트워크 분석들이 유용한 결과들을 산출하고 있다는 점에 비추어 보면, LDA 알고리즘에 전제된 '어휘자루'의 가정을 완화하여 토픽추출 과정에서 어휘의 순서나 서사구조가 고려될 수 있도록 보완될 필요가 있다.

마지막으로 본 연구에서는 일기 텍스트의 분석에서 명사만을 추출하여 사용하였다. 그런데 내면세계 생활세계를 서술하는 개인일기자료의 특성상 감정이나 정서 표현이 많을 수 있으며 감정이나 정서의 표현은 명사만 분석해서는 포착하기가 쉽지 않다. 향후 일기형태의 자료에 대한 토픽모델링 기법의 적용이 본격화되기 위해서는 명사 이외의 품사들을 활용하는 방안을 포함하여 일기텍스트의 전처리 과정에서 당면하는 문

---

14) 활자화된 텍스트 문서의 경우 광학문자판독기를 거쳐서 디지털텍스트로 전환하는데 판독과정의 불완전성으로 정확하게 판독하지 못한 찌꺼기들이 남게 된다. 그런데 Yang과 동료들(Yang et al., 2011: 99-100)의 연구에 의하면 불완전 판독된 찌꺼기들은 그 빈도가 낮고 여러 문서에 무작위적으로 발생하므로 토픽모델링 수행과정에서 자동적으로 해소되어, 광학처리 찌꺼기들을 많은 비용을 들여서 제거한 경우와 별 차이를 보이지 않았다고 한다.

제점들에 대한 심도 있는 연구가 요구된다.[15)]

토픽모델링 기법은 디지털화된 대규모 텍스트 자료의 내용을 분석하는 데 유용한 도구로 활용될 수 있다. 그러나 이제까지 살펴본 것처럼 해당 영역의 전문적 지식이 없이 누구라도 자동적으로 의미 있는 연구결과를 도출할 수 있는 것은 아니다. 일기자료를 연구할 경우에도 연구 질문에 적합한 일기자료를 선택해야 하고, 해당 일기저자와 일기의 특성에 대한 이해가 선행되어야 하며, 토픽모델링 기법의 적용으로 추출된 토픽들에 대한 해석과 통찰능력이 필수적으로 요구된다. 다만 토픽모델링 기법은 특정 세부영역에 관심이 있는 연구자에게도 일기 전체를 조망하여 해당일기의 특성을 파악하는데 도움을 주기도 하고, 관심영역을 추출하는 데 있어서도 다양한 방법으로 활용될 수 있다. 마찬가지로 멀리서 읽기가 가까이서 읽기의 대체물은 아니다. 그렇지만 토픽모델링 기법은 일기연구자에게 다양한 렌즈를 제공하여 연구과정에서 수시로 일기 전체 수준의 분석과 세부영역 수준의 분석을 오가면서 가까이 읽기와 멀리서 읽기를 자신의 연구과정의 진행에 따라서 적절하게 사용하면서 일기 텍스트에 대해서 여러 위치에서 접근할 수 있도록 해준다. 또한 토픽모델링 기법이 가진 귀납적 방법이라는 특성은 때로는 연구자들이 사전에 예상하지 못했던 잠재적 의미구조를 포착할 수 있도록 이끌어 주기도 한다.

향후 텍스트 자료의 디지털화 과정에서 발생하는 광학문자판독상의 난제들이 해소되고, 한글자연어처리과정의 안정성이 높아지고, 명사 외

15) 산업 경영분야에서는 다양한 텍스트 마이닝 기법들을 활용하여 주로 SNS자료를 바탕으로 명사 이외의 품사들까지 사용하여 감정분석을 수행하려는 시도들이 이루어지고 있어서(김윤석 · 서영훈, 2013), 일기자료의 토픽모델링 적용에서도 적극적으로 참고할 필요가 있다.

의 품사들의 활용가능성이 높아지고, 인문사회과학 연구자들이 일기분석에서 당면하는 여러 가지 요구사항에 맞도록 기존의 표준적 LDA 알고리즘이 수정 보완된다면, 토픽모델링을 이용한 디지털 일기자료의 분석은 보다 활성화될 것으로 기대한다.

참고문헌

강범일 · 송민 · 조화순. 2013. "토픽 모델링을 이용한 신문 자료의 오피니언 마이닝에 대한 연구," 『한국 문헌정보학회지』 47(4): 315-334.

김윤석 · 서영훈. 2013. "기계 학습을 이용한 한글 텍스트 감정 분류," 『한국엔터테인먼트산업학회 학술대회 논문집』 2013(11): 206-210.

김하진 · 정효정 · 송민. 2014. "토픽모델링을 통한 저자명 식별 성능 비교," 『한국정보관리학회 학술대회 논문집』 2014(8): 149-152.

남춘호. 2016. "일기자료 연구에서 토픽모델링 기법의 활용가능성 검토," 『비교문화연구』 22(1): 89-135.

남춘호 · 유승환. 2016. "토픽모델링으로 분석해 본 금계일기," 이정덕 외, 『금계일기 1권』, 서울: 지식과교양. pp.136-161.

니시카와 유코. 2014. 『일기를 쓴다는 것』, 임경택 · 이정덕 역, 전북: 신아출판사.

박자현 · 송민. 2013. "토픽모델링을 활용한 국내 문헌정보학 연구동향 분석," 『정보관리학회지』 2013(30): 7-32.

손현주. 2015. "근대적 경험과 양가성," 『압축근대를 경험하는 동아시아』, 개인기록과 압축근대 연구단 심포지움 논문집. pp.93-121.

이정덕 · 안승택 편. 2014. 『동아시아 일기 연구와 근대의 재구성』, 서울: 논형.

이정덕 · 소순열 · 남춘호 · 문만용 · 안승택 · 송기동 · 진양명숙 · 이성호 편. 2014. 『아포일기 1』, 전북: 전북대학교 출판문화원.

이케다 유타. 2014. "역사와 개인기록." 이정덕 · 안승택 편 『동아시아 일기 연구와 근대의 재구성』, 서울: 논형. pp.25-33.

정병욱. 2013. "식민지 농촌 청년과 재일조선인 사회," 정병욱 · 이타카키 유타 편, 『일기를 통해 본 전통과 근대, 식민지와 국가』, 소명출판. pp.263-312.

정병욱 · 이타카키 유타 편. 2013. 『일기를 통해 본 전통과 근대, 식민지와 국가』, 소명출판.

진양명숙. 2015. “남성 농민일기에 나타난 가부장적 젠더 인식,” 『압축근대를 경험하는 동아시아: 도시 와 농촌』, 전북대학교 개인기록과 압축근대 연구단 심포지움 논문집. pp.47-66.

한신갑. 2015; “빅데이터와 사회과학하기,” 『한국사회학』 49(2): 161-192.

Baird, Bridget., Cameron Blevins. 2013. “Digital Diaries, Digital Tools: A Comparative Approach to Eighteenth-Century Women's History,” *Women's History in the Digital World*, March 2013.

Blei, D. 2012. “Probabilistic Topic Models,” *Communications Of The Acm* 55(4): 77-84.

Blei, David M., Andrew Ng, and Michael Jordan. 2003. “Latent Dirichlet Allocation,” *Journal of Machine Learning Research* 3: 993-1022.

Blevins, Cameron. 2010. “Topic Modeling Martha Ballard's Diary.” http://historying.org/2010/04/01/topic-modeling-martha-ballards-diary/.

Bonilla, T. and Justin Grimmer. 2013. “Elevated Threat and Decreased Expectations: How Democracy Handles Terrorist Threats,” *Poetics* 41(6): 650-669.

Broniantowski, D.A. and C.L. Magee. 2011. “Towards a Computational Analysis of Status and Leadership Styles on FDA Panels,” in J. Salerno, S. Yang, D. Nau, S. Chai, eds., *Social Computing, Behavioral-Cultural Modeling and Prediction*, Springer Berlin Heidelberg, pp.212-218.

DiMaggio, P., N. Nag, D. Blei. 2013. “Exploiting Affinities between Topic Modeling and the Sociological Perspective on Culture,” *Poetics* 41(6): 570-606.

Gerrish, S., D. Blei. 2010. “A Language-based Approach to Measuring Scholarly Impact,” The 27th International Conference on Machine Learning, (ICML-10): 375-382.

Griffiths, T., M. Steyvers. 2004. “Finding Scientific Topics,” *Proceedings of the National Academy of Sciences* 101(suppl 1): 5228-5235.

Grun, Bettina, Kort Hornik. 2011. "Topicmodels: An R Package for Fitting Topic Models," *Journal of Statistical Software* 40(13): 1–30.

Jeon, Heewon. 2012 "KoNLP: Korean NLP Package," R package version 0.76.5.

Jockers, M.L. 2014. *Text Analysis with R for Students of Literature*, London: Springer.

Jockers, Matthew L., David Mimno. 2013. "Significant Themes in 19th–century Literature," *Poetics* 41(6): 750–769.

Miller, Ian Matthew. 2013. "Rebellion, Crime and Violence in Qing China, 1722–1911: A Topic Modeling Approach," *Poetics* 41(6): 626–649.

Mohr, J. W., P. Bogdanov. 2013. "Introduction–Topic Models: What They Are and Why They Matter," *Poetics* 41(6): 545–569.

Nelson, Robert K. 2010 "Mining the Dispatch." *Mining the Dispatch*, http://dsl.richmond.edu/dispatch/.

Newman, D., S. Block. 2006. "Probabilistic Topic Decomposition of An Eighteenth–century American Newspaper," *Journal Of The American Society For Information Science And Technology* 57(6): 753–767.

Rhody, Lisa M. 2012. "Topic Modeling and Figurative Language," *Journal of Digital Humanities* 2(1): 19–35. http://journalofdigitalhumanities.org/2–1/.

Tangherlini, T.R., P. Leonard. 2013. "Trawling in the Sea of the Great Unread: Sub–corpus Topic Modeling and Humanities Research," *Poetics* 41:725–749.

Templeton Clay, Travis Brown, Sayan Battacharyya, Jordan Boyd–Graber. 2011. "Mining the Dispatch under Super–vision: Using Casualty Counts to Guide Topics from the Richmond Daily Dispatch Corpus," In Chicago Colloquium on Digital Humanities and Computer Science.

Urlich L. 1991. *A Midwife's Tale: The Life of Martha Ballard, Based on Her Diary, 1785–1812*, New York: Vintage Books.

Wang, Xuerui. and Andrew McCallum. 2006. "Topics over Time: A Non–Markov Continuous–time Model of Topical Trends," Proceedings of the 12th ACM

SIGKDD international conference on Knowledge discovery and data mining. ACM.

Weingart, Scott. 2012. "Topic Modeling for Humanists: A Guided Tour," http://www.scottbot.net/HIAL/?p=19113/.

Yang, Tze-I., J. Andrew Torget, and Rada Mihalcea. 2011. "Topic Modeling on Historical Newspapers," Proceedings of the 5th ACL-HLT Workshop on Language Technology for Cultural Heritage, Social Sciences, and Humanities. Association for Computational Linguistics.

〈부표 1〉 토픽별 구성어휘(가중치 높은 순)

1: 농업정책	농민, 정부, 정치, 농촌, 정책, 국민, 법석, 매상, 수입, 가격, 농사, 한심, 상인, 낭비, 준비, 농산물, 발전, 벼농사, 정취, 방송, 이유, 조금, 소득, 개방, 농업, 도시, 대책, 자금, 왜냐, 생활, 추곡
2: 시비	비료, 거름, 요소, kg, 이삭, 단지, 복합, 웃거름, 계획, 복판, 마지기, 작년, 밑거름, 경화, 웃들, 복합비료, 세집, 거름량, 봉답, 포식, 전용, 유안, 내년, 작업, 작과나무, 앞밭, 이차, 붕사, 훈이, 욕심, 포도
3: 현주시집/기상	현주, 기상, 태풍, 예보, 다행, 대문, 시집, 지방, 회사, 휴식, 중앙, 정미기, 고충, 서울, 발표, 지역, 장마, 전국, 이용, 안경, 부부, 대가, 포도, 만약, 생활, 부모, 며느리, 출근, 구입, 아이, 숙모
4: 조합/부역	부역, 서류, 조합, 등기, 시청, 농로, 참석, 형님, 점심, 조합장, 아포, 보수, 외성, 회사, 보상, 폭크랜, 등본, 우리집, 주택, 전정, 계약, 주민, 접수, 선출, 불만, 만원, 갯돌, 운영, 동원, 책임자, 친구
5: 여행	구경, 버스, 여행, 관광, 택시, 열차, 도착, 점심, 제주, 부부, 집사람, 직행, 현영, 이용, 경비, 여자, 구미, 손님, 대구, 침대, 건물, 공장, 출발, 만원, 경주, 식사, 인사, 신혼, 이곳, 마중, 형수
6: 부모님/친족	어머님, 아버지, 제사, 산소, 추석, 형제, 아버님, 참석, 준비, 고향, 명절, 순덕, 성묘, 가정, 연개, 순복, 식구, 벌초, 분주, 동생, 조카, 큰집, 부모님, 지붕, 구정, 집안, 할머니, 형님, 친구, 한가, 동시
7: 정치	국민, 대통령, 정부, 국회, 선거, 정치, 국가, 학생, 야당, 김영삼, 노태우, 부정, 김대중, 발전, 전두환, 정권, 여당, 정취, 혼란, 운동, 대모, 대학생, 당선, 후보, 수준, 처벌, 출마, 민자당, 휴식, 염려, 서로
8: 과일수확자두	과일, 수학, 자두, 집사람, 작과일, 숙모, 수입, 세집, 작업, 대석, 앞밭, 만발, 상자, 작년, 장마, 이삭, 다고, 대전, 상인, 만원, 공판장, 마지막, 후모사, 재미, 얼마, 소낙비, 서울, 계획, 형님, 청과, 허무
9: 벼농사일반	농사, 직파, 벼논, 건답, 살포, 마지기, 참깨, 수학, 풍년, 도열병, 내년, 벼농사, 파종, 문고병, 부인, 농사가, 면적, 리을, 실패, 도살, 일품, 수입, 태풍, 물꼬, 숭년을, 피살, 벼이삭, 이삭, 논들, 올미, 욕심
10: 과실수확복숭	과실, 수학, 계짝, 복숭, 무지, 가뭄, 수입, 살포, 참깨, 박패, 장마, 상자, 중복숭, 구름, 홍자두, 더위, 작물, 하늘, 자전, 서모사, 밭작물, 해갈, 포도, 과수, 소나기, 벼논, 고추, 자두, 시장, 발생, 불빛

11: 부인사랑고충	부인, 남편, 건강, 사랑, 부부, 여자, 피로, 고충, 휴식, 육체, 생활, 고통, 욕심, 잠자리, 가정, 얼굴, 가족, 노력, 하늘, 여유, 행동, 남자, 심정, 따뜻, 세상, 인간, 행복, 새해, 인생, 몸부림, 종일동안
12: 과수교육	사과, 살포, 교육, 벼집, 나무, 약량, 포도, 약살포, 착색, cc, 작과나무, 전정, 포도밭, 부인, 희석, 작과밭, 살충, 앞밭, 약값, 훈이, 충분, 도장지, 농약, 강사, 멸구, 바시내이, 포도나무, 영농, 수입, 수도작, 마지기
13: 친지애경사	음식, 친구, 참석, 부주, 결혼식, 잔치, 손님, 동서, 예식장, 대접, 결혼, 동내, 예식, 회갑, 준비, 모친, 형님, 서울, 축의금, 점심, 장래, 동기생, 식당, 이발, 구미, 제공, 동네, 집안, 여자, 별세, 부모
14: 훈이군대	훈이, 전화, 생활, 면회, 부인, 군대, 편지, 강아지, 부모, 주일, 휴가, 일요일, 식구, 궁금, 준비, 고충, 훈련, 제대, 부대, 대구, 외박, 건강, 하구, 친구, 인간, 배치, 통화, 날짜, 누나, 눈물, 훈련소
15: 인생관	인간, 생활, 세상, 세월, 동내, 시멘트, 인생, 어른, 과정, 일과, 성질, 작업, 답답, 가정, 상처, 친구, 고속도로, 종석이, 집사람, 순달, 심정, 생명, 지붕, 여자, 공동, 한심, 어이, 성격, 부엌, 모래, 옛날
16: 경운기기계누님	경운기, 누님, 상토, 집사람, 준비, 트랙터, 벼집, 작업, 오토바이, 발리, 자형, 실어, 바리, 기사, 형님, 대리점, 계획, 보일라, 봉산, 수월, 기계, 큰집, 파이프, 조합, 세집, 고장, 전화, 순달, 동안, 주인, 고기
17: 벼수확	탈곡, 콤바이, 수학, 푸대, 작년, 농사, 벼알, 마지기, 수확량, 형님, 볏단, 생산, 봉답, 복판, 마당, 집사람, 말루, 가을, 단지, 일반, 건조, 벼농사, 수월, 수확, 기계, 벼탈곡, 허무, 웃들, 통일벼, 콤바인, 경화
18: 공사	작업, 공사, 수초, 농촌, 도량, 양수, 시작, 관정, 공구, 양수기, 도구, 대신, 우물, 바닥, 현장, 양살구, 펌프, 포도나무, 필요, 수월, 재방, 설치, 추석, 마무리, 배수로, 고속도로, 이웃, 나중, 낭비, 처음, 도시
19: 훈이공부	훈이, 집사람, 공부, 도박, 선생님, 아이들, 학교, 아이, 부모, 얼굴, 오락실, 오락, 약속, 휴식, 일과, 꾸중, 갈치, 거짓말, 건강, 동안, 취미, 고생, 학년, 현주, 방학, 고통, 동내, 서로, 가정, 심정, 친구
20: 배추 · 무우농사	배추, 집사람, 무우, 수학, 채소, 경운기, 채소밭, 농사, 김장, 구미, 시장, 민정, 무지, 휴식, 수입, 벼집, 나물, 동생, 일과, 대파, 이식, 파종, 세집, 발리, 배추밭, 축사, 가뭄, 큰집, 벌레, 먹이, 여유

21: 선물자녀 물류단지	선물, 현영, 훈이, 물류단지, 유황, 묘목, 친구, 유치, 운동, 반대, 교통, 석회, 위원장, 등록금, 선생님, 적금, 낚시, 초대, 낭비, 아이들, 형님, 현주, 주민, 기술, 공납금, 편지, 생활, 가연, 찬성, 정신, 선생
22: 공부 대학	현주, 현영, 공부, 시험, 대학, 학교, 전문, 부모, 너희들, 졸업, 대학교, 노력, 합격, 회사, 성적, 고등학교, 아이, 학생, 아이들, 열심, 성질, 중학교, 훈이, 학원, 전기, 취직, 휴식, 면접, 작업, 참석, 컴퓨터
23: 매상	매상, 고추, 준비, 나락, 모종, 가격, 조합, 수입, 통일벼, 공판, 일반, 등급, 가마, 가마니, 농사, 작년, 정부, 풍구, 검사, 검사원, 금액, 신품종, 가연, 손해, 상량, 출하, 형님, 큰집, 동장, 중앙, 자금
24: 농약살포	살포, 김매기, 잡초, 집사람, 살충제, 제초제, 포도밭, 제거, 땅콩, 참깨, 사용, 이화명충, 작업, 벌레, 무성, 일과, 농약, 지섬, 콩씨, 콩밭, 벼논, cc, 입제, 재초, 봉답, 고추, 해결, 수월, 제초, 재거, 채소밭
25: 포도수확	포도, 사과, 수학, 부인, 포도나무, 수확, 쌔래단, 참깨, 농사, 포도송이, 포도밭, 작업, 상자, 바시내이, 수확량, 선별, 송이, 작년, 출하, 저장, 공장, 박스, 시장, 껍질, 비가, 손질, 상인, 캄벨, 수입, 내년, 가격
26: 벼씨파종 고구마	벼씨, 파종, 마리, 고구마, 침종, 날짜, 병아리, 개알, 수입, 모재리, 사료, 대신, 작년, 일기장, 하계, 온상, 분만, 음력, 실패, 수정, 작업, 시작, 예정, 아포, 배치, 금릉군, 지면, 예방, 해당, 토기, 권순덕
27: 집사람 감기몸살	감기, 집사람, 상자, 몸살, 큰집, 휴식, 준비, 일과, 감기약, 육모, 동안, 간절, 피로, 신세, 하구, 내역, 현주, 몸부림, 감사, 지면, 아래, 현영, 기온, 내용상, 훈이, 구둘, 탈곡, 여유, 잠자리, 접종, 소득
28: 어머님생신 처가	어머님, 고기, 부모, 생신, 눈물, 처어머님, 인사, 집사람, 부모님, 부친, 친정, 친구, 참석, 장모, 노인, 동생, 아버지, 어른, 형제, 얼굴, 말씀, 돼지고기, 토기, 우리들, 음식, 사랑, 처남, 서운, 염소, 고생, 식사
29: 보리농사	보리, 가을, 동장, 수입, 두엄, 타작, 보리농사, 씨갑씨, 농사, 기계, 봉답, 상업, 물건, 우마차, 가연, 보리논, 작년, 가물, 논보리, 일과, 염려, 참외, 일부, 수학, 보리밭, 풍년, 쟁기, 이랑, 동내, 모양, 파종
30: 동네 놀이	친구, 돌부리, 화투놀이, 화투, 가리, 낭비, 가을, 동네, 수입, 사랑, 담배, 윷놀이, 동신, 술집, 휴식, 술빵치기, 상점, 오징어, 회원, 트랙터, 총회, 어른, 참석, 동내, 경로잔치, 여자, 형님, 동사, 손해, 안저, 계모임

31: 날씨	날씨, 휴식, 겨울, 가뭄, 인간, 하늘, 농민, 기온, 따뜻, 전정, 동안, 마당, 시작, 여름, 방울, 장마, 가랑비, 추위, 변덕, 봄날, 지속, 작업, 금새, 수입, 풍년, 밭작물, 심정, 종일동안, 작과나무, 눈빨, 도움
32: 양계업	개알, 하계, 어머님, 수입, 예정, 병아리, 사료, 인간, 친구, 어로, 말씀, 향군, 동생, 이변, 부화, 구루마, 객지, 공상, 성공, 과수, 없시, 부친, 계획, 노력, 보람, 실패, 과수원, 생활, 모친, 결심, 고속도로
33: 노타리파종	노타리, 파종, 마늘, 트랙터, 두룸, 작업, 마지기, 모판, 육모상자, 보뚝, 모재리, 수월, 경운기, 수입, 참깨, 기계, 비누, 집사람, 김매기, 직파, 준비, 논갈이, 내년, 여유, 본답, 부인, 작년, 해달라고, 모내기, 정신, 훈이
34: 전정/회사	전정, 수리, 훈이, 작과나무, 계획, 경유, 지주, 포도, 회사, 봉급, 휴식, 소장, 트랙터, 리터, 친구, 골목, 현영, 수입, 사회, 달희, 만원, 교환, 자격증, 작업, 방위, 곤치, 앞밭, 산업체, 드람, 남방, 금액
35: 지출항목1	집사람, 송아지, 수입, 현주, 물건, 국수, 생일, 과자, 현영, 일과, 아이들, 상점, 훈이, 신발, 준비, 라면, 큰집, 쇠고기, 장사, 비누, 양발, 시장, 합승, 모타, 반찬, 오뎅, 돼지고기, 마리, 성질, 손해, 치약
36: 병원	병원, 혈압, 치료, 수술, 병문안, 결과, 검사, 의사, 사진, 의료, 회복, 택시, 대구, 진찰, 들거름, 집사람, 구미, 점심, 주사, 보건소, 퇴원, 질료, 선생님, 약방, 말씀, 부담, 복용, 경비, 이변, 검진, 필요
37: 과수전지	나무, 전지, 과수, 일과, 결혼, 순복, 작과나무, 집사람, 교회, 무의미, 하계, 앞밭, 따뜻, 친구, 일부, 작년, 두엄, 방목, 인간, 재미, 휴식, 가연, 전쟁, 여름, 동생, 동내, 큰집, 시계, 부모, 과수나무, 작업
38: 모내기	모내기, 모판, 봉답, 모재리, 이앙기, 객토, 집사람, 수월, 작업, 일과, 비누, 마지기, 상자, 큰집, 복판, 준비, 장만, 사업, 성질, 이왕, 기계, 고통, 시작, 육체, 육모, 내년, 농촌, 휴식, 고비, 욕심, 여유
39: 형제	순달, 동생, 형님, 구미, 비누, 아파트, 봉지, 형수, 순서, 삼촌, 씨우는, 이사, 순복, 형제, 노임, 큰집, 지수, 대구, 현장, 용학, 부부, 사촌, 준비, 회사, 고기, 전화, 멀칭, 장사, 작업, 포도, 숙모
40: 지출항목2	현주, 과자, 금액, 월말, 수입, 일과, 술값, 합승, 고물상, 재방, 합승비, 분개, 감기약, 친구, 담배, 무의미, 허가, 총지출, 총지출금액, 총수, 예비군, 처제, 휴식, 빵값, 열차, 수입금액, 국수, 순달, 구담, 복구, 입금액

〈부표 2〉 자녀문단 토픽별 핵심어휘

1: 오락실/아이/꾸중	오락실, 성질, 아이, 약속, 오락, 꾸중, 아이들, 소리, 잘못, 저녁, 시간, 아들, 거짓말, 어제, 친구, 인간, 엄마, 바람, 작정, 모습, 김천, 텔레비전, 아침, 돼지, 미안, 공부, 머리, 문제, 그것, 귀가, 용서
2: 생활/고충/군대	생활, 하루, 고충, 시간, 군대, 인간, 교육, 날씨, 극정, 휴가, 훈련, 제대, 고통, 건강, 날짜, 성숙, 주일, 지루, 고생, 가슴, 개월, 바람, 원망, 정신, 군복무, 사실, 더위, 무리, 입대, 훈련소, 운동
3: 전화/면회/외박	전화, 면회, 시간, 극정, 일요일, 외박, 주일, 부인, 내일, 식구, 궁금, 부대, 저녁, 대구, 연락, 배치, 소리, 통화, 준비, 부탁, 군대, 자제, 하루, 편지, 목소리, 상사, 원망, 전화벨, 엄마, 누나, 답답
4: 공부/걱정/학교	공부, 극정, 모습, 너희들, 학교, 노력, 아이, 머리, 시간, 성적, 취미, 가슴, 학원, 욕심, 결심, 엄마, 중학교, 기분, 작정, 고등학교, 열심, 아이들, 심정, 시험지, 문제, 필요, 방학, 의욕, 시험, 안전, 모양
7: 엄마/선물/생일/졸업	엄마, 선물, 생일, 졸업, 편지, 참석, 아들, 금일, 서운, 부인, 준비, 침대, 추석, 쇠고기, 바다, 조금, 마음속, 반지, 행동, 물건, 누나, 생신, 너희들, 혼수품, 가락지, 김천, 미안, 고기, 사랑, 고등학교, 중학교
8: 회사/봉급/적금/취직	회사, 봉급, 컴퓨터, 극정, 적금, 취직, 근무, 면접, 방위, 화투, 출근, 자격증, 취업, 산업체, 문제, 공장, 직장, 학원, 돼지, 사회, 입사, 만원, 신경, 부탁, 실정, 실습, 업체, 통장, 낭비, 구미, 예금
10: 학교/병원/상처	선생님, 학교, 병원, 아이, 집사람, 극정, 얼굴, 상처, 아침, 가슴, 금일, 학년, 시간, 가정, 수술, 숙제, 아이들, 안전, 치료, 학생, 사진, 안경, 신경, 방학, 퇴원, 문제, 유치원, 소리, 대신, 방문, 염려
13: 시험/대학	시험, 대학, 전문, 공부, 합격, 대학교, 학교, 불안, 극정, 등록금, 전기, 마음속, 머리, 내일, 노력, 접수, 가슴, 고등학교, 사실, 마지막, 상처, 장학생, 기분, 학생, 소원, 심정, 아포, 올해, 고생, 지원, 기술
15: 친구/교통	친구, 시간, 버스, 여자, 택시, 자리, 남자, 김천, 이용, 구미, 승용차, 차표, 도착, 구입, 약속, 출발, 기분, 학생, 대구, 부부, 마을, 학교, 모습, 잘못, 오전, 눈물, 사정, 열차, 한약, 총각, 오후

〈부표 3〉 교통이동토픽 핵심어휘 연결정도 중앙성

훈 어휘	연결 중앙성	훈 어휘	연결 중앙성	현주 어휘	연결 중앙성	현영 어휘	연결 중앙성
친구	520	모습	83	친구	64	택시	195
시간	472	대전	81	시간	42	버스	167
여자	305	아들	79	김천	42	고사	128
김천	280	오전	79	남자	36	시간	96
눈물	269	열차	68	마을	27	교실	85
택시	241	퇴소식	68	이용	21	이용	82
도착	241	자가용	66	구미	19	교통	66
이용	236	잘못	62	총각	17	도착	60
접수	198	춘생	62	대구	16	출발	47
버스	197	부부	61	여자	14	자리	46
사정	145	학생	61	버스	13	기분	40
구미	141	차표	53	데이트	13	여자	39
승용차	140	금오산	49	택시	10	친구	17
구입	136	기분	46	자리	5	남자	12
골목	127	처음	46	구입	5		
약전	127	기대	45	차표	4		
출발	123	운영	28				
대구	121	남자	27				
약속	118	개찰	25				
자리	113	자랑	23				
마을	104	아파트	17				
논산	95	한약	12				
안전	86						

2장
『아포일기』에 나타난 농민의 정치참여의 특징

손현주 · 진정원

1. 들어가는 말

『농민 권순덕의 삶과 기록: 아포일기(1~5권)』(이정덕 · 송기동 외, 2014; 이정덕 · 소순열 외, 2014; 이정덕 · 진양명숙 외, 2015; 이정덕 · 소순열 외, 2015a; 2015b)는 농민인 권순덕(1944년생~)이 1969년부터 2000년까지 쓴 일기로 한국 농촌근대화 과정에 대한 체험을 묘사한 일상생활의 이야기이다. 권순덕은 1944년 3월 20일에 태어났으며, 경상북도 김천시 아포읍 대신리에서 주로 농사를 지으며 생계를 꾸려나갔다. 그는 영세농으로 시작하여 부농으로 계층 상승한 자수성가형 농업인이었다. 그는 경제적으로 성공한 삶을 위하여 벼, 보리, 밀, 채소, 과수, 축산 외에도 국수, 자전거점 등과 같은 겸업을 통하여 소득을 창출했고, 농한기 때에는 고속도로 및 건설현장에서 막노동을 하여 경제적 부수입을 획득하였다. 또한, 농민의 희생을 바탕으로 이루어진 한국의 급속한 산업화 과정에서 농민의 위기를 극복하고 빈농으로 추락하지 않았던 것은 근검절약의 생활화, 신기술 및 기계의 적극적 수용, 착취 수준의 자기 및 가족노동의 이용, 그리고 적극적인 공동체 활동을 통해 가능했다.

권순덕이 일기를 쓴 31년 간의 서사적 시간은 한국 사회가 급속한 산업화와 도시화를 통하여 압축적 근대성(compressed modernity)을 이룬 때였다. 한 사회의 근대성 형성은 사회적 · 경제적 · 정치적 근대화를 통해서 가능하고, 정치적 근대화는 사회적 · 경제적 근대화를 통하여 더욱 확장되고 심화되는 경향이 있다. 사회적 · 경제적 근대화는 문자 해독의 증가와 문맹률의 감소, 지식 대중의 증가, 대중 매체의 폭발적 증가, 산업화에 의한 소득 증대, 교통 · 통신의 발달, 개인 소득의 증가를 가져옴으로써 사회 구성원의 정치적 참여의 능력을 확대하고 효율적인 정치적 제도의 창출을 가능하게 한다. 정치적 근대화는 권위적인 정치체제가 분화되어 민주적인 정치체제로 발전하는 양상을 보여 주고, 시민 개개인, 이익집단, 정당, 언론과 같은 다양한 정치주체들이 정치에 참여할 수 있는 공간이 마련되는 과정이다. 정치적 근대화는 정치적 객체로서 제도 및 구조뿐만 아니라 정치적 주체로서 개인의 가치, 태도, 행동방식 등이 전근대사회와는 다른 양상을 보여준다. 일반적으로 정치적 객체 차원의 근대화는 국민국가에 근거한 정치적 민주주의 성립 등으로 구성되어 있다. 반면에 개인적 차원의 근대화는 "권위에 대한 복종, 근면성, 절약, 보수주의, 인내, 숙명론, 수동성"(Zhang et al., 2003: 61) 등과 같은 전통적인 농촌사회에서 발현되는 성격구조에서 벗어나 개인이 자유롭게 사유하고 행동하는 개인적 정체성의 확립을 전제로 한다. 사회적 차원의 근대화와 개인적 차원의 근대화는 지속적인 상호작용 속에서 발전하고, 항상 보조를 맞추는 것은 아니다(Zhang et al., 2003: 61).

1948년 정부가 수립되면서 근대적 정치 시스템을 구축하여 선거의 제도화, 활발한 의회 활동 및 정당 활동을 통하여 한국 정치는 일찍이 절차적 수준의 정치적 근대성을 확보하였다. 그러나 압축적 근대화는 전근대적인 정치형태를 청산하지 못한 채 근대적인 정치체제와 행태를 병행함으로써 “결함이 있는 근대화”(defective, deficient modernization)를 초래하였다(임현백, 2008: 71). 급속한 근대화 과정에서 경제적 발전을 국가정책의 우선순위에 둠으로써 민주적 절차와 가치가 무시되어 민주화로 상징되는 정치적 근대화의 수립과 공고화에는 많은 어려움이 있었다(박승관, 2003: 154).

기존의 한국의 정치적 근대화에 대한 논의는 새로운 제도, 정치문화의 정착, 경제적 요소, 중산층 현상 등과 같은 거시적이고 제도적인 측면에 많은 관심을 두었던 반면 근대화 과정에서 한 개인의 삶의 발전과 같은 시민의 문제를 중시하지 않았다. 다시 말해 정치적 근대화를 제도의 근대화로 인식하는 경향이 있었다. 그러나 근대적 정치란 제도를 넘어서서 삶의 양식 속에서 구현될 수 있어야 한다. 이와 같은 맥락에서 이 글은 『아포일기』에서 나타난 한 농민의 정치참여에 관한 특징이 무엇인가를 다루고자 한다.

2. 정치참여에 대한 접근

정치참여는 민주주의의 핵심적 개념 중의 하나이다(강정인, 1998: 365). 공동체의 의사결정과정에 참여하는 것은 민주시민의 권리이자 자격이기 때문이다. 민주주의적 정치체제에서는 어느 누구도 정치과정에 배제되어서는 아니 된다. 정치참여 개념은 참여의 범위와 정도에 따라 협의의 정치참여와 광의의 정치참여로 구분할 수 있다. 협의의 정치참여는 버바(S. Verba)와 나이(N. Nie)에 의해 주장되었으며, "시민이 정부 관리를 선출하거나 정책결정과정에 영향을 미치기 위하여 취하는 합법적 행동, 즉 체제 내 활동만을 정치참여"로 간주한다(장수찬, 2004: 54-55). 이 개념에서는 일상생활에서 정치적 주제에 대한 논의나 대중매체를 통해 정치에 대한 정보를 획득하는 것과 같은 행위를 정치참여의 범주에 포함시키지 않는다(박찬욱, 2005: 150). 광의의 정치참여 개념은 와이너(M. Weiner)에 의해 주장되었으며, "공공정책에 영향을 미치고 공공업무의 행정에 영향을 주며 정치지도자의 선택에 영향을 미치고자 하는 모든 자발적인 행동"이라고 정의하였다(장수찬, 2004: 55). 협의의 개념이든 광의의 개념이든 시민의 정치참여는 개인의 이익과 공동체의 이익을 적극적으로 정치과정에서 반영할 수 있고, "정치엘리트와 공공 관료들의 반응성(responsiveness)"(신현기, 2014: 449)을 높인다는 점에서 민주주의 정치 실현에 중요한 역할을 한다.

정치참여의 형태는 크게 통상적(conventional) 정치참여와 비통상적(unconventional) 정치참여로 나눌 수 있다(박찬욱, 2005). 통상적 정치참여는 투표, 정치인 접촉, 정당가입 및 활동, 노동조합 가입 및 활동 등과 같이 정치제도의 테두리 안에서 이루어지는 활동을 말한다. 비통상적 정치참여는 "진정서 서명, 시위, 불매, 공과금납부 거부, 파업, 태업, 교통 방해, 공공건물 점거"(박찬욱, 2005: 152) 등과 같이 비공식적 채널을 통한 참여행위를 포함한다. 비통상적 정치참여는 기존 법 테두리와 관습을 벗어나 있어 항의성이 농후한 정치참여이다(박찬욱, 2005: 152). 많은 경우에 통상적인 정치참여만이 민주주의 정치제제 안에서 바람직한 참여라 생각하고, 비통상적인 정치참여는 기존 제도를 통하지 않기 때문에 정치병리학적 관점에서 바라보았다(박찬욱, 2005: 151-152). 특히 비통상적 정치참여는 비합법적이거나 폭력적인 방법이 동원될 수 있어서 이에 대한 부정적인 시각이 강하였다. 그러나 현대 사회는 기술의 발달과 시민사회의 성숙으로 선거나 정당을 통한 공식적인 채널을 벗어나 혁신적이고 자발적인 정치행위를 모색하는 경향이 두드러지고 있다. 다시 말해 청원서에 서명, 정치적 기부금, 기업이나 광고에 대한 불매운동 등과 같은 정치적 소비자주의, 온라인 정치참여 등과 같은 비통상적 정치참여가 중요한 정치과정으로 자리를 잡아 가고 있다(조정인, 2012: 41−42). 이에 정치참여에 대한 현상은 통상적인 정치참여와 비통상적인 정치참여가 동시에 고려되어야 한다.

그렇다면 정치참여에 영향을 끼치는 요소는 무엇일까? 어떤 사람은 정치에 적극적으로 참여하기도 하고 소극적으로 참여하기도 한다. 인간이 정치에 참여하는 것은 여러 요인에 의해 영향을 받을 수 있는데 사회인구학적 요인, 사회연결망(social network) 요인, 정치태도 요인, 이념 요인 등이 중요하다(신현기, 2014: 451−457). 먼저 사회인구학적 요인은 사회경제적 지위(SES, socioeconomic status)와 관련이 있으며, 사회경제적 지위가 높을수록 통상적 정치참여가 높은 것으로 알려져 있다. 사회경제적 지위가 높을수록 정치참여에 필요한 정치정보, 정치토론의 기회, 다양한 조직참여의 경험이 많아 정치참여에 적극적이다. 사회단체 가입과 같은 사회연결망이 많은 사람은 정치참여를 열심히 할 가능성이 크다. 왜냐하면, 사회단체는 정치에 관한 대화 · 토론, 정보, 지식 등을 제공하여 정치참여의 동기를 효과적으로 이끌어 낼 수 있기 때문이다. 정당일체감(party identification)과 정치효능감(political efficacy)과 같은 정치태도도 정치참여에 영향을 준다. 특정 정당에 대한 심리적 귀속감을 나타내는 정당일체감이 강할수록 투표, 정당활동 등과 같은 정치활동에 적극적이다. 자신의 정치적 능력에 대한 내면적 신념을 뜻하는 정치효능감도 정치참여에 긍정적인 역할을 한다. 마지막으로 이념 요인과 관련하여 고찰해 보면, 개인들이 선거에 참여할 때 모든 이슈에 대한 정보를 획득할 수 없기 때문에 정당이나 후보자의 이념과 자신의 이념 간의 거리에 따라 선택을 하게 된다. 또한 이념적 지향이 강할수록 투표 및 선거운동에 대한 관심과 참여가 활발하다.

3. 권순덕의 정치적 인식과 가치

권순덕은 새로운 정치지형에 적응하는 과정에서 전근대적인 정치의식 및 행태와 근대적인 정치의식 및 행태가 공존하는 '비동시성의 동시성'을 보여준다. 권순덕에게 정치란 국가가 정책을 실행하는 방향과 방식이라는 전통적 혹은 협소한 의미의 정치 개념을 갖고 있다. 권순덕은 1975년에 김종필 국무총리가 새마을 시찰을 위해 마을을 방문했을 때 농민들이 동원된 것과 전시행정에 대해 "높픈 사람 한 번 운직이며 낭비는 개산도 못할 껏이며 그 밑태 따라 움직이는 사람 기동 다 따지면 어마어마한 지출이 나며 예고을 하며 현 실정을 모러고 정치을 하게 대는 것이 아주 잘못"(1975. 8. 5.)이라고 비판한다. 또한, 그는 정부가 제대로 정책계획을 세우지 못한 것을 "정부에서 일 년 개핵도 올캐 새우지 못하고 정치을 하는 것을 볼 때 아주 불만"(1985. 6. 10.)이라고 언급한다. 이처럼 그는 정치를 다양한 사회집단의 공적 행위로 보는 '집단현상설'이나 권력획득과 유지에 관련된 모든 행위를 정치로 보는 '권력현상설'보다는 정치를 국가의 고유한 전유물로 간주하는 국가현상론에 근거하고 있다. 권순덕은 정치는 국가의 영역이고 소수의 정치엘리트의 일이라고 생각하는 전통적인 사고방식을 갖고 있어서 정치과정은 주로 정부나 국회가 참여하고, 시민, 이익집단 등과 같은 시민사회의 정치 참여확대는 바람직하지 않다고 보는 경향이 있다. 또한, 국가를 관계나 제도가 아니라 어떤 고유한 대상으로 간주함으로써 개인은 국가가 내린 결정을 따라야 하는 존재로 생각하다.

권순덕은 개인이 국가보다 우월하다는 개인주의적 정치관보다는 국가가 개인보다 우월하다는 국가주의적 정치관을 갖고 있다. 이러한 관점은 그가 인간을 '동물'로 비유하는(1969. 1. 5.) 데서 알 수 있듯이 인간은 잔인하고 바람직하지 못한 존재이기 때문에 교육과 훈련이 필요하고, 야수적인 면이 있어서 그것을 통제할 수 있는 그 무엇이 필요하다는 부정적인 인간성을 전제하게 된다.[1] 또한, 권순덕은 말썽을 부리거나 본인이 싫어하는 마을 주민을 '인간 폐물'로 표현하고 있듯이 공동체에서 문제를 일으키는 사람은 사라져야 하는 쓰레기와 같이 쓸모없는 객관화된 존재로 간주한다.

> 인간 패물이 무어니 해도 재일 고질이구나. 마을회관에 테레비을 보며 인간 패물 때문에 보지도 못하고 신경질 곤더세우고 만다. 이것이 법이 업따면 여럿시한태 볼장을 받쓸 껀데 법 때문에 이러지도 못하고 저러지도 못하고 그냥 두니까 점점 더하여저는 것을 정말 보기 실어며 자신이 정치을 한다면 여러 사람에깨 얼굴을 찌뻐리게 하는 자는 가차 업씨 업세버리게쓰며 어너 마을 업시 고질병이 만이도 업고 한두 사람이 있따고

1) 권순덕은 1969년 1월 5일 일기에 다음과 같이 기술하고 있다: "※ 살림 짐 날라 주고서 술 한 잔 마시면서 어른들의 말씀을 더려볼 태 사람이란 머엇보다 인간이라는 동물원 가정의 교육이 필요하다는 것을 너켜 봄."

보는데 요론 놈을 추리서 원별을 주게 데며 국가는 자동으로 잘 살 수가 있다고 보며 우섬으며[웃으며] 살 수가 있따고 본다(1975. 12. 25.).

그리하여 국가가 국가정책의 목표를 달성하기 위해 혹은 개인에게 문제가 있을 때 독점적 강제력을 행사하는 것이 당연하다고 여긴다. 개인이 정치활동에 적극적으로 참여하여 정부의 권력을 제한하고 개인의 자유를 최대한 보장하며 민주적 절차의 제도화를 추구했던 1980년대 말의 민주화운동의 흐름에 대해 공동체와 국가에게 피해를 주는 것으로 보고 있으며 자유화를 방종으로 간주하여 "우리 한국에 자유 바람을 어떠게 다스릴란지 정말 염려가 돼며 실찌 너무 난장판이 돼어따고 생각을 하고 십다"(1989. 1. 24.)고 주장한다.

정치참여의 측면에서 볼 때, 권순덕은 학생, 시민단체, 노동자, 농민들의 집회시위, 농성 등과 같은 학생운동과 시민운동의 집단행동을 탄압과 위험을 감수한 자기희생이라는 관점에서 보기보다는 자기 이익을 추구하는 방편으로 간주하는 자유주의적 정치관을 갖고 있다.[2] 그는 정치란 관료적 국가기구의 활동으로, 민주주의란 대의제에 근거한 직업 정치의 영역으로 한정하는 경향이 있다. 농민인 권순덕 본인은 농업활동이라는 본업에 충실하고, 노동자는 공장에서 열심히 일하고, 정치인은 정치활동에 전념하면 되는 것으로 간주하여 노동분업에 근거한 직업적 과업의 수행과 직업적 지위에 따른 의무의 이행이 가장 바람직한 시민의 덕성으로 본다.

노사 분규가 김천 택시까지 들어왔쓰니 정부로 바서는 기가 찬다. 그리

2) 자유주의적 정치관이란 정치를 "희소한 재화를 배분하는 규칙을 누가 제정할 것인가를 둘러싸고 자기 이익을 추구하는 개인들이 벌이는 경쟁적인 투쟁의 장"(강정인, 1997: 55)으로 보는 관점이다.

> 고 정부는 서로가 정권만 잡을라고 서로가 바락이며 정부에서 안정을 찾지 못하니까 학생은 학생되로 노사는 노사돼로 홀란을 만들고 있쓰니 정부가 바로 갈 수가 업따고 보며 현재 우리 정부로 바서는 학생, 글로자, 국민 한 사람도 어건남이 업씨 뭉치야 국가 살라갈 수 있는 이귀[위기]라고 생각을 하고 있쓰며 그러치 않고 계쏙 노사 분규을 한다면 이번에 폭우로 국가 손실과 노사 분규 손실을 따지며 똔 때문에도 국가는 자연 소멸 할 당계까지 와있따고 생각을 한다(1987. 8. 28.).

그리하여 권순덕은 일반 시민들의 정치참여에 회의적이고, 국가의 의사결정과정에 참여하고 권리를 주장하는 일련의 정치활동을 가치 있고 좋은 것으로 생각하지 않는다. 또한, 권순덕은 정치참여가 일반 사회구성원의 필수적인 요건이라고 생각하지 않기 때문에 자녀들을 잘 양육하고 행복한 가정생활을 이룩하는 것이 가장 중요하고 정치참여는 부차적인 것으로 생각한다. 데모, 시위와 같은 정치참여가 집단의 이익을 추구하는 활동으로 인식하고 있기 때문에 이들의 참여는 정치를 혼란하게 하고 국가 전체의 안전을 파괴하는 것으로 간주하여, "국민의 살 길은 아직은 독재을 쓰서 정치가 필요하다고 생각"(1988. 7. 24.)할 정도로 사회의 질서와 발전을 위해 권위주의적 정부의 필요성을 주장하고 있다.

4. 권순덕의 정치참여 활동에 관한 특징

권순덕은 협의의 정치개념과 자유주의적 정치관을 갖고 있어서 정치집회와 시위에 적극적으로 참가하지도 않았고, 정치단체와 조직에 가입하여 열성적으로 참가하지도 않았을 뿐만 아니라 자신의 정치적 역량을 긍정적으로 평가하지 않아 적극적으로 정치활동에 참여하지 않았다. 그럼에도 불구하고 정치에 대한 관심을 꾸준히 표방하여 투표, 조합장 선거활동, 선거유세 참가 등과 같은 선거 참여와 김천 복합화물터미널 유치 반대운동 등과 같은 비통상적 참여의 형태로 자신의 이익과 공동체 발전을 위해 정치참여를 하였다. 권순덕의 정치참여에 대한 구체적인 행위는 아래의 〈표 1〉에 나타나고 있다. 권순덕의 정치참여는 통상적 정치참여와 비통상적 정치참여의 모습을 보여 준다. 통상적 정치참여로는 투표, 선거활동, 선거유세 참가 등을 했으나, 정당활동은 전혀 하지 않았다. 그의 비통상적 정치참여로는 김천복합화물터미널 유치반대운동이 있다.

〈표 1〉 권순덕의 정치참여 행위(1969~2000)

정치참여 행위		내 용
통상적 정치참여	투표	제7대 대통령 선거(1971. 4. 27.), 제8대 국회의원 선거(1971. 5. 25.), 제9대 국회의원 선거(1973. 2. 27.), 제12대 대통령 선거(선거인단, 1981. 2. 25.), 제12대 국회의원 선거(1985. 2. 12.), 제13대 대통령 선거(1987. 12. 16.), 제13대 국회의원 선거(1988. 4. 26.), 아포 조합장 선거(1990. 1. 18.), 1991년 지방 선거(기초의원선거, 1991. 3. 26.), 1991년 지방 선거(광역의원선거, 1991. 6. 20.), 제14대 국회의원 선거(1992. 3. 24.), 제14대 대통령 선거(1992. 12. 18.), 아포 조합장 선거(1993. 12. 17.), 김천 원예조합장, 아포 조합장선거(재선거) (1994. 1. 21.), 제1회 전국동시지방선거(1995. 6. 27.), 제15대 국회의원 선거(1996. 4. 11.), 제15대 대통령 선거(1997. 12. 18.), 김천 원예조합장 선거(1998. 1. 13.), 제2회 전국동시지방선거(1998. 6. 4.), 아포 조합장 선거(1998. 6. 9.), 제16대 국회의원 선거(2000. 4. 13.)
	선거활동	김천 원예조합장 선거운동(1994. 1. 15.)

	선거유세 참가	제12대 국회의원 선거 정치유세(1985. 2. 2., 김천 국민학교), 제12대 국회의원 선거 정치유세(1985. 2. 5., 김천 중앙고등학교), 제12대 국회의원 선거 정치유세(1985. 2. 8., 중앙국민학교), 제13대 대통령 선거, 김종필 후보(1987. 9. 14., 김천문화원), 도의원 유세(1991. 6. 17., 아포국민학교), 제14대 국회의원 선거, 국민당 정희동 후보(1992. 3. 19., 마을회관), 제14대 국회의원 합동강연회(1992. 3. 20., 김천국민학교), 제14대 대통령 후보 김영삼 정치유세(1992. 11. 27., 김천 초등학교)
비통상적 정치참여	김천 복합화물터미널 유치 반대 운동	복합화물터미널 유치 반대 논의시작(1996. 1. 16.; 1996. 1. 25.), 마을 주민 조직화(1996. 1. 27.; 1996. 1. 28.; 1996. 1. 30.; 1996. 1. 31.; 1996. 2. 1.), 지자체, 정치권, 언론 협의 및 설득(1996. 1. 17.; 1996. 1. 26.; 1996. 2. 9.), 궐기대회 및 시위(1996. 2. 2.), 유치반대위원장으로 선출(1996. 2. 17.), 청와대와 교통부에 진정서 제출(1996. 2. 27.)

1) 수동적 정치참여에서 적극적인 정치참여의 형태로 발전

권순덕의 정치참여 형태는 수동적 정치참여에서 적극적 정치참여로, 개인의 근대적 정치의식과 시대적 요구에 부응하여 발달하였음을 알 수 있다. 다시 말해 권순덕의 정치참여는 에리히 프롬(E. Fromm)이 주장하고 있는 투표만 하고 정치에 관여를 하지 않는 수동적인 '관객민주주의'에서 주체적으로 정치적 의견을 표방하고 적극적으로 정치적 행동을 하는 능동적인 '참여민주주의'로 변화하였다. 권순덕은 1969년부터 1970년대까지는 정치참여 형태가 수동적이었다. 정치적 쟁점에 대한 견해를 뚜렷이 제시하지 않고, 정치문제에 대해 토론, 대중매체를 통한 정치적 정보의 획득, 대통령 및 국회의원 등의 대표자를 선출하는 수동적 투표 행위의 수준을 크게 넘지 않았다. 예를 들면, 1971년 4월 27일에 실시된 대통령 선거는 박정희와 김대중의 접점으로 부정선거 논란과 박정희 삼선개헌 시비가 있었던 중요한 선거임에도 불구하고 권순덕은 다음과 같이 투표를 하고, 투표 후 할 일이 없어서 놀고 일했다는 단순 기록만 하고 있다.

> 대통령 7대 선출 선거하는데 자신은 일적 할려고 7시 15분경에 기포소에 가니까 벌서 사람이 만이 모이서 열을 지어서 자기의 순서을 바라고 있떠라. 자신도 한참 만에 투표을 하고 집에 오니 일적 오어서 일을 할려고 하여도 얼마던지 하계는데 남들은 휴일이라고 노는데 참아 오전부터 들에 일하로는 못 가개쓰며 그만 오전에 놀고 오후부터 우마차로 흑일하로 나같쓰따(1971. 4. 27.).

또한, 7대 대통령 선거 이후 1971년 5월 25일에 실행된 제8대 국회의원 선거는 집권당인 민주공화당과 야당인 신민당의 치열한 접전이 있었던 선거임에도 권순덕은 투표하고 심심해서 논에 피 뽑는 일을 했다고 기술한다. "제8대 국회 선거일라서 점심식사을 하고서 튜표소에 가니까 다행이 사람이 업쓰서 가던 길로 기포을 하고 집에 와 놀라고 예정한 것이 놀 사람도 업고 심심하기 짝이 업쓰서 들로 나가 피 뽑는 것으로 하로 일과을 보내고 말랐다"(1971. 5. 25.). 1973년 2월 27일에 있었던 9대 국회의원 선거에서도 다음과 같이 투표를 통한 주권행사에 의미를 둔다. "오늘로서 제9대 국회원선거을 오늘로서 주권 행사을 치라쓰며 너저도 내일 오전이며 당선의 결말이 날 껏 같더며 〈칠 명 중〉 오 명원 닭 쬬든 개가 댈 터니 허전한 감 말할 수 업쓸 껏 같꾸나"(1973. 2. 27.).

1980년대부터 1990년대 중반까지는 좀 더 적극적으로 정치적 태도를 표방하고 상대적으로 정치참여를 열심히 한다. 80년대 들어와서는 선거 투표, 선거유세 참가, 원예조합장 선거운동을 도와줌으로써 특별한 정치적 태도를 발전시킬 수 있었으며, 특히, 80년대 들어와서는 선거에 관한 언급이 많아졌다. 예를 들면, 제12대 대통령을 뽑는 1981년 2월 25일 대통령 선거인단 선거에 대해서 5회(1981. 2. 8.; 1981. 2. 11.; 1981. 2. 13.; 1981. 3. 6.; 1981. 3. 25.), 1985년 2월 12일에 있었던 12대 국회의원 선거에 대해서 14회(1985. 1. 11.; 1985. 1. 15.; 1985. 1. 27.; 1985. 2. 1.; 1985. 2. 2.; 1985. 2. 4.; 1985. 2. 5.; 1985. 2. 6.; 1983. 2. 9.; 1983. 2. 10.; 1985. 2. 11.; 1985. 2. 12.; 1985. 2. 18.; 1985. 2. 22.)에 걸쳐 언급하고 있다. 70년대에는 없었던 선거유세를 80년대, 90년대에 각각 4회에 걸쳐 참가한다. 또한, 선거과정을 통해서 후보자 인물과 각 정당에 대해 평가를 하고, 한국의 민주주의에 대한 불만을 언급하고 있다. 선거과정에서 돈선거, 막걸리 제공 등과 같은 부정부패가 만연했을 때는 "민주정치는 점점 살라저는 너킴이다"(1985. 1. 15.)라고 불평하고, "우리나라는 언재 돈 선거가 업쓸란지 모라도 조금한 나라가 살라갈 길이 극정이다"(1985. 2. 6.)라고 나라의 장래를 걱정한다. 그리고 권순덕의 한국 민주주의에 대한 불만은 선거과정을 통해서 비민주적 정당과 행위를 견제하고 더 바람직한 민주정치를 이끄는 자기 성찰의 효과를 갖는다. 다시 말해 이는 한국 민주주의의 공고화와 발전을 위한 중요한 정치적 문화를 형성하는 데 기여한다. 그러나 정치적 의식과 상호작용적 행위에도 불구하고 정책에 대한 언급이 전혀 없고 공동의 목적을 달성하기 위한 직접적인 정치행위가 없었다. 이런 점에서 이 시기는 적극적인 정치적 견해의 표현과 상호작용적 정치행위는 가능하였지만 진정한 의미의 참여민주주의까지는 도달하지 못했다고 볼 수 있다.

1990년대 중반부터 2000년도까지는 적극적인 정치참여 행위를 보여 준다. 투표는 물론 정치적 이슈에 대해 적극적으로 의견을 개진할 뿐만 아니라 지역시민운동에도 주도적으로 참여한다. 1996년에 권순덕은 자신의 사과밭과 포도밭이 복합화물터미널 부지로 편입되어 많은 손해를 보게 될 것으로 판단하여 경제적 이해를 같이 하는 주민들과 함께 물류단지유치반대위원회를 결성한다. 그는 자신의 재산권 보호를 위하여 마을 주민회의를 조직화하고 시위를 주도하고, 지자체 단체장, 언론, 국회의원과 같은 정치인을 만나 물류센터 문제를 협의하고 설득한다. 심지어 그는 유치반대위원장으로 선출(1996. 2. 17.)되어 청와대와 교통부에 유치반대 진정서 제출(1996. 2. 27.)하기도 하였다. 폭력적 혹은 급진적 저항보다는 저항활동이 제도화되는 특징을 보여 준다.

2) 초보적 수준에서 성숙한 근대적 정치의식으로 발달

권순덕은 초보적 수준의 정치의식에서 좀 더 성숙한 근대적 정치의식으로 발달해가고 있었다. 다시 말해 정치에 대한 주관적 의식이 부족했었는데 시간이 흐르면서 점차 풍부한 주관적 · 자율적 정치의식을 표출하고 있다. 근대적 정치의식이란 사적이고 개인적인 이익과 관계가 먼 외교, 복지, 평화, 세금, 언론, 선거, 권력, 전쟁 등과 같은 중요한 국내외의 정치적 이슈와 문제에 관심을 갖고 해결책과 더불어 자신의 정치적 의견을 제시할 수 있는 인식이라 할 수 있다. 1970년대에 권순덕의 일기는 주로 자신의 농사짓는 일이나 주변 사건들에 대한 설명이 대부분이었고, 정치와 관련하여 서술할 때에도 단순 사실이나 문제가 되는 이슈에 대해 불만을 토로하는 정도였다. 그러나 80년대 들어와서는 공적인 일에 대한 관심이 증가하여 '의견의 성장'(the growth of opinion)[3]을 보여준다. 권순덕의 근대적 정치의식의 발전과정에서 나타나는 구체적인 특징을 살펴보면 다음과 같다.

첫째, 먼저 그는 실제적이고 사적인 주제에서 공적인 주제로 관심의 폭을 확장한다. 1969년과 70년대에 권순덕이 아포일기에서 취급한 주제들은 농사짓는 일, 노름 · 제사 · 가족관계 등과 같은 집안일, 공동체 조직 및 애경사, 예비군 훈련, 친구들과의 친교 등과 같은 반복적이고 순환적인 일상생활의 업무와 개인적으로 직접적인 관련이 있는 일들이었다.

> 과손집에 방 말류는대 나무을 배어 와서 방 말류는대 추지서 보통 심이 아니더라. 그리고 닭장 안내 세면을 할려고 예정했따과 뜻대로 대지 아나서 흙손어로 물을 추어가면서 닭장 안을 전부 발라써며 동생이 방목을 배어로 갈려고 저녁 먹고 산어로 올라오기에 저녁 먹어로 내리오면서 생각해도 도저희 대지 않아서 도로 올라가서 동생과 둘리서 오래목 2 두개 소나무 2개을 배어 와다.
> ※ 부모님을 어떠개 하여야 편하계 모시며 부모님의 읽이 몸에 비에서 고대 있써니 이것을 어떠개 방지을 하여야지 말류할 수 있설까 하고 생각도 해 보았다(1969. 5. 16.).

80년대 들어와서는 권순덕 개인에게 직접적인 관계가 없는 공적인 일에 대한 다양한 의견을 개진하고 걱정을 하면서 사회적인 이슈나 사건이 개인, 공동체, 국가에 미치는 영향을 분석한다. 또한, 그것들이 발생하게

---

3) '의견의 성장'은 근대성을 가장 잘 드러내는 개념으로 인켈스(A. Inkeles)와 스미스(D. H. Smith)에 의해서 주장되었고, 이들은 의견의 성장을 "다양한 공적 사안들에 관하여 주체적 의견을 형성하고, 이를 유지, 표현하고자 하는 성향을 근대적 인간이 가지는 핵심적 심리 특성 또는 자질"로 정의하고 있다(박승관, 2003: 157-158).

된 원인, 동기, 사회적 맥락, 사회적 집단 간의 역학관계 등을 이해하려고 노력한다. 그가 관심이 있는 공적인 주제로는 정당정치, 조합장 선거, 사회구조적 변화, 공동체 복지, 농촌의 미래 등이 있다.

> 요줌 신민당이 국민에깨 똥칠을 한다고 해도 가연이 아니다. 왜냐하면 (김대중) (김영삼) 이 두 사람이 신민당을 탈당을 해서 새 당을 창설한다고 법석을 부리고 있는 것을 보며 우리 국민이 하는 말리 사촌이 땅을 사며 배가 아푸다는 말과 같이 걸래까지[근래까지] 신민당이 국민에깨 신임을 밭고 나날이 신민당 인키가 있쓰니까 글력에만 눈을 뜬 양 김 씨가 신민당을 망치따고 생각을 하며 이 두 사람은 자신이 볼 때에 우선은 신당을 창설을 한다고 법석을 부리고 있쓰며 이 두 사람도 오래가지을 안으며 또 당이 갈릴 껏으로 내다보며 자신이 볼 때는 다 땐 밥에 재 뿌리는 사람들이라고 생각을 하며 이 두 사람 큰 인물인 줄 알라떠니 대통령은 자격은 기 마음 자세부터 갈추지 못한 사람이라고 생각을 하며 얄짝한 마음을 가진 사람을 국민이 알라야 한다고 생각을 한다(1987. 4. 14.).

두 번째, 농촌의 산적한 문제의 원인을 개인의 책임에서 사회의 구조적 문제로 생각하는 인식의 전환을 보여 준다. 초창기에 권순덕은 농민들이 보리농사를 통해서 큰 경제적 이득을 얻지 못하는 것을 박정희 시대에 수출주도형 산업을 성장시키기 위한 방편으로 저임금 저곡가 정책을 통해 농촌이 더욱 어려울 수밖에 없다는 사회구조적 관점에서 보기보다는 개인의 능력부족으로, 개인이 해결해야 할 문제로 인식하고 있다.

> 사람들의 일부는 보리농사에 노임도 않나온다고 야단쳐지만 농사가 적은 사람에깨 보리농사가 큰 농사로 바야 한다. 없는 사람은 벼보다 보리쌀을 더 아키는 사람이 더 만으리라고 인정하고 있따(1970. 1. 11.).

이러한 농촌문제의 원인에 대한 개인주의적 시각이 제도주의적 혹은 사회구조주의적 시각으로 변하여, 농가부채의 원인을 정부의 잘못된 정책으로 귀속시키고 있다. 이러한 관점의 전환은 농가부채의 원인을 농민 개개인의 잘못된 농업경영으로 보는 개인주의적 시각보다 농촌의 악성적인 농가부채는 낮은 농산물 가격에서 비롯되며 이것은 정부의 수입개방정책과 농산물 가격 억제정책에 기인한다고 보는 사회구조적 시각과 일맥상통한다.

> 요줌 정부에서는 농민들을 가만이 안치 노코 먹고 살리는 것처름 생각을 하는 것처름 법석을 부리고 있쓰며 이번 개발의원 회도 정부 방침으로 농민들 사채 절감을 하여준다고 업는 사람 우선으로 한다고 장간 회을 했쓰며 정부에서 농민들 생각하는 것이 선거 때가 와꾸나 하고 생각도 들며 선거 때만 대며 농민들 달삭하게 해주고는 선거만 끝이 나면 언재 바는 식으로 정취을 하는 것이 우리나라 정취라고 생각을 해도 무리돼는 말은 한 계도 업따고 생각을 한다.
> 자신 알기론 이번 정권이 농민들을 재일 못살게 했따고 생각을 하고 또 제일 만이 부체을 저계 정취을 했따는 것도 사실이다. 이제는 우리나라도 사탕 정취는 물려가야 한다고 생각을 한다(1987. 3. 21.).

셋째, 사회의 다양한 문제와 정부 정책에 대한 문제들에 대해 그저 서술하거나 단순 불만을 토로하는 데서 그치지 않고 나아가 정부의 정책 실패와 현 체제의 문제점에 대해 논리적으로 비판함으로써 현재 존재하는 모순을 통제하고 특정 선택에 영향력을 행사하려는 의지를 보여 준다. 예를 들면 1969년 1월 31일 천안에서 열차충돌사고가 있었는데 그 당시 부산발 서울행 특급열차 청룡호가 남원발 서울행 완행열차를 들이받은 대참사였다. 그럼에도 권순덕은 일기에 "69년 1月 31日 천안에서 열차 충돌로 50명 죽고 1백 20명 부상. 특급열차 청룡호와 안행열차 충돌로 참사변"(1969. 1. 31.)이라고 단순 사실만을 기록하여 두었다. 반면에 1995년 6월 20일에 502명의 사망자를 낸 상품백화점 붕괴사고, 1995년 7월 23일 유조선인 씨프린스 호가 태풍 페이에 밀려 좌초됨으로써 생긴 기름 유출 사고에 대해서는 대통령의 안전불감증에 대해 다음과 같이 비판한다.

> 김영삼이 대통령 더르스고는[들어서고는] 안전 사고로 인명피해을 만이 내고 잇다. 삼풍 백화점도 안전 사과로 사망이 485명, 실종 100명이 넘어 댄다고 하며 이번 태풍에 안전을 무시해서 봉고차가 파도 떠밀리서 바다에 추락. 유조선 태풍에 대피을 하지 않아서 파도 떠밀리서 암초에 부디치는 바람에 기름 유출해서 바다에 오염이 심각하다고 하는돼 김영삼이 대통령은 안전을 강조하지 않아서 인명피해가 너무나 만이 난다. 이른 일들이 김영삼이는 책임이 업는 것 처름 이야기을 하고 잇찌만 이것들이 안전에 미비해서 발생을 한 것이기 때문에 책임 잇따고 생각을 한다(1995.7.24.).

5. 결론: 정치에 대한 다중적 시선과 포획된 참여민주주의

위에서 설명한 다양한 정치참여와 근대적 정치의식의 형성과 같은 정치적 경험이 오랫동안 축적되면서 권순덕은 국가의 의사결정과정에 참여하고 공적인 이슈까지 주장함으로써 정치적 시민권의 제도화와 근대적인 시민정치문화를 형성하게 된다. 그러나 권순덕의 정치참여는 '결함이 있는 근대화'와 정치에 대한 왜곡된 다중적 관점에 의해 올바른 시민적 참여와 실천을 담보하지 못한 채 포획된 참여민주주의적 성격을 보여준다. 권순덕의 포획된 참여민주주의는 근본적으로 협소한 정치개념에 근거한 국가주의적 정치관과 자유주의적 정치관을 갖게 됨으로써 왜곡된 정치참여를 유발하였다. 권순덕은 국가에 종속된 하위단위로서의 개인을 가정하고 개인의 자유보다는 국가의 질서가 중요한 국가주의적 국가관과 정치는 정치인의 영역이라는 자유주의적 정치관을 갖고 있어서 진정한 의미의 참여민주주의 의식은 결여되어 있다. 그리하여 권순덕은 활발한 정치적 견해를 표방하고 선거와 관련된 정치참여에 적극적이었지만 정당활동, 자치단체활동, 시민운동을 통해서 개인의 자유권과 시민복지를 증진시키고, 정부나 정치인들의 부정부패와 권력의 권위주의화를 방지하는 정치적 행동주의를 실행하지는 않는다. 선거에 참여하고 활발한 정치적 견해를 표명한다고 해서 참여민주주의가 발전하는 것은 아니기 때문이다. 권순덕이 1996년에 복합화물터미널 유치반대운동에 참여한 것은 개인적 이익의 극대화와 이기적 합리주의에서 비롯된 선택이었다. 그는 자신의 재산권을 보호하고, 지역주민의 삶의 질을 높이기 위하여 국가의 공공정책 의사결정과정과 지역의 발전방향에 실제적인 영향력을 행사하였다. 이렇게 이기적 합리성에 근거한 정치참여는 목적이 달성되면 더 이상 정치참여가 지속되지 않고, 공익과 공적인 영역을 위한 시민참여의 확대가 제한되어서 참여 민주주의 발전에 기여하지 못한다. 특정한 시기에만 한정되고 지속성이 결여된 권순덕의 비통상적 정치참여는 주권적 시민의식과 역할의 부재를 반증하는 것이다.

또한, 국가주의적 정치관과 자유주의 정치관은 일반 시민과 민주적 제도가 가치나 규범을 경시하게 하고 지역사회를 위한 진정한 민주주의를 등한히 하게 한다. 권순덕이 주로 언급하고 있는 정치적 이슈는 국가적 차원이나 중앙정치와 관련된 것이어서 지역의 문제를 생각하는 총체적인 인식이 부족하였다. 중앙정치 중심의 정치적 지향은 지역문제에 대한 이슈를 등한히 하게 한다. 이러한 정치적 지향 하에서는 지역사회를 위한 바람직한 공동체 형성을 위한 방법이나 생각에 대한 논의가 부족하여 지역사회의 삶의 자원과 환경 개발에 대한 논의가 제한적일 수밖에 없다. 그리하여 지역사회의 정치와 지역공동체 운동에 대한 적극적인 참여가 부족할 수밖에 없다.

참고문헌

강정인. 1997. “대안민주주의.” 참여사회연구소 편,『참여민주주의와 한국 사회』, 서울: 창작과 비평사.

______. 1998『세계화, 정보화 그리고 민주주의』, 문학과 지성사.

박승관. 2003. “한국 사회의 근대화 과정과 사회적 커뮤니케이션 세계의 변동 ”『한국정치연구』, 12(1): 153-179.

박찬욱. 2005. “한국인 정치참여의 특징과 결정요인: 2004년 조사결과 분석,”『한국정치연구』, 14(1): 147-193.

신현기. 2014. “정치참여의 강도에 영향을 미치는 요인에 관한 연구: 2012년 대선캠프 활동가를 대상으로,”『서울행정학회 동계학술대회 발표논문집』, pp. 449-471.

이정덕 · 송기동 · 진양명숙 · 소순열 · 남춘호 · 문만용 · 안승택 · 이성호. 2014.『아포일기: 농민 권순덕의 삶과 기록 1』, 전주: 전북대학교 출판문화원.

이정덕 · 소순열 · 남춘호 · 문만용 · 안승택 · 이성호 · 김민영. 2014.『아포일기: 농민 권순덕의 삶과 기록 2』, 전주: 전북대학교 출판문화원.

이정덕 · 진양명숙 · 소순열 · 남춘호 · 임경택 · 문만용 · 안승택 · 이성호 · 손현주 · 이태훈 · 김예찬 · 박성훈 · 김민영. 2015.『아포일기: 농민 권순덕의 삶과 기록 3』, 전주: 전북대학교 출판문화원.

이정덕 · 소순열 · 남춘호 · 임경택 · 문만용 · 안승택 · 이성호 · 손현주 · 이태훈 · 김예찬 · 박성훈 · 김민영. 2015a.『농민 권순덕의 삶과 기록: 아포일기 4』, 전주: 전북대학교 출판문화.

______. 2015b『농민 권순덕의 삶과 기록: 아포일기 5』, 전주: 전북대학교 출판문화원.

임현백. 2008. “선진 한국 정치의 비전과 리더십,” 한국정치학회 · 한국행정학회『2008년도 합동 기획세미나』, pp. 69-107.

장수찬. 2004. "지역주민의 정치참여형태와 지방정치 활성화 방안: 대전지역조사를 중심으로," 한국정책학회, 『한국정책학회 하계학술발표논문집』, pp. 53-73.
조정인. 2012. "정치적 아웃사이더들의 역습? 비통상적 정치참여채널 활성화가 참여 불평등에 끼치는 영향을 중심으로," 『한국정당학회보』, 11(2): 39-66.
Zhang, Xing-gui, Xue Zheng and Lei Wang. 2003. "Comparative research on individual modernity of adolescents between town and countryside in China," *Asian Journal of Social Psychology*, 6(1): 61-73.

3장
농민의 풍우인식과 지식의 혼종성*

『평택 대곡일기』

안승택

1. 기점, 지평, 방향과 범주들

이 글은 신권식 옹(1929년생)이 작성한 『평택 대곡일기』(1959～2005) 중 1959～1979년 기간의 분량을 주요 자료로 삼아, 자연현상, 특히 농사와 깊은 관련이 있는 비와 바람에 대한 농민의 지식과 감각이 생성, 변화, 쇠퇴, 재생, 혼종 되는 양상을 분석하는 것을 내용으로 한다. 이를 통해 이 글은 ① 비와 바람에 대한 그의 민속지식이 어떤 것이며, ② 그것은 소위 말하는 전통과학지식이나 근대과학지식과 어떤 관계에 있는지, 그리고 ③ 이 세 지식체계가 현대세계를 살아가는 그의 실행지식 속에서 어떻게 엮여 드는지 밝히는 것을 목적으로 삼는다. 차차 드러나겠지만, 이 글에서 풍우 인식의 혼종성은 그 변천과정과 거기에서 불거지는 (물질적일 뿐만 아니라 지적인) 위기의 산물이면서, 동시에 그 변화와 위기를 견디며 뚫고 나가는 지적 엔진이기도 한 것으로 자리매김 된다.

* 이 글은 『비교문화연구』 제21집 2호에 수록된 "농민의 풍우(風雨) 인식에 나타나는 지식의 혼종성: 『평택 대곡일기』(1959～1979)를 중심으로" 중 일부를 이 책의 취지에 맞추어 수정한 것이다.

비, 그리고 그 대립물로서의 가뭄이 농사의 결실을 위해 중요한 요건이 된다는 점은, 그 구체적 양상에 대한 일반적 몰이해에도 불구하고 상식적이다. 그런데 흔히 간과되는 것은 비와 가뭄만큼 바람 역시 중요하며, 실은 이들이 서로 결부된 현상으로 인식되고는 한다는 점이다. 동북아시아에서 우순풍조(雨順風調), 즉 비와 바람을 나란히 놓고 그것들이 순하고 고르게 닥쳐야 풍작을 이룬다는 표현은, 5일에 한 번 바람이 불고 10일에 한 번 비가 와야 한다는 뜻의 오풍십우(五風十雨), 비와 바람이 적절히 와야 한다는 뜻의 호풍호우(好風好雨) 등과 함께, 풍년과 태평을 이루기 위한 기본조건으로서 예로부터 널리 전해져 퍼진 고언(古言)이다. 그 전적 상의 근거는 소동파(1037~1101)의 시구 "비가 순하고 바람이 고르면 백곡이 무르익으니(雨順風調百穀登)"에서 찾기도 한다. 그러나 꼭 그것만이 이 표현의 기원이라고 단정하기도 어려울 것이다.

우순풍조는 현재에 이르기까지도 마을공동체 의례의 축문(祝文)에도 자주 나타나는 등, 민간에서는 이를테면 상투화된 표현이다. 게다가 현대 지식인들 사이에서도 범용성이 커서, 고문헌 번역용례에서 여러 세밀하고 복잡한 한문표현을 우순풍조라는 한 마디로 뜻을 풀어버리는 일도 적지 않다. 그러나 과연 어떤 비와 바람이 순조롭고 적절한 것인지, 사람들이 비와 바람을 바라고 기다리며 또 실제로 그것이 이르도록 하려는 염원 아래 의례(기우제 등) 외에 어떤 방식으로 어떤 내용의 지식체계를 발전시켜왔는지 등에 대해서는 많이 알려져 있지 않다.

이 문제는 비보다 바람의 경우에 더욱 복잡해진다.[1] 위에서 아래의 한

1) 이 글은 개인적으로는 한반도의 강수특성과 그것이 현장 농민의 민속적 농업기술체계의 전개, 농업기상조건의 인식, 일본 식민통치자들과의 조우 등에 미친 영향을 분석한 선행연구(안승택, 2009; 2010)의 후속작업에 해당한다. 이 글에서 소홀히 다루는 한반도의 강수특성 및 그 인식과 관련한 선행연구의 검토는 그것들, 특히 후자를 참조해주

방향으로만 움직이는 비와 달리, 바람은 양과 때 외에 사방 또는 팔방으로 개념화되는 다양한 향(向)의 차원을 가지며, 게다가 비보다 변화무쌍하게 나타나기 때문이다. 바람에 대한 이런 세부적 민속지식의 연구는 그간 국어학 · 인류학 · 민속학계에서 주로 어민의 그것을 중심으로 진행되었다(홍순탁, 1963; 장태진, 1968; 이숭녕, 1970; 왕한석, 1994; 2009; 2010; 2012; 조숙정, 2014). 이는 초기단계의 연구에서부터 어업과 바람의 관계가 대단히 직접적이라는 점에 착목한 결과라고 할 수 있다(홍순탁, 1963: 34-38; 장태진, 1968: 3; 이숭녕, 1970: 302). 이러한 경향 자체는 지극히 정당한 것이며, 또 비와 바람의 관계에 대한 (반농반)어민의 지식은 같은 자연현상에 대한 인식이라는 점에서 농민의 그것과 상통하기도 한다. 특히 농민의 그것에서도 나타나는바, 바람과 기후변화 사이의 밀접한 관계에 대한 어민의 인식은 이 글에서 다루는 문제와 관련해서도 크게 참고가 된다. 그러나 그 한편에서 농사일 내적인 맥락과 바람의 관계에 대해서는 잘 알려지지 않은 채 남는 한계가 노정된 것은 아쉬운 점이다.

이와 관련한 거의 유일한 예외로는 『한국의 언어 민속지』로 간행된 왕한석의 거대한 연구 중 경기 강화(황청리), 부산 동래(안락동), 전북 고창(장두리), 경북 선산(신곡리) 등 농촌(또는 반농반어촌) 지역의 바람 인식에 대한 분석들이 있다(2009: 34-38; 131-133; 2010: 224-226; 2012: 341-342). 그 요점을 정리해두자면, ①농민의 바람인식은 어민에 비해 단순하며, ②바람이름이 고유어보다 한자어인 경우가 많고, ③

기 바란다. 단, 바람의 인식에 대한 연구에서 나타나는 바와 같이 비의 세부적인 구분법이나 민속지식을 다룬 연구는, 필자의 과문함 탓인지 아직 접한 바가 없다. 혹은 바람에 비해 비에 대한 민속지식의 연구가 발달하지 않은 것 자체가 비를 둘러싼 사태가 바람만큼 복잡하지 않은 데에 따른 결과일 수도 있겠다.

기후특성 및 그것이 농사에 미치는 영향과 복합되어 인지되는 경향이 있다는 것으로 요약 가능하다. 특히 그는 ③과 관련하여 생생한 농민적 표현·속담들을 다양하게 소개하고 있어, 국어학계가 주도했던 선행연구의 인류학적 보완으로서나, '농사일과의 복합'에 대한 맥락적 이해를 위해서나 크게 도움이 된다. 특히 '농사일과의 복합'이란 결국 바람이 직접적으로 또는 다른 기상현상의 전조로서 농사에 미치는 영향에 대한 고려라고도 정리될 수 있는 바, 비와 바람의 상호결부 현상을 다루려는 이 글의 문제의식에도 큰 지침을 준다. 반면 면섭방식의 조사에 의한 것이므로 자료는 분류체계의 설명을 중심으로 하고 여기에 회고나 전언, 속담이 결합되는 형식을 띠고 있으며, 농사와의 관련에서도 사계절별(최선의 경우 월별) 특징 등 대세의 설명에 머무는 경향이 있다. 따라서 날마다의 실제 기상현상 및 농사작업의 전개, 이에 대한 농민 자신의 나날의 불안과 소회, 일상생활 속 근대과학지식과의 교호(交互) 등을 추적하기에는 다소간 한계를 지니게 된다.[2]

이 글은 경기 서남부 농촌의 맥락에서 일기라는 역사자료를 활용하여 이들 선행연구에 대한 비교와 확장을 시도하려는 것이다. 『평택 대곡일기』(지역문화연구소, 2007; 2008)에는 바람의 향, 양, 때와 관련하여 물을 말리거나 가뭄이나 비를 부르는 바람 등에 대한 기록자의 지식과 생각, 느낌이 다량으로 기록되어 있어, 농사일과 이들 자연현상의 관계를

2) 조숙정(2014)은 전북 부안지역에서의 참여관찰을 통해 어민의 실제 일상생활 속에서 바람에 대한 표현과 지식이 어떻게 사용되는가 하는 점까지 상세히 기록한 바 있다. 비록 대상이 어민과 농민으로 차이가 있지만, 이는 농민의 생활일기를 역사민족지(Comaroff and Comaroff, 1992) 자료로 활용하려는 이 글의 구상을 마련하는 데에도 크게 도움이 되었다. 그 외, 본격적인 연구물이라기보다는 아주 간략한 노트의 성격이지만, 『농업속담사전』에 실린 농업 관련 속신(俗信)을 뽑아 자신의 농사경험을 토대로 설명을 시도한 김재호(2011)를 참조할 수도 있겠다.

다루는 자료로서 적합하다.[3] 이 일기가 기록된 현장인 평택시 청북면 고잔리는 보한재(保閑齋) 신숙주(申叔舟, 1417~1475)의 후예들로 일대의 유력 성씨인 고령 신씨 문충공파의 동족마을이며, 기록자인 신 옹 역시 그 후손들 중 한 명이다. 이 마을이 위치한 평택평야는 경기지역의 주요 곡창지대 중 하나이지만, 안정된 논농사지대로서의 역사는 그리 길지 않다. 1973년의 아산만방조제 완공에 이르기까지 진행된 간척을 통해 장기적으로 저습지들이 경작지로, 그리고 다시 수리안전답으로 바뀌어 왔기 때문이다. 고잔리 역시 1973년 이전까지는 2, 3년 주기로 찾아오는 상습적 가뭄피해에 시달렸고, 홍수 및 방조제 붕괴에 따른 범람피해나, 가뭄 · 만조(滿潮) · 강풍 시 특히 위협이 되는 소금피해[鹽害] 또한 고질이었다. 일기 속 기상현상의 기록은 이런 자연환경을 배경으로 삼는다.

『평택 대곡일기』의 기록자인 신 옹은 고잔리 대곡(大谷) 마을에서 나고 자라 지금까지 거주하고 있다. 어려서 한문교육을 받고 1943년 일제치하의 청북국민학교를 졸업하였는데, 이후 세 차례 상급학교에 입학하였으나 신병(身病)과 전쟁으로 모두 중도에 학업을 포기하였다. 1955년 군 제대 후 낙향해 농사를 짓기 시작했으며, 이듬해 혼인하면서 물려받은 논 닷 마지기가 이후 농업의 밑천이 되었다. 농사를 지으면서도 그는 책과 신문 등 활자매체를 놓는 일이 없었으며, 지금까지 거의 하루도 빠

3) 이하 『평택 대곡일기』 및 그 기록자인 신 옹에 대한 개괄적 정보는 이 두 책의 해제, 그리고 지역문화연구소에서 수행한 현지조사의 면접기록 및 각종 자료를 참고하여 작성한 것이다. 『평택 대곡일기』를 검토한 선행연구로는, 민속학 작업으로 원보영(2009)과 안혜경(2011), 사회사 작업으로 김영미(2012; 2013), 과학사 작업으로 문만용(2013)이 있다. 이 중 특히 원보영과 김영미의 연구는 일기자료 분석뿐 아니라 독자적으로 고잔리 현지조사와 신 옹 면접조사를 병행함으로써, 『평택 대곡일기』 해제와는 또 다른 성격의 일기 외적 현장감까지 확보하고 있다.

짐없이 일기를 적어오고 있다. 또 시를 짓고 대한민국미술대전(국전) 서예부문에 입선하는 등 다재다능한 면모도 있다. 이런 성실성과 노력, 개인능력과 사람 됨됨이에 더하여 고령 신씨 동족집단의 위세를 배경으로, 그는 지역사회와 종중집단, 유림조직의 유력인물로서 상당한 성공을 거두었다. 그의 기록은 이런 개인특성의 결과이기도 하다.

이 글은 농민의 풍우 인식이 때로 민속지식 범위 안에서, 때로 그 경계 너머의 다른 지식들과 혼종되어, 또 때로 그와 거의 아무 상관 없이 작동하는 상황을 어떻게 이해할 것인가에 대한 논의를 향해 전개된다. 신 옹의 기록 속에는 기원과 성격을 달리하는 다양한 종류의 지식들이 섞여 들어와 있기 때문이다. 이를 위해 이 글은 네 종류의 범주를 구분해서 사용한다.

먼저 이 글에서 다루는 비와 바람에 대한 ⓐ 민속지식(folk knowledge)이란, 이들 기상현상이 일어나는 방식, 그리고 이들이 다른 기상현상 및 농업생산과 '복합되는' 방식에 대한 농민의 지식을 말한다. 이는 관련된 생각, 느낌과 표현, 용어들까지 포함하는 범주로 사용된다.

그런데 신 옹은 어려서 한학교육을 받았고 상당한 유교적 소양도 갖추었지만, 기본적으로 철저히 '근대'의 인간이다. 게다가 지적이고 근면한 기본 소양 위에 남다른 학습 욕구와 독서활동, 강습참여와 대중매체 노출 등을 통해, 평균적인 농민 이상의 '근대적'인 (때로 오류를 지닌) ⓑ 근대과학지식을 갖추고 있었던 것으로 이해된다.

한편 '근대적' 지식유통의 경로 안에는 서구/근대를 기원으로 삼지 않지만 '공식적 · 문헌적'(즉 '비-민간적') 권위를 인정받는 재래의 지식 역시 유통된다. 또 마을과 지역사회에서 자체적인 경로를 통해 유통되는 재래의 '공식적 · 문헌적' 지식들도 있었다. 이렇게 '공식성'을 인정받는

두 종류의 재래적 지식을 ⓒ 전통과학지식이라 부를 것이다.[4)]

이와 같이 근대과학지식과 전통과학지식은 인식의 범주 상으로는 민속지식과 구별되지만, 실제 존재형태로서는 그 중 상당수가 농민의 민속지식 안에 침투해 들어와 있기도 하면서, 상호 중첩되는 영역을 지니고 있었다. 이런 상황에서 현실 속의 농민은 이 세 영역 사이를 오가며 삶을 영위하고 또 기상이변이나 재해에 대응하게 된다. 이렇게 상황논리에 따라 세 영역 사이에서 형성, 유동하면서 실제로 농민의 인식과 실천의 기반으로 작동하는 지식을 ⓓ 실행지식(practical knowledge)이라고 부를 것이다.[5)]

현대시기 농민의 자연인식과 지식의 문제를 분석하기 위해 이와 같이 하위범주를 구성하는 것이 공연히 복잡함을 가중시키는 일로 여겨질 수도 있겠다. 그러나 이는 실제 농사와 관련하여 현대 농민의 지식체계가 작동하는 방식이 민간적인 것과 공식적인 것, 전통적인 것과 근대적인 것들

---

4) 이러한 용어사용은 다음과 같은 과학사학의 인식에 공명하는 한편, 이를 현대에 관한 논의 속에서 (현대적 전환에 관한 해당 논의의 결론과는 다소 위배되게) 재정립하려는 문제의식의 일환이기도 하다. "실학의 과학사상이 등장하기 이전 조선 지식인들의 자연을 이해했던 방식은 '과학적'이지 않았으며 … '비과학적=전통적'이었던 조선 유학자들의 전통적(성리학적) 자연이해는 [실학에 의해] 점진적으로 사라져 간다는 … 시각은 '전통과학=비과학적' 대 '근대과학=과학적=객관적'의 대립구도를 역사발전 과정에 상정한 것으로 … 우리는 최근의 연구성과를 통해서 그와 같은 현상은 적어도 조선시대 동안에는 일어나지 않았음을 알 수 있다 … 오히려 그 반대로 전통적인 성리학적 자연인식 체계의 고도화와 세련화를 통해서 서양과학이 담고 있는 자연에 관한 객관적 사실들을 전통과학의 체계로 회통(會通)하면서 전개되었[다]. 이 글은 … 실학적 자연이해의 성장을 전통적인 성리학적 자연인식 체계의 전개과정이라는 연속적인 역사의 흐름 속에서 찾으려 한다"(문중양, 2003: 28-29).

5) 실행지식은 제임스 스코트(2010)가 메티스(metis), 즉 실행지(實行智)라 불렀던 것이나, 피에르 부르디외(Bourdieu, 1977)가 실천논리(logic of practice)라 불렀던 것에 구조적 성격이나 위치상 상응한다. 그러나 실행지를 근대과학지식과 서로 분리된 별개의 지적 체계처럼 다루는 경향이 있는 스코트와 달리, 이 글은 실행지식이 기본적으로 경계를 넘나들며 구성되는 혼종적(hybrid)인 것이라 이해한다. 또한 오랜 '오감체험'과 '경험축적'에 바탕을 둔 '상황논리'라는 점에서 실행지식과 실천논리는 공통적이다. 그러나 그 작동방식이 주로 운동신경으로 체화된 권투선수의 신체적 기제(機制)보다는, 주로 인지능력으로 체화된 과학자의 지성적 논리에 가깝다는 점에서, 이 글에서 말하는 실행지식은 실천논리에 대한 부르디외의 문제의식과 초점을 달리한다.

사이에서 혼종적으로 구성된다는 점을 드러내기 위한 것이다. 이 혼종성(hybridity)의 의미가 무엇인지에 대해서는 마지막 장에서 다루기로 한다. 이를 위해 우선 제Ⅱ장에서는 민속지식과 전통과학지식이 혼종 되는 양상을 검토한다. 제Ⅲ장에서는 역사적 · 지리적 연속성과 공통성 등 민속지식들 사이의 관계에 대해 다룰 것이다. 마지막으로 제Ⅳ장에서는 민속지식과 근대과학지식이 혼종 되는 양상을 검토할 것이다.

2. 전통과학지식에서 민속지식으로, 또 역으로

이 장에서는 먼저 자연현상을 바라보는 농민의 인식 속에서 민속지식이 어떻게 자리를 잡는지를 검토한다. 이는 앞서도 언급한 '농사일과의 복합' 즉 기상현상 및 농사작업 전개와의 복합적 연관 속에서 자연현상에 대한 농민의 지식이 어떻게 형성되고 전승되는지를 확인하고, 특히 그 속에서 민속지식과 전통과학지식이 서로 어떤 관계를 맺어왔는지에 대해 설명하려는 기획이다.

『평택 대곡일기』를 보면 자연현상에 대한 다양한 기록과 표현들이 매일 매일의 날씨에 대한 기록과 함께 나타나고 있음이 인상적이다. 기상상태를 확인하고 예측하는 일은 신 옹의 당연한 일과이면서 몸에 밴 습관이 되어 있으며, 이는 농사가 날씨와 떼려야 뗄 수 없는 관계에 놓여있음을 반영한 결과이다(지역문화연구소, 2007: 29).[6] 이 '뗄 수 없는 관계'

---

6) 이 문장은『평택 대곡일기』중「날씨와 농사」라는 제목으로 작성된 심일종의 해제로부터의 인용인데, 이를 포함하여 이 글은 그의 해제로부터 많은 빚을 지고 있다. 그런데 이 해제는 해제별 작성자를 명기하지 않았기에, 글의 인용규칙 상 이 점을 밝힐 길이 없었다. 이 자리를 빌려 깊은 감사의 뜻을 표하고 싶다.

가 나타나는 가장 기본적인 양상은 여러 기상현상들이 농사와 관련하여 의미가 부여된다는 점이다.

우선 용어들부터 보면, 가령 강수량을 재는 단위는 쟁기보습이 땅에 들어갈 만큼의 양을 뜻하는 '보지락'이 사용되며,[7] 장마는 비가 오지 않는 '건장마'와 구름만 끼고 비가 오지 않는 '구름장마'를 하위범주로 갖는다. 이것이 농사를 위해 필요한 비를 기다리는 농민의식의 반영이라는 점은, 이들 용어가 우려의 표현과 함께 나타나는 점을 통해 확인할 수 있다.[8] 이렇게 기다리던 끝에 내리는 비는 '적우(適雨)', '감우(甘雨)'나 '단비', '약비[藥-]' 등으로 표현되며, 때로는 '곡식이 내렸다'며 상당히 문학적인 표현이 사용되기도 한다.[9] 반면 이미 충분한 물이 있어 더 이상 바라지 않는 비가 내리기도 하는데, 이런 용어로는 불필요할 때 내리는 비인 '객수

---

7) "어제 오후 6시경부터 시작한 비는 … 약 두 보지락 정도가 넘을 것 같다(59. 5. 4)."; "종일토록(10시경) 나린 비는 얼추 한 보지락은 나릴 것 같다(1959. 5. 21.)." 이하 『평택 대곡일기』로부터의 인용은 인용문 뒤 연월일만을 표기하고, 다른 일기로부터 인용은 자료명칭을 표기한 후 연월일을 적기로 한다. 인용문 중 '…'는 원문 중의 표기를 옮긴 것이고 '…'는 인용 과정에서 말을 줄인 것이다. 『평택 대곡일기』 원문은 국한문혼용으로 되어 있으나, 이 글에서 인용할 때는 독자의 편의를 위해 한글로 표기하고 적절히 쉼표와 마침표를 더했으며, 필요한 경우 괄호 안에 한자를 병기하였다. 아울러, 지역문화연구소에서 펴낸 간행본 『평택 대곡일기』는 자료로서의 활용가치 유지를 위해 한자를 노출시키고 한글의 표기오류는 그대로 둔 채 띄어쓰기와 한자 오기만을 바로잡아 출간한 것임도 밝혀둔다.

8) "장마철이라 하지만 비는 안 오는 건장마다. … 논들을 말리였더니 그냥 말라붙겠다"(1967. 7. 7.); "벌서 구름장마인지 흐리기만 하고 비는 안 오니 이대로 [볕이] 들면 큰 일이다"(1967. 5. 29.). 이하 독자의 이해를 돕기 위해 인용자가 더한 설명은 [ ] 안에 표기하기로 한다.

9) "적우다. 아주 감 마차 왔다. 기다리던 비는 왔다. 집에 와 한참을 느러지게 잤다"(1964. 7. 1.); "오늘은 비가 촉촉히 나리여 … 벼예는 좋이 아니하나 김장에 적우다"(1967. 10. 1.); "감우. 단비는 종일 부슬부슬 나리였다. 오전 중 누워있었다"(1976. 7. 2.); "금반 나린 비는 약비다. 비료 준 것보다 낳다"(1967. 6. 20.); "새벽 잠결에 드르니 부슬부슬 낙수소리 똑똑… 또록똑… 엇이 방가운지 눈이 번쩍 더 문을 열고 내다보니 먼동이 트일 무렵이다. 우리 인가에게 곡식이 나리 것이요…"(1960. 3. 30.).

(客水)'와,[10] 때는 적절하나 필요 이상으로 내리는 비인 '여비[餘-]' 등이 있다.[11]

특히 흥미로운 것은 이들 용어가 그저 신 옹 개인이 일기 속에 자신의 감회를 남기기 위해 만들어낸 낱말들이 아니라는 점이다. 이는 고잔리 농민들이 서로 같은 표현을 교환하며 이야기하는 상황을 생생하게 적은 일기 속의 기록들로부터 확인된다. "오늘도 종일토록 오락까락 비는 나리였다. 사람마다 만나면 "아이 참. 얼마나 올까여. 어제 저녁은 왜뚝에 뛰여 다니느라고 한심도 못 잤지. 올해는 왜 이리 객수가 많아." 등의 화제가 오고 간다"(1959. 8. 27.)는 것은 비를 걱정하며 나눈 얘기다. 반면 "조반에 마실을 가보니 사람들이 입이 벙글벙글. 약비여, 곡식이 나리였어, 등 모두 비오는 인사다. 제 아무리 살랴고 지랄해도 자연조건에 의해 사는 것이 인간 아닌가"(1960. 3. 20.)는 기록은 비를 반기는 대화이다. 살아 꿈틀거리는 표현 세계에 대한 생생한 기록으로서도 인상적이거니와, 농민들이 관심사에 대한 일상적인 대화를 통해 이런 용어들을 공유하며, 또 공유를 통해 그것이 전승되고 있음을 날것으로서 확인할 수 있다.

이런 상황은 그저 낱말들의 공유와 전승에 그치는 것이 아니라, 속담이나 사자성어 형태의 표현들을 통해서도 나타난다. 속담 형태의 예로는 '봄비가 잦으면 맏며느리 손이 커진다'나 '소나기는 쇠등을 다툰다' 등이, 사자성어 형태의 고언(古諺)으로는 아침 일찍 내리는 비가 오래가지 않

---

10) "어제 모짜리을 하고 논 치기도 전에 비가 와 덜 좋겠다. … 객수라 보리엔 아주 덜 좋다"(1964. 4. 15.); "오늘 바라지 않은 객수가 종일토록 나리여 농작물에 피해을 주었다"(1967. 8. 15.).

11) "10시경부터 시작한 비는 답전곡(畓田穀)에 적당량이 나리였으나 금반(今般) 여비는 3, 4일 나릴 것이며 홍수가 예상된다고 한다. 그만 왔으면 좋으련만…"(1967. 7. 12.).

는다는 뜻의 '조우지단(早雨之短)' 등이 대표적이다.[12] 그런데 날말들에서도 어느 정도 그러하지만 이런 식의 속담이나 고언이 되면 확실히, 기상 현상의 표현들은 경험적인 민속지식으로서의 내용과 근거를 갖춘 것이 되어있는 모습을 확인할 수 있다.

『평택 대곡일기』에서 '조우지지만(早雨之知만)'이라고도 기록되는[13] '조우지단'의 경우를 통해 이 점을 살펴보자. 이 표현은 비교적 자주 등장하는 편인데, 가령 '조우지단'의 예로는 "식전에 일어나니 비가 몇 방울 시작햇으나 조우지단은 병법에도 잇다는데 올 듯하지 않다. … 오후에는 볏이 낫으니 기다리던 비는 멀리 가버리였다"(1962. 5. 27.)는 것이 있다. "초하루 차 식전 비의 비도 적을 뿐 아니라 가물 증조라고 생각하니 불안하다. 병법에도 조우지지만이라고 했으니…. 우리는 조금만 더 나리여 주었으면 농꼴 논을 해 심을 텐데"(1968. 5. 27.)는 '조우지지만'의 예다. 여기에서 알 수 있는 점은, 이들 표현이 그저 날씨의 객관적 기록이나 수사적 표현을 위해 속담 · 고언을 끌어들이는 단순한 차용의 수준이 아니라는 점이다. 그것은 오히려 당일이나 이후 전개될 기상예측이나 작업계획을 위한 경험적 근거에 가깝게 사용된다.

한편 이런 민속지식들은 맞을 수도 있고 틀릴 수도 있었는데, 틀린다고 해서 바로 그 지적 권위를 잃는 것은 아니었다. 가령 "찔레꽃머리에

12) "봄비가 잦으며는 맛메누리 손이 커진다더니 인심의 인색함이 봄에 비가 자즈며는 풀린다"(1961. 3. 3.); "말에 의하면 다른 곳은 비가 안 왔다구. 쏘나귀는 쇠등을 다툰다더니 이곳 대곡부락은 오던 중 많은 비가 왓다"(1965. 8. 14.); "식전에 일어나 바깟을 내다보니 비방울 소리가 나서 나가보니 별로 올 듯하지 않다. 조우지단이라더니 곳 끝지고 마랐다. 항상 이맘때가 되면 비가 적고 또 기다린다"(1962. 5. 12.).

13) '조우지지만(早雨之知만)'의 '만'은 본래 한자가 표기되어 있지 않았다.

비가 안 온다"는 말은[14] "백일홍 핀지 백일이면 서리가 내린다"와 함께,[15] 『평택 대곡일기』에 속담 형태의 민속지식으로서 대표적인 것이다. 그런데 1974년 5월 하순, 역시 '찔레꽃머리'였음에도 불구하고 오래 비가 왔다. 신 옹은 이에 대해 "찔래꽃머리에 가문다는 것은 기상 통례인데 금년엔 장마가 들었으니 이상기온은 또 가물지나 않을까 걱정이다"(1974. 5. 25.)라고 적고 있었다. 여기에서처럼 민속지식은 항시 적중하는 것은 아니다. 그러나 이들은 그저 '초자연적 믿음'이 아니라 오랜 경험으로 입증되어 상식화된 '실험적 지식'이었고, 오늘날의 근대과학지식과 마찬가지로 이에 어긋나는 일은 오히려 기상이변의 징조로 이해되고 있었다.

다시 '조우지단'으로 돌아가 그를 둘러싼 상황을 조금 더 들여다보면, 이 문제는 그리 간단하지 않은 배경을 지닌 것이기도 했다. 신 옹은 이것이 '병법에도 있는 상식'이라고 보고 있었고, 일기에 기록된 대화 상황들로 보아 아마도 이는 고잔리를 포함하여 당대 농민들 사이에 상당히 통용되는 이야기였던 것 같다. 그러나 오늘날에는 물론 조선시기에도, 그리고 병서는 물론 국가의 공식적 연대기자료와 개인문집들까지 포함해서 살펴도, 그와 같은 표현들은 쉽게 찾아지지 않는다.[16]

---

14) "이맘대며는 물이 구해고 찔래꽃머리예 비가 안 온다는 것인데 아직까지는 우량이 많았다"(1963. 5. 27.); "악수(惡水) 같은 비는 밤새도록 오늘도 종일 나리어 일대 물 소동을 이루었다. … 찔래꽃머리에 비 안 온다는 것인데 금년엔 아논에 시비(施肥)를 했는데 물이 졌으니 손실이 많을 것이다"(1963. 5. 30.).

15) "전까지도 백일홍이 핀 줄을 몰랐는데 밤사이에 피였는데 백일홍도 몇 송이가 피였다. 백일홍 피운지 백일 만에 서리가 온다는데 과연 지금부터 백일이면 서리는 오고말고"(1959. 7. 19.); "마당 끝에 잇는 백일홍이 피였다. 백일홍 피운지 백일 만이면 서리가 온다는데 날은 잘도 가것만 기다리는 비는 안 온다. 이대로 가물다가 큰 흉년을 만들 모양이다"(1962. 7. 14.).

16) 오늘날의 자료에 대해서는 다음과 네이버, 구글 등의 검색엔진을 통해, 조선시기의 자료에 대해서는 한국역사정보통합시스템(www.koreanhistory.or.kr)과 한국고전종합데이터베이스(db.itkc.or.kr) 등의 검색엔진으로 검색하였다. '조우지단' 외에 '조우지' '조우지지' 등도 검색어로 사용하였는데, 이는 신 옹의 '조우지지만'이라는 표기가 '早雨

한편 이와 가장 근사한 표현으로는 '조우이만풍(朝雨而晩風)'을 들 수 있을 것이다. 조선 중기의 문신 김석주(金錫胄, 1634~1684)는 재판을 괜히 끌지 말고 빨리 판결한 후 사면할 자는 사면하도록 임금에게 청하는 상소에서, 아침에 찔끔 비오고 저녁에는 바람 불어 구름이 걷히는 식의 정치로는 곤란하다며 이 표현을 썼다.[17] 또 『청구영언』(1728)에 실린 조선중기의 문신 신흠(申欽, 1566-1628)의 시조 중 "아침은 비오더니 느즈니는 바람이로다"의 한역(漢譯) 역시 조우만풍이었다.[18] 이를 두고 농민의 속담과 지식인의 문장 중 어느 쪽이 먼저였는지를 따지는 일은 불가능할 뿐 아니라 불필요한 일일 것이다. 당시의 사람들로서 흔히 입에 담을 수 있고 또 이해될 수 있는 표현이기에, 상소 속 정치적 문구가 되었든 시조 속 예술적 문구가 되었든 지식인들의 그것 역시 비유로서 의미를 지닐 수 있었을 것이기 때문이다.

이 점은 동북아시아 다른 나라의 경우를 봐도 마찬가지의 사정을 짐작할 수 있다. 중국에서도 역시 속담 중에 '早雨天晴 晩雨難晴', '早晨下雨當日晴', '早晨下雨一天晴', '開門雨漣漣 晴朗在午前', '開門雨 關文晴'과 같

之知晩晴' 등의 오류일 가능성을 염두에 둔 것이다. 한편 제Ⅳ장에 인용한 일기 원문으로 알 수 있듯이 신 옹이 염두에 두고 있는 '병서'란 『손자병법』을 말하는데, 『손자병법』에는 그와 같은 구절이 없다. 단지, 군사의 사기(士氣)를 언급하며 "아침의 기는 날카롭고, 낮에 기는 늘어지며, 저녁에는 기가 되돌아간다(朝氣銳 晝氣惰 暮氣歸)"고 하거나, 화공(火攻)을 언급하며 "낮에 바람이 오래 불면 밤에 바람이 멎는다(晝風久 夜風止)"고 적은 구절이 있다. 내용상 이를 '조우지단'과 상통하는 것으로 볼 여지는 있다.

17) 金錫胄, 『息庵遺稿』, 卷13, 疏箚, 請行審理箚. "晝陰而夜晴 朝雨而晩風 暫時沾灑 已卽開霽 天心之靳澤如此 可赦而不赦 當宥而不宥 始欲開釋 旋並錮閉 朝議之慳赦如此 以此求雨 臣恐終無得雨之理也 惟願聖明亟軫睿念 其於應天則必以實 其於用法則必在寬 而更命有司取進前後流配者罪籍 量其輕重 並行宥赦 以體太易之時義 則庶幾雷雨遂作 屯膏一解 德澤霈然 霑及遠邇 蘇枯醒暍 不足以喩其化也."

18) 金天澤, 『靑丘永言』. "아츰은 비오ᄃᆞ니 느지니ᄂᆞᆫ ᄇᆞ람이로다 千里萬里ㅅ길헤 風雨ᄂᆞᆫ 무스 일고 두어라 黃昏이 머럿거니 수여간들 엇ᄃᆞ리(朝雨晩風 千里萬里 風雨何爲 黃昏尙遠 休歟歸止)."

은 표현들이 지방 각처에서 전해진다.[19] 내용상으로는 '조우지만'이나 '조우만풍'과 사실상 같은 지식을 담은 것이지만, 문구 자체로는 모두가 한국에서는 찾아지지 않는 용례들이다. 또 일본에도 역시 '朝雨傘要らず'나 '朝雨馬に鞍置け'와 같이, 아침 비는 금방 그치니 우산이 필요 없다거나 안장을 얹고 나갈 채비를 하라는 등 속담이 있다. 우산이나 말안장을 거론하는 점은 우리 정서와 잘 맞지 않지만, 아침 비를 둘러싼 기상예측이라는 면에서는 사실상 같은 내용을 담은 것들이다. 이들로부터 생각건대 '아침 비는 금방 그친다'는 인식은 동북아시아 세계에 공통된 민속지식의 한 내용이었다고 할 수 있을 것 같다.

그렇다면 신 옹과 그 주변 농민들이 "병서에도 있다는데…"라며 속담 외에 '조우지만'의 문헌적 전거가 있음을 언급했던 것은 아예 근거가 없는 낭설이었던 것일까? 중국 명대의 속담집인 『전가오행(田家五行)』을 보면, '비가 오경(새벽 3~5시)을 때리면 해가 물구덩이에 쬔다(雨打五更 日晒水坑)'라고 하여 내용상 '조우지단'과 상통하는 구절이 실려 있다.[20] 그런데 이 『전가오행』 속 문구는 다시 조선에 들어와 박세당의 『색경』(1676), 유중림의 『증보산림경제』(1766), 박지원의 『과농소초』(1799) 등 일부 농서에 전재되고 있었다.[21] 따라서 고잔리 농민들의 생각과 달리 그 표현은

19) 모두 중국의 인터넷 검색엔진인 바이두(百度)에서 찾은 결과인데, 같은 문구는 상기한 한국의 어떤 검색엔진에서도 찾아지지 않는다.

20) 婁元禮, 『田家五行』.

21) 朴世堂, 『穡經』 下, 田家占驗, 天文類, 占雨; 柳重臨, 『增補山林經濟』, 卷15, 田家占候, 論雨; 朴趾源, 『課農小抄』, 占候, 論雨. 한편 『색경』과 『증보산림경제』에는 "諺云 雨打五更 日晒水坑 言五更忽有雨 日中必晴 甚驗"으로, 『과농소초』에는 "諺云 雨打五更 日曬水坑 言五更忽然雨 日中必晴 甚驗"으로 인용원문에 약간의 차이가 있다. 전자는 『전가오행』과 같은 구절이며, 후자는 『전원필고(田園必攷)』로부터의 인용이라 밝혀져 있다. 참고로, 전자는 단순히 인용만을 하였지만 후자는 이를 포함하여 날씨 점치기 전반에 대해 저자인 연암 자신의 의견이 달려있는데, 연암은 이에 대해 전반적으로 부정적이다. 경서에도 날씨를 점치는 이야기가 많이 나오지만 이는 기본적으로 알

정확히 '조우지단'이 아니었고 또 병서가 아닌 농서였다는 점에 차이가 있지만, 그 지식 자체에 아주 문헌적 근거가 없지는 않았던 셈이다.

반대로 (비록 틀렸지만) 이런 문헌적 근거에 대한 주장이 없었다면, 농민들 사이에서 '조우지단'이 지니는 지식으로서의 권위는 보다 약해졌을 것이다. 그런 의미에서 민속지식으로서 '조우지단'의 힘은 전통과학지식의 일부가 됨으로써(또는 그렇게 오인됨으로써) 나타나는 것이기도 했다. 『전가오행』에서는 그저 중국 민간의 속담, 즉 민속지식이었으나, 이후 유전(流轉)되어 조선에서 각종 농서들에까지 실리고 보면, 이미 이는 전통과학지식의 일부가 되어 있다고 할 수 있다. 결국 이와 같이 한 농촌 마을에서 농사를 짓는 촌로들이 갖고 있고 또 유통시키는 재래의 민속지식은, 문헌근거를 지니고 엘리트층 지식인들 사이에서 공식적으로 널리 유통되던 전통과학지식으로부터 완전히 단절된 세계가 아니었다. 거기에는 순전히 '민간'에 고유한 것이라고도, 그렇지 않다고도 하기 어려운 지식들이 함께 뒤섞여 있었던 것이다.

3. 민속지식들 사이에서, 아스라한 시공간적 전개

이 장에서는 이상과 같은 자연현상에 대한 농민의 감각과 민속지식에 대한 이해를 바탕으로, 비나 가뭄과 상호 결부된 기상현상으로서 그것들

수 없는 일이며, "도랑과 물고랑을 다스리면 물은 재앙일 수 없고, 두레박과 수차를 갖추면 가뭄도 해가 될 수 없다(溝洫治而水不能爲災 戽車備而旱不能爲虐)"는 것이 그의 인식이었기 때문이다. 이것이 그릇된 이야기라고는 할 수 없겠으나, 그처럼 완벽한 관개、배수시설은 최근에 이르도록 갖추기가 어려웠다는 사정을 감안할 때, 다소간 극단적인 이상론이라고 할 것이다.

을 부르는 바람의 성격과 관련하여 무엇이 문제가 되는지 짚어보도록 한다. 이렇게 자연현상에 농민인식의 문제를 '바람'으로 특화하여 구체적으로 살펴봄으로써, 『평택 대곡일기』 속의 민속지식이 평택 대곡리에 한정된 것이 아니었다는 점, 그리고 20세기 후반에 한정된 것이 아니라 근대 이전으로 시대를 거슬러 올라가도 같은 종류의 민속지식이 관찰된다는 점을 확인하려는 것이다.

『평택 대곡일기』에서 바람에 관한 기록을 살피면, 바람이 많이 불어 무언가가 날아갔다거나, 더운 날에 시원했다, 혹은 그저 바람이 많이 불거나 불지 않는다는 식으로, 비나 가뭄과 상관이 없이, 농민이 아닌 이들도 적을 수 있는 내용도 자주 나온다. 그러나 이조차도 일의 강도와 난이도를 높이거나 낮추는 현상이라는 점에서 농사작업과 긴밀히 연관된 것들이거니와, 실은 이 수준을 넘어선 보다 의미심장한 기록들이 관찰된다. 크게 보아 두 종류이다.

하나는 봄철에 이리저리 어지럽거나 지나치게 강하게 부는 바람을 향후 1년간 농사의 어려움을 예고하는 하나의 불안한 징조로 여기는 경우이다.[22] 이때 가장 많이 사용되는 표현은 '풍산하다'는 것이다. 국어사전에서 '풍산(風散)하다'는 바람이 불어 우박이 이리저리 흩어지다, 전하여 무언가가 엉망으로 깨져 사방으로 날아 흩어진다는 뜻을 가진 '풍비박산하다'의 준말이라 정의된다. 그러나 벌판에 부는 바람이란 어느 한 방향에서 다

---

22) "하오엔 바람이 심하고 냉하여 그냥 밭매기을 중지했다. 비가 촉촉이 내리여야겠는데, 금년 봄엔 바람이 심하여 금년 농사가 어이될 것인가 걱정이다"(1965. 3. 26.); "풍산한 날씨다. 매일같이 일기가 흉악하여 불안하다"(1967. 4. 5.); "날씨는 참으로 풍산한 날씨다. 오후엔 개였으나 날씨가 차거워 금년 농사에 만은 지장을 초래할 것 같고"(1976. 5. 5.); "오늘도 마찬가지의 [황사바람이 불어 논에 물을 말리는] 날씨로 연속되니 큰일이다 일정의 소화 14년도가 이리 가물었다는데 그때와 같은 흉년이 온다면 나라의 구급은 어려울 것이다. … 아주 심상치 않은 해다"(1965. 4. 15.).

른 어느 한 방향으로 운동하는 것이므로 그 자체가 흩어질 수는 없으니,[23] 『평택 대곡일기』에서는 바람이 음산(陰散)하게 이리저리 어지러이 분다는 뜻이다. 그런데 일기 속에서 신 옹은 건조하면서 어지럽게 부는 바람이나 스산한 날씨라는 당장의 기상 상태를 가리키는 표면의 뜻을 넘어, 일 년 농사를 망치는 불길한 징조로 이를 인식하고 있다.

이러한 감각이 신 옹의 것만이 아니라는 점은, 15년의 연령차를 두고, 직선거리로 150㎞, 도로 상으로는 200㎞ 이상 떨어진 곳에서, 서로 만난 적도 없는 사이인 경북 김천 권순덕 옹(1944~)의 『아포일기』(1969~2000)를 통해서도 확인된다.[24] 권 옹 역시 비가 오지 않는 상태에서 연일 바람이 부는 날씨, 특히 본래 바람이 센 봄철로서도 바람이 센 날씨를 보면서 그것이 일 년 농사에 어려움이 닥칠 징조라 여기며 불안해하고 있다. 사실 권 옹은 이런 전조(前兆)로 인한 불안을 보다 명시적으로 표현하고 있어서, 이를 통해 오히려 신 옹의 불안까지도 확실하게 이해되는 면이 있다.

두 번째는 특정 바람이 보다 구체적이고 직접적이며 즉각적인 결과를 수반한다고 보는 것인데, 가뭄이나 홍수가 바로 목전에 닥쳐있음을 말해주는 전조일 뿐 아니라, 바람이 실제 저수지나 논에 고인 물을 말리는 작용을 한다고 보는 경우이다. 이들을 보면, 우선 '누가 물을 따라서 가기라도 한 듯' 논에서 물이 줄어들고 있는데, 이웃에 사는 물 도둑이 아니라

23) 물론 바람이 높은 암벽이나 건물 등 우뚝 선 장애물에 부딪혀 사방팔방으로 흩어질 수는 있다. 그러나 평택 고잔리는 그런 지형지물이나 건조물이 없다시피 한 환경이므로 이에 해당하지 않는다.

24) 물론 바람이 높은 암벽이나 건물 등 우뚝 선 장애물에 부딪혀 사방팔방으로 흩어질 수는 있다. 그러나 평택 고잔리는 그런 지형지물이나 건조물이 없다시피 한 환경이므로 이에 해당하지 않는다.

하늘에서 부는 바람이 '범인'으로 지목되고 있다.[25] 그리고 그 바람이 물을 말리는 정도는, '오늘하루 바람으로 물이 버썩 줄어들었다'는 표현으로 대표되듯 급격하고 강력한 것일 수도 있었다.[26] 게다가 동남풍이 비를 가져온다거나 물을 말리는 동풍 · 서풍이 계속 불고 있어서 가뭄피해가 예상된다는 식으로,[27] 구체적으로 풍향에 따라 서로 다른 결과가 예상되고 있기도 했다.

『평택 대곡일기』를 벗어나 사태를 바라보면, 『아포일기』에도 역시 대단한 바람이 불어와, 콩 심은 것, 모내기한 것, 아직 옮겨 심지 않은 모 등 모든 작물의 잎을 하얗게 말려버렸다는 기록이 있다.[28] 또한 왕한석의 『한국의 언어 민속지』 각 편을 보면, 농촌과 어촌 불문 거의 모든 곳에서 맑은 날씨와 궂은 날씨, 그리고 때로 가뭄과 호우를 불러오는(예측케 하는) 바람의 구분법이 확인되는 가운데, 특히 경기 강화 지역에서는 북동풍(높새)이 불면 샘물도 마르고 북서풍(늦하내)이 불면 논바닥이 갈라진다고

25) "물이 따라 가는 것 같이 줄어든다. 바람이 심히 부니까 죽죽 당기여 올라간다"(1960. 5. 11.); "단오비을 바라고 기다리였것만 구름 한 점 없는 하늘은 야속하게도 바람만 불어 물모금이나 잇던 논도 딸아가듯 줄어든다"(1965. 6. 4.).

26) "물은 날로 줄어들고 청청 하늘엔 바람만 심이 일으니 농민들 한숨만 심해간다. 물모금이나 잇던 논은 오늘 바람에 벗석 줄었다"(1965. 5. 7.); "풍산한 날씨로 물 모금이나 있는 것을 말려든다. 오늘 하루 바람으로 물이 벗석 줄었다. 불안해 죽겠다. 심신의 괴로움에 지처 졸음만이 닥아온다"(1968. 5. 13.).

27) "이래 동풍이 터젓는지 4일 재 동풍이 심이 불더니 새암이 다 마라 붓는다. 전일까지도 물모금이나 있던 논도 오늘은 틈이 가고 전일가지도 네려가던 앞논 들도 윗 두 매미는 마랐다. … 큰 소동거리가 아닌가. 이렇게 몇일만 더 가면 지워논 벼농사도 못 먹을 것 같다"(1959. 8. 7.); "동남풍이 종일 강하게 부러 농민들의 마음을 걱정케 하였다. 동남풍이 심히 불면 비가 많이 오는 까달이다"(1961. 8. 15.); "식전에 논에 갈다가 저녁 나절 가면 물을 따라간 듯하다. 오전에 동풍, 오후에 서풍이니, 좀처럼 비는 올 것 같이 않다"(1962. 5. 25.); "기다리는 비는 얻에로 가고 뜨거운 태양과 물 말리는 남서동풍으로 계속되니 하늘만 처다보여 한숨만 늘어 간다"(1968. 6. 29.).;

28) "바람으로 울콩, 모내기 한 곳, 모판, 모든 것이 바람에 잎이 다 말라버리는 것은 이때것 처음 밭다. 일반 모을 요번에 바람 불 때 모내기한 사람은 모두가 하야게 말라버리쓰며…"(아포일기, 1980. 5. 29.).

하였고(왕한석, 2009: 37), 부산 동래 지역에서는 북서풍(댄바람)이 불면 아이들 간까지 말린다고 했다는 기록이 보인다(왕한석, 2009: 132). 바람이 비와 가뭄을 부르고 또 고인 물까지 말린다는 생각 역시 평택의 농민들로 한정된 지식이 아니라는 점이 이를 통해 확인된다.

바람이 논이나 저수지에 고인 물을 말린다는 생각이 20세기 후반의 농민들이 갑자기 만들어낸 것이 아니라는 점은, 18세기 말부터 19세기 초에 걸쳐 작성된 농서 『천일록』을 통해 알 수 있다. 이 책은 경기도 화성에 거주하던 유생 출신 우하영이 가난한 살림살이로 인해 과거시험을 포기한 뒤 농사를 짓고 살면서, 기존에 간행된 농서 속 지식과 자신의 농사경험을 종합하여 작성한 것이다. 그런데 그는 농사짓기에 긴요한 열 가지 조목을 꼽고 그중 아홉 번째로 '수원(水源) 미리 모아두기'를 들어 설명하면서, 저수지 주변의 소나무가 바람을 일으켜서 둑 안에 모아둔 물을 말린다는 주장을 펴고 있다.

> "온갖 나무들이 모두 물을 키워내기에 적당하지만 오직 소나무만은 적절치 못하니, 물가 둑 근처에 소나무를 심는 일은 하지 않도록 삼가야 한다. … 소나무는 본래가 바람을 많이 일으키고, 그 바람 또한 솔솔 불어 화창한 것이 아니라 대단히 서늘하고 건조한 특징이 있다. 만일 숲과 샘이 우거지고 울창한 속에서라면 방해될 것이 없겠지만, 그 제언(堤堰)의 물을 모아둔 곳에서라면 바람이 일어 쉽게 말라붙을 우려가 참으로 많은 것이다."[29]

29) 禹夏永, 『千一錄』 卷8, 「農家摠覽」, 作農之方十目, 豫貯水源. "百樹皆宜養水 惟松樹不宜 凡於堤岸近處 愼勿栽松 … 松樹自是多風 風亦不能薰暢 而多寒且乾 若在林泉翳鬱之中 則無所妨也 而其於堤堰貯水之處 實多引風易涸之患矣." 이 책의 번역본으로는 우하영(2015)을 볼 것.

물론 이는 일차적으로 저수지 주변에 소나무 심는 일을 경계한 것으로, 특정 방향의 바람을 문제시한 것은 아니다. 그러나 저수지 주변의 소나무가 문제가 되는 까닭은 다시 그것이 바람을, 특히 솔솔 부는 화창한 바람이 아닌 서늘하고 건조한 바람을, 그것도 다량으로 일으키기 때문이었다. 바람이, 그것도 소나무가 일으키는 바람이 저수지에 고인 물을 말릴 수 있다면, 자연에 부는 강한 바람이 물을, 그것도 논에 있는 물을 말릴 수 있다고 생각하는 것은 전혀 무리한 일이 아니다.

이 서술에 대해 한 과학사학자는 "소나무와 바람, 바람과 물의 고갈을 연결 지어서 이해하는 우하영의 사고는 분명히 현대인들의 사고와는 거리가 멀다고 할 수 있다. 그러나 우리의 전통사회의 농민들과 지식인들의 관념 속에는 그러한 생각이 뿌리 깊게 차지하고 있었고 오히려 그들의 정서에 맞았다"라고 평한 바 있다(문중양, 2000: 178). 이 논의를 연장한다면, '현대인과 거리가 먼' 바람과 물의 고갈을 연결 짓는 사고는 '전통사회'에 국한되지 않고 근대는 물론 현대로 들어서까지도 유지되었다고 이해할 수 있다. 앞 장에서 본 것처럼 현대 농민의 민속지식과 조선후기의 전통과학지식이 서로 단절되지 않고 중첩되어 있었을 뿐 아니라, 실은 바람에 대한 경기 농민과 영남 농민의 민속지식이, 그리고 조선후기 농민의 민속지식과 현대 농민의 민속지식이 또한 서로 단절되지 않고 중첩을 이루며 이어지고 있었던 것이다.

1959년 8월 말, 『평택 대곡일기』는 장마 끝에 너무 많은 비가 오는 것을 걱정하며, "비오는 것이 큰 걱정이다. 바람만 잘못 부러도 신경을 쓰게 된다. 우순풍조 이것이다"(1959. 8. 29.)라고 적었다. 바람에도 농사에도 무감 · 무지한 채 오늘날을 살아가는 우리로서는, 비와 바람과 불안이 연결되는 이 논리전개에 대해 심정은 이해가 가지만 미신이나 기우라고 생각하거나, 내적으로 상관이 없는 현상이 우연히 나란히 적혔다고 생각하거나, '비와 바람이 어지러우면 농사 걱정이 드는 것은 당연하다'는 정도로 막연한 공감을 하고 만다. 이 세 가지 사고방식이 모두 나름의 타당성을 지닌 것이지만, 역시나 그것들만으로는 부족하다.

이 장에서의 논의를 통해 우리는 위 세 문장이 그들 사이의 명확한 논리적 인과관계, 그리고 농민사회에서 전승되는 민속지식이라는 경험적 근거 위에 쓰인 것임을 알 수 있다. '우순풍조'로 대표되는 '비와 바람이 고르다'는 농민사회의 희망을 담은 표현은, 그저 좋은 말을 나열한 미사여구가 아니라, 그 반대편에 '바람이 잘못 불어 비나 가뭄으로 재해를 입는' 암담하고 불안한 세계와 대립하며 싸우는 표상이다. 논리적으로 또는 과학적으로 연관관계가 없어 보이는 비-바람-불안은, 그저 막연한 노심초사에 의해서가 아니라, 구체적으로 바람의 양과 때와 향까지 모두 살피는 면밀한 경험적 관찰에 의해 연결되어 있었던 것이다.

4. 근대과학지식과 민속지식의 유전(流轉) 그리고 실행지식의 동역학

이 장에서는 가뭄과 비와 바람의 관계에 대한 민속지식이 고정된 것이 아니라 변화하는 것이라는 인식 위에서, 그 유전(流轉)의 과정, 특히 근대과학지식과의 접속과 결별이 어떻게 이루어지는지 추적한다. 앞 장에서 '바람과 물의 고갈을 연결시키는 사고방식은 현대인의 사고와는 거리가 멀지만 전통사회의 농민들에게는 뿌리가 깊고 정서적으로도 맞았다'고 적은 과학사학자의 설명을 인용한 바 있다. 이는 옳은 설명이다. '바람과 물의 고갈을 연결시키는 세계관'은 농업이나 자연과 유리된 채 현대사회를 살아가는 우리에게는 그 논리가 접속 불가능한 세계이다. 그러나 이는 그른 설명이다. 『평택 대곡일기』에서 우하영과 상통하(며 아마도 그 기반이 되)는 설명을 적은 신 옹은 '근대'에 태어나 '현대'를 살아간, 철저하게 '근대적'인 인간이기 때문이다. 따라서 이 단절과 지속에 대한 설명이 필요해진다고 할 수 있다.[30] 이를 위해 우선 1절에서 그러한 민속지식이 근현대에서도 지속적으로 재생산되거나 경신되는 과정을 검토하고, 이어서 2절에서는 그렇게 축적된 민속지식과 근대적 근대과학지식 사이의 관계에 대해 정리하기로 한다.

1) 민속지식의 생성 · 축적과 전승 · 경신

이에 대한 설명은 우선 그것이 생산되고 재생산되는 과정으로부터 시작할 수 있을 것이다. 앞서 자연현상을 가리키는 농민들의 용어 분화가 농사작업과 밀접히 관련되어 있음을 서술하면서, 해당 용어들이 농민들의 일상적 대화를 통해 공유, 전승되고 있다고 적은 바 있다. 이러한 과정은 단지 특정 민간용어나 속담에 국한되는 것이 아니라, 민속지식의 체계 전반에 걸쳐 이루어지고 있다는 점 역시 『평택 대곡일기』를 통해 확인된다.

가령 1960년 봄은 4월 10일에 비가 내려 '대풍'마저 기대되었지만,[31] 이후 모내기철에 이르도록 한 달여간 비가 내리지 않아 극심한 가뭄에 시달렸다. 5월에 접어들자 걱정은 커지고 있었고, 신 옹은 이에 대한 불안

---

30) 물론 이는 해당 지식체계 전체의 기원과 변천, 소멸 과정을 재구성하는 것일 수는 없다. 한 현대농촌일기에 나타난 제한된 자료를 통해 그 메커니즘에 대한 제한적인 해석을 시도하려는 것이다.

31) "전일부터 후덥지근하더니 밤부터 부슬부슬 비 나리는 소리가 나더니 자고 일어나보니 물을 늘 정도는 아니지만 부리에는 아주 적당하게 나리였다. … 한 달 후에 푸근히 나리며는 대풍이다"(1960. 4. 10.).

과 우려를 일기에 상세히 기록하고 있다.[32] 그 한 가운데 있던 5월 초, 신 옹은 "전일 바람 끝에 비가 안 네리면 여러 날 비는 안 올 것이라고덜 말하고 있다"(1960. 5. 5.)며 사람들이 이야기를 나누는 상황을 기록하고 있다. 이런 궁지에서 12일에는 종일토록 바람이 불었고, 신 옹은 "사람의 간장을 태우는 이 바람. 소란스럽고 진정을 못 할 이 심정"이라고 애타하면서도 "이 바람 끝에 비가 와야지 그냥 들면 참말로 보다리 끄디여야 될 지경이다. 대지구명(大地救命)은 어디에 있는가?"(1960. 5. 12.)라며 그 바람에 간절히 일말의 기대를 걸고 있었다. 그런데 이튿날 실제로 종일 비가 내렸다. 이후 며칠간 그의 일기는 기쁨과 반가움, 활력과 생기로 가득한데, 역시 흥미로운 것은 농민들이 나누는 이야기들이다.

> 식전 비라 얼마나 올까 했으나 … 종일 나리였다. 기다리고, 기다리고, 바라고 바라든 비. 메마른 대지 우에 물이 나리니 온 초목이 생기를 내고 사람들의 거름이 가분가분 하고 우슴소리가 난다. … 생명수다. 저녁에도 나리였다. 식전 비라 없이 여기였더니 제법 많이 나리였다(1960. 5. 13.).

> 식전에 물고에서 사람 소리가 나서 나가보니 들에 사람이 웅기중기 하고 있다. … 물은 아논에 벌창이 되엿다. 논뚜랑이 잘 안 보일 지경이다. 비는 참 많이 왔다. 말에 의하면 두 보지락 가깝게 왔다 한다(1960. 5. 14.).

---

32) "흐렸다간 개이고 개였다간 흐리고 하는 날씨가 계속 되니 가물증조가 아니냐(60. 5. 3)."; "모자리가 잘 안 자라고 모가 들고 일어나 물을 전부 빼고 다시 그누었다. … 아 논물은 작꾸 줄어 다섯재 조부 두 마지기를 가래질 했으니 비는 안 오고 또 큰일이다"(1960. 5. 4.); "날씨 흐렛다 개였다 하는 날씨가 비는 좀처럼 나릴 것 같이 안아 사람의 간장을 태우고 있다"(1960. 5. 6.); "앞 말 가웃지기 물도 벗석 줄어 벼밥이 보인다. 하느님도 너무하지 목마른 天地에 물 점 주시지"(1960. 5. 8.); "물이 따라 가는 것 같이 줄어든다. 바람이 심히 부니까 죽죽 당기여 올라간다. … 우리는 모자리가 가래서 몸이 부러 가지가 친 다음 심으면 좋으려만 물이 마르니 손에 잡히면 길건 짧건 심어야겠다. … 비 좀 나리소. 비 좀 나리소. 목마른 이 대지에 물 좀 나리소. 목이 타는 초목에 양식을 주소서"(1960. 5. 11.).

가뭄이 지속되면 지속되는 대로, 비가 내리면 내리는 대로, 사람들은 옹기종기 모여 지식과 정보를 교환하고 희망과 걱정을 나누며, 이를 토대로 기상을 예측해 농사를 계획하고 있었다. 그중 어떤 것(조우지단)은 어긋나고, 어떤 것(비를 부르는 바람)은 들어맞고 있었다. 그리고 5월 5일 사람들에게서 얻은 "이 바람 끝에 비가 안 오면 며칠간 비가 안 올 것이라고 한다"는 전문(傳聞)이, 12일 일기에서는 스스로 지닌 민속지식으로 변해있는 모습도 확인할 수 있다.

이렇게 집단적인 이야기를 통해 공유된 지식이 일정한 시간을 거쳐 자신의 것으로 습득되는 과정은 『평택 대곡일기』에서 보다 긴 시간적 경과를 거쳐 나타나기도 한다. 1965년은 유례 드문 가뭄이 닥친 해였는데, 4월 중순에는 가물던 중 며칠째 황사바람이 불어 걱정거리가 되고 있었다.[33] 이에 신 옹은 "오늘도 마찬가지의 날씨로 연속되니 큰일이다 일정의 소화 14년도가 이리 가물었다는데 그때와 같은 흉년이 온다면 나라의 구급은 어려울 것이다. … 아주 심상치 않은 해다"라고 기록하였다. 여기에서 말하는 소화 14년(1939년) 가뭄은 유례없는 대가뭄으로서 지금도 농민들 사이에 '칠년대한(七年大旱)' 또는 '칠년 가뭄'이라고 회자되는, 일제말기부터 해방직후에 걸친 기록적 한발이 시작되던 해였다. 신 옹은 이 해 6월에도 "참으로 가무는 해다. 소화 14년가 가물엇다 하것만 금년엔 비하면 아무것도 아니라고들 한다"(1965. 6. 7.)라고 그 들은 바를 적고 있었다.

흥미로운 것은 1978년 봄에 큰 가뭄이 닥쳤을 때 신 옹이 "현재 60년 내의 가뭄이라 한다. 내가 알기론 소화 14년 후는 없다. 앞으로 20일만

---

33) "서쪽 하늘이 뿌연 것이 큰바람이 일어오고 있다 조반식사 후엔 바람이 일기 시작해서 흙바람이 종일토록 일었다"(1965. 4. 10.); "날씨는 황토풍으로 물모금이나 잇는 것을 딸아가고 우리 농민들의 간장을 태운다"(1965. 4. 14.).

더 가물면 농사일은 끝장이다"(1978. 5. 16.)고 적은 점이다. 즉, 1960년대 중반에는 분명히 '들은 이야기'였던 1939년의 대가뭄이, 70년대 후반에는 '체험적 지식'으로 기록되고 있다. 1929년생인 신 옹이 1939년 대가뭄의 참상 중 일부 인상적인 장면을 기억할 수는 있겠으나, 그것은 가뭄들 사이의 비교, 특히 그것이 농사에 미친 영향에 대한 평가에 이를 정도로 전면적이고 상세한 것이 될 수는 없었다. 이것이 1960년대에 그 정보가 '들은 이야기'로 기록되어야 했던 까닭이다. 그런데도 1978년에는 "내가 알기로는"이라는 말머리와 함께 60년 만의 가뭄이라는 정부의 공식적인 발표와 마주 놓일 정도의 단언으로서 적혀있었다. 결국 이는 '들은 이야기'가 어느새 '경험 주체'인 신 옹의 '내면화된 지식'으로 전환(실은 착종)되었음을 말해준다.

이는 한편으로 민속지식이라는 지식체계가 지닌 경험적 근거의 불안정함, 그 신빙성의 결여상태를 보여주는 일이기도 하다. 그러나 다른 한편에서 민속지식이 지니는 역동성과 경험적 발전방식을 보여주는 것이라고도 이해될 수 있다. 민속지식이 나름의 지적 권위와 지식체계로서의 힘을 가진 것일 수 있는 까닭은 어디에 있을까. 무엇보다도 그것이 이를테면 '민간적 과학과 민간적 역사의 총체'로 존재하면서, 과거의 어떤 순간에 만들어져 그 결정(結晶)으로서 고정되는 것이 아니라, 근대적 과학과 역사가 그러하듯이 현장에서 경험된 새로운 사실이 지속적으로 더해짐으로써 경신되어 가기 때문이다. 1939년 대가뭄 이전과 이후 사이에 농사현장의 가뭄에 대한 농민적 지식체계는 큰 발전을 이루는 반면, 이 '칠년대한'에 대해 언급하는 어떤 공식적인 지식도 존재하지 않는다는 점은 그 한 결과일 것이다.

우리는 그 외에도 많은 유사한 예를 『평택 대곡일기』에서 찾아낼 수 있다. 1962년에도 한창 모내기철에 비가 오지 않고 있었다. 그 중 신 옹은 샘에서 두레박으로 물을 푸면서 "작년만 해도 하로만 고이면 260여 두래박이 고이는데 금년엔 160정도바게 안 고인다"(1962. 5. 21.)고 적었다. 하루 만에 샘에 고이는 물의 양을 두레박질로 물을 퍼 올린 십 단위 횟수까지 기억하면서, 그해 가뭄의 정도를 헤아리고 있는 것이다. 62년의 경험이 다시 그 후의 기후측정과 기상예측, 농사계획과 관련하여 새로운 참조의 지점이 됨은 물론이다. 앞서도 언급한 바 있는 1965년의 가뭄 역시 마찬가지이다. 68년에 다시 가뭄이 닥치자 신 옹은 65년의 가뭄 당시 자신의 경작지가 말라붙던 상황에 대한 기억을 토대로, 적어도 대곡리에서는 68년 가뭄이 65년 가뭄보다 심각하다는 점을 정부 발표에 앞서, 정부의 발표가 절대 미치지 못할 방식으로 확인하고 있다.[34] 특히 65년 가뭄 때 돌아가셨던 조모의 기일(음력 5월 12일)을 맞아 조모 사망 당시의 가뭄을 기억해내는 방식도 흥미롭다. "입동이 내일 모래인지 서리가 매일 나리더니 … 입동 전에 보리가 나야된다는데 아직 보리가 나지 않았으니 걱정지사"(1960. 11. 5.)라거나, "내일이 단오일이라 비가 오늘 내일 안 오면 더 가물 것이라고 한다"(1964. 6. 13.)고 기록한 이튿날 비가 오자 적은 흐뭇한 느낌의 표현[35] 등은, 이런 식으로 생산 · 축적되고 전승 · 경신되어온, 현장에서 작동하는 민속지식이 지니는 살아 약동하는 지적 권위를 보여주는 사례들이다.

---

34) "날씨가 이토록 가무는 해는 별로 없다. 65년도에도 80년만에 가물이 왔노라고 했으나 우리 집으로는 65년도에는 앞 5두락는 아직가지 물이 많았으나 금년엔 농골 발원도 다 심지도 못했으려니와 물이 말라가는 논이 많다. 농꼴 공장도 4, 5일 더 못갈 것 같다. 큰일이다. 농꼴 발원은 죽어가니 참으로 한발이 극심한 해이다. 할먼님 돌아가시든 해에 가물이 주심 했것만, 금년에 우리 집은 더욱 한 발이 심한 편이다. 오늘이 할먼님 재사인데 65년도의 한발이 회상된다"(1968. 6. 6.).

35) "10시경에 쏘나귀가 나리여 비를 기다리던 마음을 흐뭇하게 했다. 급한 대로 비는 되었다"(1964. 6. 14.).

2) 지식체계들의 한계와 실행지식의 진폭

앞 절에서 민속지식이 경신되며 재생산되는 양상을 확인했지만, 동시에 그것이 지니는 한계가 명확하다는 점 역시 지적하지 않을 수 없다. 첫째로는 그것이 맞지 않는 일, 반면에 일기예보 등을 통해 전해지는 과학적인 예측이 오히려 들어맞는 일이 그만큼 많기 때문에, 과학적인 측후 자료에 대비되는 경험적 민속지식의 한계는 자명했다. 이 점은 "찔레꽃 머리에 비가 안 온다"는 것이든,[36] '조우지단'이든,[37] 또는 앞 절 마지막에서 거론한 '단오비'에 대한 믿음이든,[38] 예외가 없었다. 1960년 늦가을에도 비가 오지 않자 사람들은 이듬해가 신축년이라는 점으로부터 지난 신축년(1901년)에도 대흉년이 들었던 점을 떠올리고, 명년에도 대가뭄으로 인한 흉년이 들 것이라는 걱정들을 하고 있었다(1960. 11. 17.). 그러나 정작 이듬해인 1961년이 되자 오히려 약간의 물난리가 있기는 했지만

---

36) "비는 개이었으나 날씨는 흐리였다. 논에는 물이 벌창을 했다. 이맘 대며는 물이 구해고 찔래꽃 머리예 비가 안 온다는 것인데 아직까지는 우량이 많았다"(1963. 5. 27.); "악수(惡水)같은 비는 밤새도록 오늘도 종일 나리어 일대 물소동을 이루었다. … 찔래꽃 머리에 비 안온다는 것인데 금년엔 아논에 시비(施肥)를 했는데 물이 졌으니 손실이 많을 것이다"(1963. 5. 30.).

37) "식전에 비바울을 하여 얼마 않 올 줄 알고 일직 모판을 그눌랴고 물을 푸고 와 조반을 하고 나니 차춤 더 오기 시작하더니 종일토록 부술부술 나리였다"(1971. 4. 28.); "자고 일어나니 흐린 날씨다. 일직 조반식사을 하고 안중으로 함석을 사라 6시반경에 출발하여 옥길부락을 가니 비가 나리기 시작한다. … 안중에 가니 장마비양 쏘다진다. 손자의 병법도 무색할 조우지변이 조우지장(早雨之長)이 되였다. 식전비라 얼마 않을 줄 알았던 비는 100m 이상이나 나리였다"(1972. 5. 8.).

38) "단오 비을 바라고 기다리였것만 구름 한 점 없는 하늘은 야속하게도 바람만 불어 물모금이나 잇던 논도 딸아가듯 줄어든다. … 단오 물도 멀리 같으니 비 올 가망은 없다. 노인들도 이렇게 가무는 해는 못 보았다는 것이다"(1965. 6. 4.); "전일이 단오일. … 해마다 이날이면 비가 온다고들 하나 금년엔 맑게 개인 날로 기다리는 비는 안 온다. 오늘 식전에도 비방울이 몇 방울 나리였으나 가물 증조다 … 천둥 번개로 비는 안 오고 오후에는 반작 들고 마랐다"(1968. 6. 1.). 물론 이런 종류의 믿음이란 특정한 날 꼭 비나 가뭄이 들 것이라는 생각이라기보다는, 그맘때면 늘 비나 가뭄이 왔고 관련 구전도 있으므로 그 무렵이 되면 유독 더 신경을 쓰게 되는 종류의 생각이라고 이해해야 할 것이다.

기본적으로는 큰 풍작을 이루었고, 결과적으로 '신축년 대흉년설'은 근거 없는 낭설에 불과한 것으로 판명되었다.

둘째, 게다가 이런 민속지식은 그 자체로서는 대단히 불안정하고 또 부정확했다. 가령 앞서도 언급한 단옷날 비가 오는 유래와 관련하여 신 옹은 "단오일이면 견우와 직여가 오작교에서 서로 만나는 날이라고 전설이 전해왔다. 해마다 이날이면 비가 온다고들 하나…"(1968. 6. 1.)라고 적은 일이 있다. 그러나 잘 알다시피 이는 오월단오가 아닌 칠월칠석의 유래이다. '조우지단'이 병서에도 있는 상식이라는 신 옹의 설명이 마찬가지의 문제를 지녔던 점은 앞서 확인한 바와 같다. 가뭄이 극심했던 1965년의 모내기철에 신 옹은 "참으로 가무는 해"라면서 "소화 14년가 가물엇다 하것만 금년엔 비하면 아무것도 아니라고들 한다"(1965. 6. 7.)며 농민들 사이의 구전을 옮겨 적었다. 그러나 불과 이틀 후 신 옹은 "18년 만에 도라오는 가뭄이라나"라고 공식적인 정부발표를 옮겨 적음으로써 이를 정정하였다. 농민들로서는 당장 자신의 터전에 닥친 가뭄의 강도가 크게 느껴져서 1939년 이래의 최대가뭄이라고 판단하였지만, 통계상으로는 그 사이였던 1947년에 39년보다 못하지만 65년보다는 심한 가뭄이 있었고, 이에 의해 65년의 가뭄은 47년 이래의 것이라고 정정된 셈이다.

셋째, 무엇보다도 중요한 것으로, 그 자신 '근대적' 인간으로서 신 옹이 농민들 사이에서 전해지는 민속지식에 의한 예측과 해석보다, 중앙관상대[39]의 공식적 · 과학적인 일기예보와 기상해석을 더 신뢰성이 있는 것으로 여기고 있었다는 사정이 있다. 앞서 65년의 가뭄을 47년 이래의 것

---

39) 현재의 기상청은 해방직후 미군정청 산하의 관상국이던 것이 1949년 5개 과 24개 측후소 체제의 중앙관상대로 발족하였고, 1982년 중앙기상대가 되었다가, 1990년 기상청이 되었다.

이라고 정정했던 일도 실은 농민들 스스로 자신의 고장에서 통용되는 민속지식보다는 관상대의 발표를 더 신뢰한다는 증거이기도 하다. 같은 해 여름, 이어지던 가뭄 끝에 7월 초순부터는 많은 비가 내릴 것이라는 중앙관상대의 발표가 6월 30일에 있었고, 신 옹은 이를 두고 “아주 마음 든든하며 무엇보다 반가운 소식”이라고 특기하였다. 그러나 실제 비가 오기 전까지는 내내 ‘물을 말리는’ 바람이 불었고, 신 옹은 일할 의욕을 잃어가고 있었다. 그런데 7월 4일이 되자 거짓말처럼 새벽부터 비가 내리기 시작했다. ‘조우지단’에 대한 걱정 같은 것은 떠오르지도 않았으며(실제로는 ‘조우지단’에 부합하게도 오후에 비가 개였다), 그는 새벽임에도 불구하고 너무 반가운 나머지 불을 켜놓고 비를 반겼다.[40)]

넷째, 게다가 1973년의 아산만 방조제 완공 이후, 이 글에서 주로 다루어온 바람으로 일 년의 풍흉이나 기후변화를 예감하고 또 그것이 때로 물을 말린다는 인식은 극적으로 줄어들거나 ‘과학적으로 순화’되는 인상이다. 일기의 초반부터 자주 등장하던 “바람이 불어 물을 따라간 듯 버썩버썩 논에 물이 줄어든다(말라간다)”는 표현은 1968년 5, 6월의 가뭄 이후 급작스레 일기에서 사라진다. 봄철 날씨의 ‘풍산함’으로 일 년 농사를 예측하는 일, 바람의 방향으로 날씨의 향배를 예측하는 기록들이 점차 줄어드는 점 역시 같은 상황의 표현일 것이다. 이상과 같은 사정들을 바탕으로, 경향적으로 보자면 민속지식은 근대과학지식의 득세와 쌍대를 이루며 쇠퇴하는 과정에 있었음은 분명하다.

---

40) “자다 드르니 부슬부슬 비오는 소리가 난다. 얻지 방가운지 자리에서 일어나 불을 켜놓고 방겨했다. 밤 1시 경은 된 모양이다. 발기도 전에 일어나 박을 내다보았다. 물이 고인 곳은 없다. 계속 부슬부슬 나리여 많이 많이 나리길 간절히 기달렸다. 들에 나가 보니 트진 틈박귀에 물이 보인다. 농꼴 6두락는 물이 좀 있다. 이만해도 할결 느긋하다. 그루을 갈 것 같다. 비가 오후엔 개이였다”(1965. 7. 4.).

이와 같이 신 옹 역시 어쩔 수 없이 '근대의 인간'이라는 점은 명약관화하다. 실제 『평택 대곡일기』에는 중앙관상대의 발표에 의지해 날씨를 기록하고 예측하는 일이 일기 기록의 초기부터 많았다. 1959년 이래 겨울철 날씨 기록은 특히 추운 날의 기온을 1도 단위까지 정확히 기록하고 있었다. 또 일기예보를 통해 얻은 장마전선의 이동상황에 대한 지식은 여름철 날씨 기록의 중요한 항목이었다. 이와 같이 농민의 민속지식이 아니라 관상대의 일기예보와 직접 대면하며 농사를 짓는 일이 생활의 기본 형식이었던 점은 이 시기 내내 불변의 상황이었다.[41)]

이를 토대로 볼 때 민속지식에 정면으로 위배되고 그 권위를 시종일관 부정하면서 그 대안이 되는 근대적 · 과학적 지식체계가 병존한다는 점이야말로, 현대 농촌의 민속지식이 처한 가장 큰 위협이었다고 할 수 있다. 그리고 이러한 한계들의 반영인 듯, 근대적 · 과학적 지식체계에 위배되는 설명이나 그 특성을 간직하는 독특한 민간용어들은 장기적인 일기 기록 속에서 점차 사라지는 경향이 있었다. 봄철의 어지러운 바람 상태를 두고 '풍산하다'고 적고 이를 보며 한 해의 농사에 대해 근심하는 일, '보지락'이라는 단위로 강수량을 헤아리는 일, 바람의 방향으로 날씨 변화를 예측하는 일 등이 모두 그러했다.

그러나 같은 문제의 연장선상에는 근대과학지식의 한계 역시 분명하다는 사정이 놓여있었다. 첫째로, 오늘날 자연현상에 대한 관찰력이 신

41) "푸근한 날씨였다. 내일부터 날씨가 냉해질 것이라고 관상대에서 발표했다"(1965. 12. 29.); "관상대 발표에 의하면 7월 초에 비가 올 것이라고 하니 기대하고 있을 뿐! 종일토록 하늘 만 처다 보고 있었다"(1968. 6. 29.); "오늘도 비가 나리겠다는 중앙관상대 발표가 있었으나 씨나락의 싹이 많이 나와 조반을 일직하고 씨을 치라 같다. … 기다리지 않은 비는 종일토록 부슬 부슬 나리였다"(1973. 4. 16.); "중앙관상대 발표에 의하면 오늘 중부지방에 많은 비가 나린다고 하여 앞 왜뚝의 단풍나무 등 바닥의 나무를 제거하고 손질을 했다. … 저녁엔 비가 나리기 시작하여 많은 비가 나리었다"(1975. 7. 15.).

옹에 비해 현저하게 떨어지는 우리도 잘 알고 있듯이, 관상대의 과학적 예측 역시 틀리기 일쑤였다는 사정이 있다. 1967년 7월에는 장마가 계속된다는 발표가 있었지만 비가 오지 않는 건장마가 이어졌다. 이에 신 옹은 "중앙관상대에선 장마가 계속된다고 발표, 논들을 말리였더니 그냥 말라붙겠다. 동욕꿀논은 말랐다"(1967. 7. 7.)고 냉담한 기록을 남겼다. 1973년 6월 15일에도 비가 내릴 것이라는 관상대의 예보가 있었다. 이에 신 옹은 논에 물을 퍼서 대려던 것을 그만두고 베어놓은 보리를 떨었다. 모두 비에 대비한 일이다. 그러나 이후 날씨는 맑음과 구름의 연속이었고 일주일 뒤 신 옹은 물이 부족한 논이 많음을 호소하였는데, 온다던 비가 실제 온 것은 26일과 27일에 걸쳐서였다. 이때 관상대의 예보는 7월 25일까지 장마가 진다는 것이었는데, 이후 다시 또 비가 오지 않자 신 옹은 "금월 25일까지 장마가 진다던 관상대 발표는 어디가고 비가 온지도 어연 10여일이 지나…"(1973. 7. 10.)라는 기록을 남겼다. 당연한 얘기이지만, 이런 종류의 기록은 무수히 많다.

둘째, 기상에 대한 관상대의 과학적 설명은 농민들이 원하는 구체적인 수준의 정보에는 미치지 못하는 한계가 있었다. 우선 그것은 언제가 되어야 가뭄이나 장마가 끝날지에 대한 직접적인 지적 설명을 구하는 농민들에게 답을 주기에 역부족이었다. 게다가 그것은 일국 차원 혹은 개괄적 차원에서의 모호한 정보를 주는 데에 머무는 경향이 있었으므로, 지역마다의 농사현장에 대한 답으로서는 간극이 있었다. 1967년 10월 29일, 신 옹은 "날씨가 기울어질 것이다 관상대에서 말해 늦도록 들깨까지 떨으니, 급한 것은 해치우니 개운한 마음에 목욕까지 했다."며 흡족한 마음을 기록으로 남겼다. 이틀 뒤에는 "날씨가 기울어질 것 같아 비설거지"를 하려고도 했다. 그러나 일기 머리의 날씨 기록은 '청(晴)' 또는 '청운(晴

雲)'이 연속으로 이어졌으며, 11월 5일이 되어서야 새벽에 부슬부슬 약간의 비가 내렸다. 그리고 다시 사흘이 더 지나서야 제법 많은 양의 비가 내렸다. 그런데 같은 기간 서울에는 평택에 비가 내린 날 외에도 10월 29일, 30일, 11월 1일, 4일 등에 모두 비가 내렸다.[42)]

셋째, 이에 더하여 그러한 근대과학지식에 근거해 국가적으로 내놓는 대책이 농촌의 현실에서는 비현실적인 것들이기 십상이었던 사정도 있었다. 1962년 7월 3일 신 옹은 "레디오에도 가뭄에 시달리는 농민들을 위해 각 지방으로 웅뎅이 파기 양수기 보급 등으로 파견을 나갈다고 한다"는 기록을 담담히 남겼다. 그런데 사흘 전 신 옹은 "말할 수 없는 큰 가뭄"이라며 "정부에선 물을 길어다 논에 부라니 텅텅 갈라진 논에 얼마를 부어야 되며 길어다 불 물은 얻에 잇느냐 말이다. 탁상공논에 잇는 어리석은 말이고, 정조식 모 심지 않은 것은 관공서에 다니는 사람에게 뽀부라니 너무나도 지나친 짓이다. 말도 아닐뿐더러 뽑다간 매마자 죽일 일이다. 너무 극성을 피운다"(1962. 6. 30.)라며 분노에 가까운 감정을 일기에 적고 있었다. 또한 간척지 농업환경에 맞지 않는 통일벼 · 유신벼를 재배시키고자 공무원들이 다른 품종을 파종한 못자리를 파헤치고 다니고, 그 결과 1978년의 농사가 예상대로 부진한 작황으로 나타났을 때도, 신 옹은 분명하게 이에 대한 책임을 지역의 실정을 염두에 두지 않는 국가에 묻고 있었다.[43)]

이런 근대과학지식의 한계에 대한 인식은 다시 민속지식들이 일기 속

---

42) 기상청 국내기후자료>과거자료(http://www.kma.go.kr/weather/climate/past_cal.jsp)

43) 이에 대해서는 『평택 대곡일기』에 수록된 본인의 해제 「지역농법과 농사력」을 참조해 주기 바란다. 아울러 이 시기 전개된 농촌 과학화 사업의 의의와 한계에 대해서는 문만용(2013)을 볼 것. 이 글처럼 『평택 대곡일기』를 분석자료로 삼고 있어, 여기에서 서술한 문제의 이해에 크게 도움이 된다.

에서 등장하던 맥락이 무엇이었는지 하는 문제와 관련하여 생각거리를 던져준다. 1959년 『평택 대곡일기』가 기록되기 시작하던 시절부터 그와 같은 풍우 인식은 그저 아무 때나 등장하는 것이 아니라, 날이 개거나 비가 내리기를 간절히 기다리는 상황에서 기록되어 왔다. 결국 그와 같은 민속지식이 등장하는 것은 일상적인 생활의 영위가 불가능해졌을 때 그것에라도 의존하지 않을 수 없는 상황에서였다고 할 수 있다. 바꿔 말하면 그 자신 '근대인'이었던 신 옹에게 근대과학지식이 아무런 힘이 되지 못하는 상황에서, 풍우에 관한 민속지식이 동원되고 있었던 것이다. 이 점이 근대과학지식의 지적 패권에도 불구하고 주기적으로 닥치는 농업재해와 더불어 신 옹의 일기에서 주기적으로 풍우에 대한 민속지식이 등장하는 배경이라고 할 수 있다. 또한 그와 같은 근대과학지식의 지적 패권 확립 이후로도 지속적으로 『평택 대곡일기』에 등장하던 풍우에 대한 민속지식이 아산만 방조제 완공 이후 드물어지는 이유 역시 이 점에 있을 것이다. 수리시설이 안정화되고 자연을 느끼고 예측하려는 그와 같은 간절함이 줄어들게 되자, 그와 관련한 민속지식은 물론 감각조차 사라지게 되었던 것으로 이해된다.

그러나 그것은 항속(恒速)의 일방향 · 일직선 운동이 아니라, 지속적인 전진과 후퇴, 가속과 감속, 좌우요동을 포함하는 운동이었다. 따라서 농민의 실행지식은 민속지식과 전통과학지식, 근대과학지식 사이를 오가며, 필요에 따라, 상황과 때에 따라, 이 삼자 사이에서 지속적으로 유동하고 있었다고 할 수 있다. 가뭄이 이어지던 1962년 모내기철, "바께서 떠드레하는 바람에 일어나 드르니" 마을 부녀회 여성들이 대청소를 벌이고 있었다. 가뭄 중의 대청소는 비를 오도록 하려는 대표적인 민간신앙 풍속의 하나이기도 하다. 이 날 신 옹은 비가 온다는 기상대 발표도 있고 비를 부르는 동남풍도 불고 있지만 가뭄 중이라 어떨지 모르겠다며 우려 속 기대를 표했는데,[44] 이튿날 실제로 바라고 기다리던 비가 왔다.[45] 가뭄에 동네 대청소를 벌인 고잔리 여성들은 '미신'에 사로잡힌 사람들이었을까? 대청소를 했기 때문에 비가 왔다고 그들이 생각했을까? 비만 온다면, 민속이든 과학이든, 그것을 믿든 안 믿든, 그것이 중요한 문제는 아니었을 것이다.

이렇게 볼 때 흥미로운 것은 일기 속에서 바람을 통해 비와 가뭄을 예견하는 민속지식의 방식과 과학적 관측에 의해 기상을 예측하는 근대과학지식의 방식이 서로 교대하여 나타나고는 한다는 점이다. 가뭄 중 새벽부터 부슬부슬 가랑비가 내린 1967년 11월 5일의 전날 밤, 신 옹은 "금년 가을이 너무 가물어 내년 농사을 걱정이 된다. 논에는 물 한 방울 없다. … 오늘은 동남풍이 불더니 하오부터는 기우러지는 것 같다"고 기록했고 이 예측은 정확히 적중했다. 1962년에도 저녁에 비가 올 것이라는 관상대의 예보에도 불구하고 비가 오지 않자, "말근 날씨로 서풍이 부는데 비는 올 것 같이 않다"(1962. 6. 13.)며, 도리어 다시 바람에 대한 민속지식으로 날씨의 변화를 예측하려는 모습을 보이고 있다.

이런 식으로, 절박한 기대를 가지고 관상대의 기상예측의 결과를 지켜보다가 그것이 맞지 않을 때, 다시 민속지식에 의한 기상예측으로 되돌아오는 양상이 70년대의 일기 곳곳에서도 관찰된다. 72년 가을에도 "날

44) "바께서 떠드레하는 바람에 일어나 드르니 부락부녀회에서 대청소를 하고 있다. … 기상태 발표에 희소식인 오늘 저녁에 비가 나릴 것이라고 하니 푸근히 나리여 모마른 대지 우에 약이 되도록 바라고 기다린다. 오늘은 종일 동남풍이 불어오긴 하것만 가무는 날이라 어이 될 것인지?"(1962. 6. 1.).

45) "기다리고 바라든 비는 전야에 제법 많이 나리였다. 비 오는 소리를 드르니 엊이 방가운지 한참이나 잠을 깨고 불을 켜놓고 앉아 잇다가 다시 자리에 드렀다. … 금반 나린 비는 곡식이다. 꿀과 같이 달콤한 비다. 오던 끝에 좀 더 왓으면. 금반 비에도 못 나가는 논이 많다"(1962. 6. 2.).

씨가 좋왔으면 하나 오늘 동남풍으로 날씨는 기우러질 겄 같다"(1972. 11. 2.)고 적은 다음 날, "밤이 새이도록 부슬부슬 비가 나리였다." 역시 가뭄이 맹위를 떨치던 78년 6월 10일, 흡족하지는 않으나 비가 왔다. 감각적으로는 여전히 "무덥지근한" 날씨였지만, 관상대에서는 더 이상 비를 기대할 수 없다는 예보가 나왔다. 이어 계속 맑은 날씨가 이어지던 중 14일 신 옹은 "날씨가 후덥지근하고 동남풍이 일어 비가 나릴 것 같으나 다행하게 나려주었으면"이라는 희망 섞인 관측을 기록하였다. 그런데 이 날 밤부터 다음 날에 걸쳐 "많은 양은 아니나 부슬부슬 가랑비가 나리었다"(1978. 6. 15.).

이는 흔히 말하는 혼종성의 상황이다. 그런데 이를 혼종적이라고 본다는 것은 소위 말하는 혼종성이란 무엇인가에 대한 논의를 요구하는 것으로 보인다. 적어도 『평택 대곡일기』에 나타난 민속지식과 근대과학지식의 관계로 말하자면, 그것은 그저 두서없이 뒤섞인 상태를 가리킨다고 이해할 수 없다. 그것은 오히려 어떤 (농사와 관련하여 보자면 대개는 생산과 인식이 위기에 처하여 장차 생활조차 위태롭게 될 것으로 여겨지는) 순간 기존에 일상생활 영위의 기반이 되던 지식체계가 효용을 잃거나 그에 대한 의구심이 증대될 때, 기존에 있었는지조차 제대로 인식되지 않던 어떤 종류의 지식들이 (이를테면 관 뚜껑을 열고) 되살아 일어나는 것과 같은 양상이다. 이때의 혼종성이란, 마치 자동차의 하이브리드 엔진에서처럼, 복수의 동력원이 병존하면서 경합하고, 설정과 상황에 따라 지속적으로 그것들 사이에서 갈아타기를 반복하는 양상이라는 의미에서 이해되어야 할 것이다. 민속지식, 전통과학지식과 근대과학지식은 농민의 실용지식 속에서 각기의 내용상으로 보나 서로의 관계라는 면에서 보나 함께 병존, 경합하면서, 서로의 한계를 서로가 채워준다는 의미에서, 동시에 상호 의존하는 관계에 있었다고 할 수 있다.

5. 요약, 한계, 몇몇 의의들

이 글은 신권식 옹의 『평택 대곡일기』 중 1970년대까지의 분량을 주요 자료로 삼아, 비와 바람에 대한 농민의 민속지식이 현대사회 속에서 어떻게 작동하며, 또 성쇠의 길을 걸었는지 분석하려는 작업으로서 이루어졌다. 이를 통해 현대 농민사회의 민속지식이 전통과학지식이나 근대과학지식과 일정하게 상호 중첩되는 가운데 함께 병존하고 있었고, 경향적으로 쇠퇴하는 가운데에서도 근대과학지식이 한계에 부딪혔을 때 그 곤경의 상황 속에서 되살아나고는 하였다는 점을 제시했다. 또 제한적이나마 『김천 아포일기』나 다른 언어민속지 자료, 중국 · 일본 등의 속담, 그리고 조선시기 생산된 문헌들과의 비교 검토를 통해, 『평택 대곡일기』에 나타난 민속지식의 존재방식이 결코 20세기 후반의 평택 고잔리에 국한된 것이 아니라는 점도 확인하였다. 이하에서는 논의의 내용에 대한 상세한 요약은 생략하고, 이 글이 지니는 한계와 의의에 대해 간략히 짚음으로써 결론에 갈음하고자 한다.

우선 논의는 장황하였지만 한계가 없지 않았다는 점을 인정함으로써 이야기를 시작해야 할 것 같다. 첫째로, 『평택 대곡일기』에 나타난 풍우, 특히 바람에 대한 민간적 지식체계의 전체 범위를 검토하지 못한 점이 큰 한계로 남아있다. 이 일기가 이에 관한 풍부한 자료를 수록하고 있는 만큼 이 아쉬움은 큰데, 이에 대해서는 가까운 시일 안에 후속 논의를 통해 보완을 이루도록 하겠다. 특히 조선시기 생산된 각종 농서들이 점풍

(占豊), 즉 한 해의 풍흉을 점치기 위한 여러 방법을 수록하면서, 특정 시기에 부는 특정 바람이 홍수나 가뭄의 징조가 된다는 서술을 다량으로 기재하고 있는 점이 참고가 될 것이다. 현재로서는 이런 조선후기의 점풍 · 점후(占候) 지식, 그리고 기존의 민속학적 · 인류학적 조사보고 속의 바람 인식과 『평택 대곡일기』 속의 바람의 풍향에 따른 기상예측을 본격적으로 대조하는 작업을 이 후속연구의 방향으로 잡고 있다.

이 작업은 다시 『평택 대곡일기』가 쓰인 현장, 그리고 신 옹 등 고잔리 농민들의 바람에 대한 민속지식의 지역적 특수성에 대한 해명을 향해 나아가야 할 것으로 생각된다. 이는 단지 차이의 지적으로 끝날 문제가 아니라, 그러한 차이가 나타나는 환경적 · 역사적 · 문화적 요인의 분석으로 나아갈 필요가 있다. 그러나 이 글에서는 민속지식 자체의 작동원리와 성쇠에 대한 서술에 치중하느라 이런 문제로까지 분석의 범위를 넓힐 수 없었다. 따라서 이렇게 일기 속 생활세계와 자연인식을 지역적 특수성의 문제로까지 끌어내려오지 못한 점은 이 글의 두 번째 커다란 한계이다. 이 글의 첫 번째 한계에 대해서는 일정한 보완책이 강구되어 있는 데에 반하여, 이 두 번째 한계에 대해서는 몇 가지의 단서는 가지고 있으나 이를 분석할 이론과 방법의 틀을 아직 정확히 강구해내지 못하고 있다. 이 자리를 빌려 관련 연구자들께서 가르침을 주시거나 혹은 직접 분석으로써 길을 보여주시기를 청하고 싶다.

이러한 한계에도 불구하고, 이 글은 또한 나름의 의의 역시 지닌다고 생각된다. 첫째는 풍우에 대한 민간적 인식의 생성, 축적, 전승, 갱신, 쇠퇴, 재생, 혼종 등 민속지식이 현장의 삶 속에서 구성 · 재구성되는 과정을 생활사(lived history)의 견지에서 포착해냈다는 점이다. 그간 풍우 인식과 관련한 민속학적 · 인류학적 조사보고들은 주로 민속구분법의 파악에 치중하여, 언어적 현상에 대한 면접방식의 조사에 의해 언어문화(linguaculture)를 찾아내는 데에 치중하는 경향이 있었다. 이것이 학술적으로 중차대한 의의를 지니는 점은 분명하다. 그러나 실제 현실의 생활사적 계기들 속에서 그것이 구체적으로 어떤 역할을 하고 어떻게 힘을 얻거나 잃게 되는지에 대한 본격적인 분석을 향해 전개되지는 않는 한계가 있었던 점 역시 분명하다. 이 글은 특히 '우순풍조'의 관념이 동북아시아의 농업사나 생활사를 재구성하는 위에서 결정적인 중요성을 갖는 범주라는 점에 주목하여, 현대사라는 국면 속에서 이를 바라고 기다리면서 농민들이 발전시켰던 지식체계의 운동과정을 생생한 현장 삶의 맥락에서 재구성하였다는 점에서 적지 않은 의의를 지녔다고 자평하고 싶다.

둘째로는 민속지식과 전통과학지식 그리고 근대과학지식이 '근대성'의 맥락 위에서 어떻게 서로 엮여들고 또 활용되는지, 특히 그 혼종적인 존재방식에 대해 새로운 토론의 자료를 마련했다는 점을 의의로 꼽고자 한다. 근대성의 맥락에서 지식의 존재방식을 묻는 기존의 연구들은 대개 민속지식이나 전통과학지식이 근대로 접어들면서 쇠퇴하고 근대과학지식이 득세하는 점을 강조하거나, 반대로 민속문화나 그 상위범주로서 전통문화의 영역에서 민속지식과 전통과학지식이 장기적으로 지속되는 경향이 있다는 점을 강조하는 편향이 있었다. 이는 결국 각 지식체계들이 때로 시대에 따라, 때로 어떤 사회계층적 · 지식범주적 영역에 따라 구획된 채, 별도로 독립하여 배타적으로 존재한다는 공통의 인식으로부터 배태된 쌍생아에 다름 아니다. 이 글은 지식의 존재방식을 기본적으로 혼종적인 것으로 간주하면서, 그 혼종성의 양상을 막연히 뒤섞이는 것이 아니라 병존, 경합하면서 서로가 서로의 한계지점에서 상대를 대체함으로써 보완하는 상호 의존적인 성격을 지니는 것으로 파악하였다. 이것이 소위 말하는 혼종 근대성(hybrid modernity)에 대한 논의의 진전을 위한 하나의 토론 자료가 되기를 희망한다.[46)]

마지막으로, 이 글이 위 두 가지의 의의를 지닌 것이 될 수 있었던 점과 관련하여 결정적인 계기를 제공했던 현대생활일기의 자료적 의의에 대해 강조를 해두고 싶다. 역사학자들의 생활사 연구에서 일기 자료의 활용은 더 이상 새로운 시도가 아니지만, 그 현상은 주로 조선시기의 일기에 집중되어 있다. 근대일기의 경우 일부 정치사 · 사회사 · 생활사 연구자들이 간혹 일국사(一國史) 복원을 위한 보완적 자료로 활용하는 데에 그치고, 극히 일부에서만 '사회의 경험으로 환원되지 않는 개인의 경험'을 드러내는 소재로 활용하는 양상이다. 이러한 시도는 모두 의미 있는 것이지만, 아직 활용의 폭이 제한적이라는 점은 부인하기 어렵다. 현대일기의 경우 상황은 더욱 더 어려워서, 아직 발굴된 자료의 양도 많지 않고, 사생활 보호 등 몇 가지 법적 · 윤리적 문제에 대한 부담도 있는 관계로 활용도가 높지 않은 것이 현실이다. 그러나 이 글의 작업에서도 일부 드러나듯이 그 활용의 가능성은 무궁무진하며, 아직 발굴되지 않은 채 현장에 있는 것까지 포함하여 자료의 잠재적 축적 역시 양질 모두에서 무궁무진하다고 할 수 있다. 현재 현장에서 살아 숨을 쉬는 사람들의 삶의 논리를 파악하는 가장 완벽한 방법이 인류학적 현지조사(fieldwork)라

---

46) 일견 상반된 것으로 보이지만 각기 참인 (것으로 인정되는) 논리들이 모순 가운데 병존하는 상황이야말로 근대성의 주요 특징이라는 점과 관련하여 라투르는 다음과 같이 적었다. "…다른 모든 집합체와 마찬가지로 근대 세계는 그러한 혼합작용에 의지해서 살아가기 때문이다. 그와는 반대로 (그리고 여기에서 근대성의 메커니즘의 묘미가 드러나는데) 근대적 헌법은 스스로 그 존재와 가능성 자체를 부정하는 하이브리드들의 확장된 증식을 허용한다. 초월성과 내재성 사이에서의 연속적이고 동일한 세 번의 왕복을 통해, 근대인들은 자연이 우리를 벗어나며 사회가 우리 자신의 작품이고 신은 더 이상 개입하지 않는다고 확신에 차서 주장하면서도, 자연을 동원하고 사회적인 것을 객관화하며 신의 영적 현전을 느낄 수 있게 된다. 누가 이러한 구조물에 저항할 수 있었겠는가(라투르, 2009: 99)?"

고 한다면, 그에 대한 역사적 파악을 추구하는 생활사 연구에서 인류학적 현지조사 자료에 버금가는 현장적 · 상황적 총체성을 보여주는 자료가 바로 생활일기라는 것이 이 글의 기본적인 문제의식이었다. 이 글을 통해 성취된 생활사 연구의 수준은 아직 미미한 것이지만, 그 미미함 속에서나마 이 글이 생활일기를 통한 생활사연구, 특히 근대와 현대의 그것에 접근하는 길을 향해 더 많은 연구자들을 초대하는 것이 되기를 바라마지 않는다.

참고문헌

김영미. 2012. “어느 농민의 생활세계와 유신체제,” 『한국근현대사연구』 63.

______. 2013 “『평택 대곡일기』를 통해서 본 1960~70년대 초 농촌마을의 공론장, 동회와 마실방,” 『한국사연구』 161.

김재호. 2011. “농업속신의 체계와 생산기술적 이해,” 『실천민속학연구』 18.

라투르, 부르노. 2009. 『우리는 결코 근대인이었던 적이 없다』, 홍철기 역, 서울: 갈무리.

문만용. 2013. “일기로 본 박정희 시대의 ‘농촌 과학화’,” 『지역사회연구』 21(1).

문중양. 2000. 『조선후기 수리학과 수리담론』, 서울: 집문당.

______. 2003 “조선후기 실학자들의 과학담론, 그 연속과 단절의 역사: 기론(氣論)적 우주론 논의를 중심으로,” 『정신문화연구』 26(4).

스코트, 제임스. 2010. 『국가처럼 보기: 왜 국가는 계획에 실패하는가』, 전상인 역, 서울: 에코리브르.

안승택. 2009. 『식민지 조선의 근대농법과 재래농법: 환경과 기술의 역사인류학』, 서울: 신구문화사.

______. 2010 “장마와 매우(梅雨) 사이: 기후는 식민지 조선의 농업을 어떻게 규정하였는가,” 『한국과학사학회지』 32(2).

안혜경. 2011. “‘평택일기’를 통해 본 일생의례와 속신,” 『실천민속학연구』 18.

왕한석. 1994. “영해 지역의 언어 분화에 대한 일보고,” 『남천박갑수선생화갑기념논문집 국어학연구』, 서울: 태학사.

______. 2009 『한국의 언어 민속지: 서편』, 파주: 교문사.

______. 2010 『한국의 언어 민속지: 전라남북도 편』, 서울: 서울대학교출판문화원.

______. 2012 『한국의 언어 민속지: 경상남북도 편』, 서울: 서울대학교출판문화원.

우하영. 2015. 『역주 천일록: 종이에 담은 천향(天香)』, 김혁、고민정、박종훈、안승택 역, 화성: 화성시청.

원보영. 2009. "민간의 질병인식과 치료행위에 관한 의료민속학적 연구: 19~20세기 일기와 현지조사 자료를 중심으로," 한국학중앙연구원 한국학대학원 박사학위논문[동명단행본, 2010, 민속원].
이숭녕. 1970. "한국어발달사(하): 어휘사," 고려대학교 민족문화연구소 편, 『한국문화사대계(Ⅴ): 언어 · 문학사(상)』, 서울: 고려대학교민족문화연구소.
이정덕 · 소순열 · 남춘호 · 문만용 · 안승택 · 송기동 · 진양명숙 · 이성호(편). 2014. 『아포일기(1): 농민 권순덕의 삶과 기록』, 전주: 전북대학교 출판문화원.
이정덕 · 소순열 · 남춘호 · 문만용 · 안승택 · 이성호 · 김희숙 · 김민영(편). 2014. 『아포일기(2): 농민 권순덕의 삶과 기록』, 전주: 전북대학교 출판문화원.
장태진. 1968. "방향에 관한 풍명(風名) 어휘의 연구," 『국어국문학』 41.
조숙정. 2014. "바다 생태환경의 민속구분법: 서해 어민의 문화적 지식에 관한 인지인류학적 연구," 서울대학교 인류학과 박사학위논문.
지역문화연구소(편). 2007. 『평택일기로 본 농촌생활사(Ⅰ): 평택 대곡일기(1959~1973)』, 수원: 경기문화재단.
______. 2008 『평택일기로 본 농촌생활사(Ⅱ): 평택 대곡일기(1974~1990)』, 수원: 경기문화재단.
홍순탁. 1963. "'전남방언'에 대하여," 『어문학』 9.
金錫胄. 1995. 『息庵遺稿』, 《韓國文集叢刊》 145, 民族文化推進會.
金天澤. 1948. 『靑丘永言』, 朝鮮珍書刊行會.
朴世堂. 1981. 『穡經』, 《農書》1, 亞細亞文化社.
朴趾源. 1981. 『課農小抄』, 《農書》 6, 亞細亞文化社.
禹夏永. 1982. 『千一錄』, 比峰出版社.
柳重臨. 1981. 『增補山林經濟』, 《農書》 3, 亞細亞文化社.
婁元禮. 1995. 『田家五行』, 《續修四庫全書》 975, 子部. 農家類. 上海: 上海古籍出版社.
Bourdieu, Pierre. 1977. *Outline of a Theory of Practice*. (tr. by Richard Nice), Cambridge: Cambridge Univ. Press.
Comaroff, John and Jean Comaroff. 1992. *Ethnography and the Historical Imagination*, Boulder: Westview Press.

4장

농민공 일기에 나타난 중국의 압축성장*

포섭과 배제의 논리

朴光星 · 이정덕 · 이태훈

1. "성세"(盛世)의 대서사 속에 파묻힌 "민초"(民草)의 소서사를 파헤치기

중국의 GDP가 2007년 독일을 제치고, 2010년에는 일본을 따라 잡게 되면서 중국은 세계 2위의 경제대국으로 부상했고, 소위 'G2'라는 개념이 생겼다. 2008년 말의 세계금융위기 이후에는 중국이 4조 위안이라는 천문학적인 거금을 투입한 경제 부양정책을 실시하여 '중국이 세계를 구한다'는 논조가 생길 정도였으며, 2008년 8월 베이징올림픽은 세계인들로 하여금 중국의 발전을 실감케 하였다. 현재 세계는 지난 30년간 중국이 이룬 경제적 성취에 놀라움을 표시함과 동시에, 새로운 '슈퍼파워' 등극에 대한 우려의 시선을 보내기도 한다. 중국 역시 빠른 발전에 고무되어 있으며, 시진핑 주석의 집권 후에는 '중국의 꿈'이라는 개념을 설파하며, '부흥'의 실현을 독려하고 있다.

---

* 이 글은 『건지인문학』 제15집에 수록된 "중국 압축성장 속의 농민공의 삶: ≪한 농민공의 생존일기≫로 살펴본 중국 농민공의 생활과 차별" 중 일부를 이 책의 취지에 맞추어 확대 수정한 것이다.

이 글이 주목하려는 것은 이러한 압축적 성장 과정 속에서 형성된 '성세'의 대서사 속에 파묻힌 민초의 소서사이다. 리오타르(Jean François Lyotard, 1924~1988)가 지적했듯 모든 '거대서사'는 내재적 한계 또는 부적합성을 가지고 있다. 따라서 다양한 소서사를 읽어내는 작업은 한 시대의 실상을 이해할 수 있는 중요한 수단이고, 반드시 중시되어야하는 부분이다. 다양한 소서사가 뒷받침되어있지 않은 대소사는 때론 거대한 허상일 수 있기 때문이다. 이러한 문제의식에서 출발하여 이 글에서는 중국의 경제기적을 창조하는 과정에서 주력군(主力軍)의 역할을 한 것으로 평가받는[1] '농민공'의 생존일기를 파헤쳐 분석함으로써, 압축적 성장 과정의 또 다른 '얼굴'을 조명하고, 이를 통하여 모두가 부러워하는 소위 '압축적 성장'이 어떻게 이루어져 왔으며, 인류가 도대체 어떠한 '성장'과 '발전'을 추구해야 하는가 하는 물음을 진전시켜 볼 것이다.

'농민공(農民工)'은 중국의 산업화 과정에서 나타난 특유의 사회적 현상이다. 산업화를 이미 실현한 여타 국가들의 경험으로 볼 때, 산업화와 도시화과정에서 많은 농민들은 농촌을 떠나 도시로 진출하여 산업노동자로 변신하고 시민이 된다. 그러나 중국은 계획경제 시대에 형성된 호구와 공공정책을 밀접히 연관시키는 사회적 관리제도의 강력한 영향으로 말미암아, 개혁개방 이후의 급속한 산업화과정에서 도시로 진출하여 사실상 산업노동자로 변신한 농민들이 '시민'으로서의 신분을 인정받지 못하고 계속하여 '농민'신분을 유지함으로써, 시민으로서 향유할 수 있는 권리와 공공정책에서 배제되어왔다. '농민공'이라는 개념은 이와 같

1) 2015년 3월 15일, 매년 3월에 열리는 양회(兩會: 전국인민대표대회와 중국인민정치협상회의를 통칭)가 끝난 후 진행된 국무총리 기자회견에서 이커창(李克强)총리는 "노동력 이동을 허용함으로써 억만 농민공이 도시노동력 시장에 진출하여 중국의 경제기적을 창조할 수 있었다"라고 밝힌다(『中国政府网』, 2015/03/16).

이 사실상 도시의 산업부문에서 근무하고 있는 산업노동자이고, 산업화 과정에서 도시로 진출했지만 '시민'의 신분을 인정받지 못한 채, 공공정책 혜택에서 배제된 농민노동력집단을 가리킨다.[2] 이로 인해 그들은 당연히 저임금의 비정규직 노동력집단으로 남을 수밖에 없게 되었다. 이러한 농민공집단은 그 규모도 방대한 데, 인력자원-사회보장부의 관원은 2015년 2월 28일 국무원신문판공실 주최로 개최된 기자간담회에서에서 2014년 말까지 중국에 2억7천4백여 명의 농민공이 존재하고 있고, 그들 중 1억6천800명이 다년간 타향에서 근무하고 있다고 밝히고 있다(『人民网』, 2015/02/28). 이는 중국 노동력 총 수의 3분의 1에 해당되는 수이다(李强, 2012: 64).

따라서 인구규모로 보면, 세계 4위 국가에 해당되는 저임금의 '농민공' 집단이 중국의 압축적 성장 과정에 존재해 왔으며, 모든 열악한 대우와 근무환경을 극복하고 땀흘린 이들이 중국을 '세계공장'으로 만들고, 중국의 기적을 창조하였다고 볼 수 있다. 이 글에서는 바로 이들 중 한 성원이 고향을 떠나 대도시의 건축현장에서 일하면서 쓴 일기의 내용을 중점적으로 분석함으로써 '화려한 성장'의 뒷면을 파헤치고, '성장'을 열망하고 있는 사람들에게 성찰의 기회를 제공하려 한다.

---

2) 2006년 1월 18일, 중국 국무원에서는 농민공들의 열악한 처우와 대우를 개선하기 위하여 "농민공문제를 해결하기 위한 몇 가지 의견(关于解决农民工问题的若干意见)"이라는 국무원령을 반포한다. 여기서는 농민공을 "우리나라의 개혁개방과 산업화, 도시화과정에서 나타난 새로운 노동력 집단이다. 이들의 호구는 농촌에 있으며, 주로 비농산업에 종사하고, 유동성이 높다. 그들은 장기적으로 도시에서 근무함으로써 산업노동자집단의 중요한 구성부분을 이루고 있다"고 밝히고 있다. 여기에서 확인할 수 있듯이, 이는 농민공 권익을 보호하기 위하여 반포된 정부의 공식적 문서임에도 불구하고 그들을 '산업노동자'로 인정할 뿐 '시민'으로 인정하는 문구는 한구절도 없다. 이를 두고 일부 학자들은 중국의 도시들은 "농민을 노동자로 환영할 뿐, 시민으로서는 환영하지 않는다(只要人手, 不要人口)"고 비판한다. '시민'신분의 인정은 공공정책 확대에 따른 재정적 부담과 연관되기 때문에 이에 따른 부담을 최소화하기 위한 방책이라고 볼 수 있다.

2. 귀중한 소서사: 지톄젠(姬鐵見)의 『한 농민공의 생존일기』

사회는 다양한 사람들이 공존하는 복합체이다. 인간 내부의 다양성은 놀라울 정도이지만 소위 '지식'은 늘 이러한 다양성을 단순화하려 한다. 이 과정에서 권력기제가 작동하면서 일부 사람들의 경험은 주류적 담론으로 자리잡아 세상이 그런 것처럼 만들어져가고, 일부 사람들은 경험은 없는 것처럼 잠재워진다. 그리고 우리는 그러한 '지식'을 배우면서 세상에 대한 '그림'을 그려간다. 이제는 이러한 '지식'의 허상에서 깨어나, 본연의 생활세계로 돌아가 인간사회에 존재하는 다양성을 고찰하고 이를 담아낼 수 있는 새로운 지식체계를 만들어가야 한다. 즉 권력에 의해 단순화된 '지식'보다, 실제 생활세계를 반영할 수 있는 지식체계가 필수적이다. 이를 위해선 다양한 사람들의 '소서사'가 중시되어야 한다. 이러한 의미에서 지톄젠(姬鐵見)의 『한 농민공의 생존일기』는 세계가 주목하는 중국의 압축적 성장의 또 다른 측면을 성찰해볼 수 있게 하는 귀중한 소서사이다.

지톄젠 일기의 원 제목은『멈출 수 없는 꿈: 한 농민공의 생존일기(止不住的梦想: 一个农民工的生存日记)』이다. 이는 저자가 베이징올림픽이 개최된 이듬해인 2009년, 즉 중국이 세계경제위기에 구원투수로 각광받던 해의 2월 14일부터 11월 24일까지 산시성(山西省)의 한 도시 건축현장에서 근무하면서 쓴 일기를 키워드 별로 재정리하여 중국의 구주(九州)출판사에서 2013년 8월에 출판한 것이다. 저자 지톄젠은 1973년생으로 허난성(河南省)의 한 농촌에서 태어났다. 1992년부터 1995년까지는 군에 입대하여 근무하였고, 전역 후에는 다년간 타향에서 일용직 노동자로 근무하였다. 비록 강도 높은 노동을 해야 하는 일용직 노동자이지만 그는 어렸을 적부터 글쓰기를 좋아했고, 작가의 꿈을 위해 글쓰기를 멈추지 않았다고 고백한다. 책을 마무리하는 글에서 저자는 자신의 이 '허황된 꿈' 때문에 본인은 물론 가족이 겪었던 어려움을 회상하기도 한다. 가령, 글을 쓰기 위하여 컴퓨터를 장만하려 할 때 어린 아들이 울면서 '엄마가 힘들어 하니 사지 말라고 부탁'하던 일을 회상한다(姬铁见, 2013: 204-205).

그는 자신이 쓴 글들을 발표하기 위하여 겪었던 좌절과 처참했던 심경을 2009년 5월 6일의 일기에서 밝힌다. 그 내용을 정리해보면 다음과 같다.

> 어제 저녁 밤샘 근무로 오늘은 휴식이다. 오후가 되니 잠이 오지 않아 뒤척이던 끝에 집에서 가져온 원고를 꺼내어 뒤적이기 시작했다. … 그동안에 원고를 투고하면서 겪었던 몇 가지 일들이 주마등처럼 떠오른다. 한번은 『무거운 욕망』이라는 원고를 잡지사에 보냈는데 늘 글을 쓰라고 나를 고무 격려하던 잡지사의 한 편집자가 연락이 와서 등재가 거의 결정되었으니 이력서를 보내달라고 했다. 정말 기뻤다. 그동안 글을 쓰긴 했지만 발표한 적은 없지 않았던가? 만약 발표된다면 나의 데뷔작인 셈이다. 이력서를 보내고 초조히 기다리고 있는 데 소식이 없어 그 편집자에게 연락해보았더니 어눌한 목소리로 원고가 토론과정에서 탈락되었다고 대답했다. 너무 실망하여 더 물어보지도 않고 전화를 끊으면서 농민공의 가정생활을 묘사한 서사가 너무 어둡지 않았나 하는 생각이 들었다(姬铁见, 2013: 200-201).

일기에는 이와 유사한 이야기가 몇 개 더 등장한다. 여기선 일용직 노동자 신분인 저자의 글이 빛을 보기까지의 힘들고 어려웠던 여정이 드러난다. 그의 피나는 노력은 어느 정도 열매를 맺어 농민공 생활을 반영한 일부 글들이 신문과 잡지에 실리기 시작한다. 그 과정에서 저자의 글이 일부 기자들의 주목을 받기 시작하였다.

이 글에서 주요 텍스트로 사용되고 있는 일기출판본은 북경청년보의 한 편집자의 도움으로 구주출판사에서 출판되었다. 책 표지의 내용소개에서는 이렇게 밝히고 있다. "… 도시 건축현장에서 근무하면서 매일같이 자기가 보고, 듣고, 느낀 것들을 있는 그대로 생동하게 일기로 정리해놓았다. 이 책은 우리가 농민공들의 생활세계를 이해할 수 있는 중요한 통로가 될 수 있다. …" 저자도 서문에서 자신은 고등교육도 받지 못한 사람으로서 글에서 어떠한 도리를 설파하기보다는 투박하고 진실하게 현실을 기록했을 뿐이라고 고백한다. 실제로 어떤 날의 일기는 두세 줄에 그쳐 노동에 지친 저자의 일상을 설명해준다. 이는 어떠한 가공도 없이 진실한 일상을 기록한 이 일기의 자료적 가치를 증명해주는 것이다.

3. 압축적 성장의 또 다른 '얼굴': 농민공의 생활세계

중국의 농민공은 전형적인 비정규직 노동자집단으로, 비정규직에서도 처우가 가장 열악한 집단으로 분류할 수 있다. 그들의 일자리, 수입, 기타 처우는 열악하며 유동성도 매우 높다. 이러한 방대한 저임금의 비정규직 노동자집단의 존재가 'Made in China'의 강력한 경쟁력이 되어 중국의 경제기적을 떠받쳤다고 볼 수 있다. 이하 지톄젠의 일기 내용을 중심으로, 그들의 생활세계를 살펴보기로 한다.

1) 농민공 집단의 형성 배경

글 시작 부분에서 지톄젠은 도시로 진출하여 일용직 근로자로 근무하게 된 배경을 다음과 같이 밝힌다.

> 나의 고향은 허난성 서부 산지에 위치하여 있는데, 토지가 매우 적은 데다가 근년에 유람지 개발과 도로건설로 인해 토지가 거의 유실되었다. 따라서 고향사람들은 장사를 하거나 여관 등을 운영하였고, 그럴 능력이 없는 사람들은 주로 외지로 진출하여 일용직 노동자로 근무한다. 우리가족은 연로한 모친과 아들, 우리 부부까지 합쳐 식솔이 4명인데, 일년 최저 생계비가 6,000위안(한화 120만원) 정도 소요된다. 그러나 고향에서 일년 열심히 벌어봤자 1만 위안 정도의 수입밖에 되지 않아 집 장만 같은 것은 꿈도 꿀 수 없다. 그것도 계속 일을 할 수 있는 것을 전제로 해야 하는데, 고향에서는 그것마저 바라기 어렵다(姬铁见, 2013: 1).

사실 이 일기를 쓰기 시작하던 전해인 2008년 저자는 고향 부근의 광산에서 일했지만 세계 금융위기로 인력감축을 하면서 해고되어 다시 외지로 진출하게 되었다. 기든스(Anthony Giddens, 1938~)가 말했듯이, 서로 멀리 떨어져 있는 현상들이 시공간을 가로질러 작용하면서 사람들의 생활을 변화시킨 것이다.

9월 2일의 일기에서도 같이 일하는 동료의 일용직 진출 계기에 대하여 적고 있다.

> 오늘은 이씨 아저씨와 같이 일하게 되었다. 이씨의 부인은 세상을 떠났고, 두 딸은 이미 출가하였다고 한다. 내가 연로한 그를 보면서 '왜 집에서 농사를 짓지 않는가요?'하고 물었더니 그는 손가락을 꼽아가며 '땅

이 3～4무(亩)[3]밖에 안되는데, 소출이 좋은 해에는 수입이 3천 위안 정도(한화 60만원)되고, 나쁜 해에는 2천 위안 정도밖에 안되니 나와서 벌지 않으면 되겠어요?'라고 되물었다. 그러다 보니 땅이 적고 사람이 많은 농촌에서는 도시로 나올 수밖에 없는 것이었다. 왜 우릴 '농민공'이라고 부르는가했더니 농민이면 공(工, "일용직 노동자"라는 뜻)을 할 수밖에 없다는 뜻이라는 생각이 들었다.(姬铁见, 2013: 27-28)

이로부터 알 수 있듯이, '농민공'의 형성은 일차적으로 농촌의 토지와 인구간의 불균형에서 비롯된다. 인구에 비하여 턱없이 부족한 토지자원으로 다른 소득원이 없는 농민의 경우, 도시로 나와서 일용직에 종사할 수밖에 없다. 관련 통계에 따르면, 건국 초기인 1952년 인구당 평균 토지면적이 12.5무였다면, 1990년대 중반에는 2무로 줄어들었다. 1995년 노동부가 전국 80여개 농촌을 상대로 한 조사에서 조사 참여자의 20%이상이 인구당 토지면적이 1무도 되지 않아 농사로는 생계를 유지하기 어렵다고 답하였다(蘇黛瑞, 2009: 165에서 재인용). 게다가 압축적 성장 과정에서 중국의 도농격차는 확대될 수밖에 없었고,[4] 산업중심의 연해지역과 산업 미발달지역의 중서부간 발전격차도 커질 수밖에 없었다.[5]

이러한 도농격차, 지역간 발전격차로 인해 중국에서는 대규모의 노동력 이동이 일어날 수밖에 없었고, 많은 농민들이 지톄젠처럼 고향을 떠나 노동력을 필요로 하는 도시로 몰려들었다. 집에서 떠나던 날의 상황을 저자는 2월 14일의 일기에서 다음과 같이 적고 있다.

---

3) 1무(亩)는 약 666.6667㎡이다.

4) 2011년 7월, 중국사회과학원에서 발표한『중국도시발전보고(中国城市发展报告)』에 따르면, 2010년 중국의 도농간 수입 격차는 3.23:1로써 중국은 세계에서 도농 격차가 가장 큰 나라 중의 하나였다(潘家华, 2011).

5) 2011년, 중서부 지역의 GDP는 전국의 39.3%밖에 되지 않았고, 이는 동부지역의 60.7%와 비교할 때 현저한 차이를 보였다(『人民日报』, 2012/10/28).

… 나는 문가에 다가섰다가 다시 발걸음을 돌렸다. 그리고 자고 있는 아들의 불그스레한 볼에 다시 한 번 입을 맞췄다. 그것을 본 아내는 눈물을 흘렸고, 나는 눈물을 보이지 않으려고, 입을 굳게 닫고 주머니를 쥔 채 밖으로 뛰쳐나왔다. … 갑자기 차에서 두 동료 간에 말다툼이 벌어졌다. 그것은 한 친구가 '오늘은 발렌타인데이(Valentine Day)구나'하니 집을 떠나면서 기분이 산란했던 다른 친구가 '일하러 가는 주제에 무슨 발렌타인데이 타령이냐.'라고 퉁명스럽게 쏘아붙여 생긴 일이었다. 우리는 겨우 그들을 뜯어 말렸으나 발렌타인데이 같은 낭만은 우리에게 있어 얼마나 먼 일인가 하는 생각이 뇌리를 스쳤다(姬铁见, 2013: 2-3).

2) 일터의 숙식환경

산업노동자로 변신한 대부분의 농민공들은 비록 취직하여 일정한 수입을 기대할 수는 있으나 그 대가로 가족생활을 포기해야만 한다. 언론의 관련 보도와 연구 보고서를 살펴보면, 대부분의 농민공들은 일터에서 숙식을 해결한다. 2011년 '세계의 공장'으로 불리우는 중국의 주강삼각주에 대한 필자의 현지조사에서도 대부분 회사들이 직원 기숙사를 운영하고 있는 것을 확인할 수 있었다. 이렇게 가족을 가진 성인들이 가족들과 헤어져 기숙사에서 생활하면서 일을 하는 것이다. 그 주요 원인은 저임금으로, 그들이 받는 월급으로 해당 도시에서 가족들의 거주문제를 자체적으로 해결하는 것이 불가능하기 때문이다(李强, 2012: 65). '세계의 공장'이라는 화려한 성취는 바로 많은 노동자들이 가족생활의 기회마저 포기하면서 이루어낸 것이다. 세계화의 잔혹한 측면을 보여주는 대목이다. 유동성이 강한 건축현장 일용직 노동자인 지톄젠의 경우, 그 처지는 더욱 어려울 수밖에 없다. 그의 일기에는 이에 대한 많은 기록들이 있다.

8월 29일의 일기에서 그는 이렇게 적는다.

오늘은 비가 와서 일하러 나가지 못했다. 간만에 조용히 앉아서 평소에 살펴볼 겨를이 없었던 기숙사를 둘러보았다. 우선 느껴지는 것은 냄새가 너무 고약하다는 것이었다. 신발과 양말, 발에서 나는 냄새들이 다른 냄새들과 뒤섞이어 숨이 막힐 정도였다. 둘째로, 너무 더러웠다. 바닥에는 담배꽁초와 다른 쓰레기들로 지저분하였는데, 좀 쓸어내려고 하니 먼지가 너무 날려서 그것마저 힘들었다. 하는 수 없이 물만 좀 뿌렸다. 여기저기 널려있는 물건들과 공구, 도처에 걸려있는 먼지범벅이 된 작업복, 기름때가 가득 묻은 밥상, 이것이 우리가 반년 간 생활한 기숙사의 모습이었다(姬铁见, 2013: 32).

9월 1일의 일기에서는 이렇게 적는다.

… 오늘 숙소에서는 싸움이 벌어졌다. 그 경과는 이러하였다. A가 기숙사에서 옷을 벗고 수건으로 몸을 닦고 있는 데, 시내에서 근무하는 B의 딸이 아버지를 보러 왔다가 그 광경을 목격하게 되었다. 딸이 모욕감을 느낀 것을 안 B는 A를 찾아가 왜 숙사에서 알몸으로 있는가 따져 물었고, 그 태도에 불만을 품은 A는 내가 무슨 짓이라도 했는가 하면서 비아냥거렸다. … 현장 기숙사에는 샤워실도 없고, 몸을 씻을 만한 곳도 없다. 평소에 동료들은 주방에서 뜨거운 물을 좀 얻어다 구석을 찾아 몸을 닦곤 하였는데, 한번은 한 동료가 구석에서 몸을 닦다 미끄러 넘어져 발을 상했다. 이를 안 현장 반장은 '건축현장에서 씻기는 뭘 씻어! 혼쭐나 봐야 해'하고 욕을 퍼부었다(姬铁见, 2013: 33).

10월 6일의 일기에서는 다음과 같이 적는다.

… 점심을 먹고 나서 한 동료가 내가 거처로 이용하고 있는 시멘트창고에 들어와 잠자리를 마련해보려고 애를 쓴다. 그러나 결국 마땅치 않아 포기하였다. 내가 '왜 지하에 있는 기숙사에 그냥 있지 않느냐'고 물으니

100여명이 함께 거주하는 지하 기숙사는 습기가 너무 많아, 이불이 물을 뿌린 것처럼 늘 축축하여 풍습병이 도질 것 같아 옮기려 한다고 대답한다. 그 광경을 지켜보면서 시멘트창고에서 자라고 해서 불만이 많았던 나로서는 오히려 다행이라는 생각이 들었다(姬铁见, 2013: 34).

기숙사의 열악한 환경에 대한 내용은 일기에 여러편 더 등장한다. 가령, 쥐가 이불 위로 올라와서 놀라 잠을 깬 이야기를 적은 10월 10일의 일기(姬铁见, 2013: 35), 이마가 시려 잠에서 깨고 보니 눈송이가 기숙사로 날려 들어오고 있었다는 이야기를 적은 11월 11일의 이야기(姬铁见, 2013: 36)등이다. 고속 성장의 상징으로 대표되는 화려한 빌딩을 건축하는 일용직 건설노동자들의 고단한 삶을 엿볼 수 있는 대목이다.

그렇다면, 식사는 어떠할까? 일기에는 이에 대한 여러 가지 이야기도 기록되어 있다. 8월 8일의 일기에서는 다음과 같이 적고 있다.

오늘 점심은 규정에 따라 회식을 하는 날이다. 그래봤자 야채를 넣은 계란볶음이 전부였다. 건축현장의 식당에서는 계절에 따라서 무슨 채소가 제일 싸면 그 채소를 위주로 먹는다. 요즘에는 가지가 가장 싸서 삼시세끼 가지볶음만 먹었다. 음식투정이 없는 나로서도 한 가지 채소만 너무 먹으니 이젠 목구멍으로 넘어가지 않는다. 그래서 하루 점심은 시장에 가서 고추를 몇 개 사 소금에 찍어 먹었는데 배탈이 나서 혼쭐났다. 비록 계란도 얼마 넣지 않은 계란볶음이지만 동료들은 기뻐하며 먹느라고 야단법석이다(姬铁见, 2013: 40).

8월 10일의 일기는 이렇게 적는다.

오늘 오전 현장 반장은 일터에서 우리에게 1인당 200위안(한화 4만원)

씩 용돈을 지불해주었다. 우리는 너무 기뻐 돈을 모아 함께 시내로 나가서 온면(温麵) 한 그릇에 맥주를 좀 사서 마시자고 약속했다. 그러나 정작 때가 되니, 누구도 선뜻 나서지 않는다. 나는 그들이 돈 때문에 그러는 줄 안다. 온면 한 그릇, 맥주 두 병에 18위안(한화 3, 000원)이면 족할 텐데! 뼈 빠지게 일하는 그들이지만 정작 본인에게는 이렇게 인색하다(姬铁见, 2013: 45).

9월 4일의 일기 내용은 이러하다.

오늘은 감기에 걸려 온 몸이 나른하다. 그러나 또 힘든 일이 배정되었다. 좀 쉬고 싶었지만 50위안(한화 만원)이라는 일당 때문에 이를 악물고 버텼다. … 공사장 밖으로 나가보니 과일가게의 탐스러운 사과가 보인다. 근 반년 간 과일을 먹어보지 못했지만, 오늘은 몸이 불편하다는 핑계로 한번 맛보려 하였는데, 가격을 물어보니 글쎄 한 근에 3위안(한화 500원)이라고 한다. 우리 고향에서는 1위안밖에 하지 않는데 말이다. 결국 돈이 아까워 발걸음을 돌렸다(姬铁见, 2013: 47).

3) 노동강도와 건강

비정규직 노동자인 농민공은 일반적으로 3D업종에 집중되어 있고, 노동강도 또한 매우 높다. 농민공의 노동시간과 건강에 대한 리창(李强, 2012)의 2002년 조사연구에 의하면, 조사대상 303명 중 179명이 하루 평균 노동시간이 10시간을 넘는다고 답하였고 이는 전체의 60%를 차지한다. 또한 46%가 근무과정에서 병에 걸린 적이 있다고 답하였다(李强, 2012: 112-113). 지톄젠의 일기에도 이에 대한 많은 이야기들이 기록되어 있다.

5월 1일의 일기에서는 이렇게 적고 있다.

오늘은 국제노동절(노동자의 날)이어서 현장은 하루 휴식이다. 내가 동료들에게 시내구경을 가자고 건의하니 모두들 힘들어서 움직이지도 못하겠다면서 시큰둥해한다. 건축현장의 인부들은 이렇다. 일할 때면 몸이 마비되어 아픈 줄도 모르지만, 일단 쉬기만 하면 몸이 너무 시큰거려 움직이기도 힘들어 한다. 그 고통을 비유할라치면 마치 수만 마리 벌레가 몸에서 기어다니는 듯 하다. 나의 고집 끝에 몇 사람이 시내로 나갔지만 별 재미도 없었는데, 한 동료가 '오늘은 노동절이니 혹시 현장식당에 고기볶음이라도 나오지 않을까'하고 말하여 모두들 기대를 걸고 기숙사 식당으로 돌아왔지만 음식은 평소와 다를 바 없다. 나는 노동절이 사실상 우리의 명절이 아님을 느끼게 되었다. 비록 우리는 제일 힘든 육체노동에 종사하는 노동자들이지만…(姬铁见, 2013: 55).

8월 2일의 일기 내용은 이렇다.

… 오늘은 일하다 기계에 다리가 껴서 허벅지가 시퍼렇게 멍들고 크게 부어올랐다. 오후에 휴가를 신청하려 했으나 반나절 25위안(한화 5,000원)급료가 아까워 버티기로 했다. 25위안이면 아들애에게 좋은 과자며 장난감들을 사줄 수 있지 않는가? 현장으로 나가보니 고향사람인 양씨도 다리를 절룩거리고 있었다. 알고 보니 며칠 전에 일을 하다가 못을 밟았는데, 소독을 제대로 못하여 곪아서 고름까지 나온다는 것이었다.[6] 내가 왜 좀 쉬지 않느냐고 물으니 며칠 쉬었는데, 더 쉬면 안될 것 같아 나왔다고 대답한다. 건축현장은 이렇다. 누구한테 떨어질 세라 앞 다투

6) 중국의 노동계약법에 의하면, 고용주는 피고용인 월급의 20%에 해당되는 비용을, 피고용인이 산재보험, 양로보험(연금), 의료보험, 실업보험에 가입하는 비용으로 지불하여야 한다. 그 외 노동자 개인이 8%를 보험비용으로 지불하여야 한다. 이렇게 되면, 농민공들이 의료정책의 혜택을 받아 병 치료를 쉽게 할 수 있지만, 실제로 고용주들이 자신이 부담해야 하는 비용을 부담하려 하지 않거나, 노동자에게 전가시키려 하며, 노동자 개인도 사회정책에 대한 이해가 부족하여 가입하려 하지 않기 때문에 이들은 공공의료정책의 혜택을 받지 못하게 된다(李强, 2012: 219). 따라서 상처를 입어도 돈 때문에 쉽게 치료를 못하는 경우가 많다.

어 일터로 나오지만 자신의 건강과 상처에 대해서는 별 신경을 쓰지 않는다. '몸을 아끼고, 생명을 소중히 여기자'는 관념이 없는 듯 말이다(姬铁见, 2013: 98).

8월 17일의 일기 내용은 다음과 같다.

오늘 저녁은 야간 근무를 하라고 한다. 내일 회사본부에서 현장 검사를 오기 때문에 청소를 깨끗이 해야 한다는 것이다. 우리는 저녁을 대충 먹고 일터로 나갔다. 쓸고, 털고, 닦고 새벽 다섯 시에 일을 끝마쳤다. 온몸이 땀투성이가 되었고, 사지가 나른하였다. 좀 앉아서 눈을 붙이려고 하니 반장이 또 일하자고 소리를 친다. 잠이 들면 일어나지 못한다는 이유다. 아침 7시까지 일했지만 하루 일당으로밖에 쳐주지 않았다. 노동법[7]에 의하면 야간근무는 더 많은 시급을 주기로 규정되어 있지만 여기에서는 꿈같은 소리다. 돈은커녕 밤참도 제공해주지 않았다. 동료들은 장갑이 구멍이 나서 너덜너덜 하지만 돈이 아까워 그대로 낀 채 일을 하기 일쑤다. … 노동보호요, 안전이요 하면서 떠들지만 노동에 소요되는 장갑, 마스크 등 보호용품 모두 노동자들이 스스로 해결해야 한다. 돈이 아까워 자주 바꾸지 않기 때문에 손에 피가 흐르고, 시간이 지나면 각질이 생기기도 한다. 하지만 코로, 폐로 들어가는 먼지는 어떻게 한단 말인가?(姬铁见, 2013: 99).

8월 23일 일기의 내용은 이렇다.

오늘 오전 나는 공사가 끝난 아파트를 청소하게 되었다. 힘든 일은 아니

7) 「중화인민공화국노동법」에는 농민공들의 권익을 수호하기 위한 조항들이 있지만, 실제적으로 법대로 집행되지 않는 부분들이 많은 것으로 확인되고 있다. 어떤 사안은 법조항 자체에 한계가 있어 집행되기 어려운데, 가령, 근무과정에서 상처를 입을 경우, 산재로 확인하는 데 소요되는 시간이 최소 3개월, 법적 처리과정에 반년 정도 소요되니 일반 노동자들이 법의 처리를 기다릴 수 없다(李强, 2012: 67).

지만 정말 위생적으로 더러운 일이다. 바닥을 쓸려니 먼지가 푹푹 일어서 좀 지나 온몸이 하얀 먼지로 뒤덮였다. 마스크를 착용하였지만 너무 힘들어 코를 풀었더니 시커먼 콧물이 나온다. 마스크를 착용하였으니 다행이지 안 그러면 어찌할 뻔했는가?(姬铁见, 2013: 100).

9월 13일의 일기는 이렇게 적는다.

오늘은 아침부터 비가 내렸다. 비가 좀 뜸해지자 현장관리자는 우리에게 강철파이프를 부설하라고 한다. 비가 오지 않는 날은 그나마 괜찮지만, 비가 오는 날은 미끄럽고 길도 질척거려 정말 힘들다. … 오후가 되니 비가 더 내려 얼굴이 빗방울과 땀으로 범벅이 되어 앞도 보이지 않았다. 너무 위험한 것 같아서 좀 쉬며 비가 그치기를 기다리고 있는데, 현장관리가 나와서 오늘 내로 끝내야 한다며 다그쳤다. 물에 빠진 닭 신세가 된 우리를 보면서 동정심은 커녕 자신은 구석을 찾아 담배를 피우면서 같이 온 자에게 '이 친구들이 얼마나 힘이 좋은지 보라'면서 깐죽거린다(姬铁见, 2013: 86-87).

9월 23일의 일기 내용은 다음과 같다.

요즘은 가을철이라 일부 동료들이 가을걷이하러 고향으로 갔다. 나머지 사람들은 지면을 다지는 일을 하게 되었는데, 흙을 운반하는 트럭들이 쉴새없이 공사장으로 들어온다. 우리가 너무 지쳐있음에도 회사는 성에 차지 않아 오후에 또 트럭을 증가시켰다. 동료들은 이를 갈며 사람 취급하지 않는다고 욕설을 하였고, 만약 내세가 있다면 다시는 건축노동자가 되지 않겠다고 맹세했다. 그 말을 들으면서 나도 분했지만, 현장에서 어찌 우리를 편안히 해줄 수 있겠는가 하는 생각이 들었다. 하루에 열시간 이상씩 우리를 쉼없이 일하게 만드는 것이 그들의 바람이 아닌가?(姬铁见, 2013: 107).

4) 사회적 차별과 멸시

중국사회에서는 '농민공'이라는 개념 자체가 사회적 차별과 배제를 의미한다. 농민공의 사회적 차별에 대한 연구는 지난 20년간 사회연구에 있어 하나의 핵심적 키워드로 헤아릴 수 없을 정도로 많은 연구가 진행되어 왔다. 사회적 차별로 인해 대부분의 농민공들은 도시에서 뿌리를 내리지 못한 채, 하위계층에 머물 수밖에 없었다. 지톄젠의 일기에는 농민공을 하찮게 보는 사회적 시선에 관한 많은 글들이 기록되어 있다.

9월 17일의 일기에서는 이렇게 적는다.

> 오늘은 날씨가 특별히 춥다. … 그러나 나를 정말 서늘케 한 것은 점심에 시장에 물건 사러 나갔을 때, 행인들, 특히 화사하게 옷을 차려입은 젊은 여성들의 눈길이다. 그들은 흙먼지가 묻은 옷을 입은 우리를 마치 괴물 보듯 피하며, 어떤 여성은 코를 움켜쥐고 지나간다. 나는 아직 젊었고, 그리 못 생긴 것도 아닌데. 농민공이라는 이유 때문에 이러한 시선을 받고 있지 않는가? 나는 너무도 창피하고 얼굴이 화끈거려 머리를 숙인 채, 행인들을 피하여 황급히 숙소로 돌아왔다. 그러나 마음속 깊이 받은 상처는 평생 지워지지 않을 것 같다(姫铁见, 2013: 82).

9월 25일 일기의 내용은 이렇다.

> 오늘 오후 현장에는 회사 간부들이 현장 검사를 나왔다. 경리 한명이 가까운 곳에서 나를 지켜보고 있기에 나는 예의상 그에게 담배를 권하였다. 그러나 나를 난처하게 한 것은 그가 갑자기 눈길을 돌리면서 응대도 하지 않고 지나가 버린 것이었다. 비록 내가 중노동을 하는 농민공이지만 그렇다고 자존심이 없는 것은 아니다. 오후 내내 너무 자존심이 상하여 얼굴이 화끈거렸고 마음이 갈기갈기 찢어지는 듯하였다. 그러나 설상

가상이라고 할까? 저녁에 한 동료가 입맛이 없다며 돼지머리 고기를 사 먹으러 가자고 하였다. 길옆 식당을 찾아 들어가려 하자 종업원으로 보이는 한 청년이 나와서 우리를 못 들어가게 하면서 내쫓는 것이었다. 아마도 우리를 거지로 본 것 같다. 동료는 너무 열 받아 고함을 지르며 욕을 해댔다(姬铁见, 2013: 91).

10월 10일의 일기에는 이렇게 적고 있다.

… 공사장에서는 이렇다. 그저 관리인이란 직만 달고 있으면, 그 누구든지 마음대로 노동자들을 부릴 수 있고, 심지어 골탕을 먹일 수도 있다. 노동을 파는 우리는 어떠한 대우도 받지 못한다. 늘 멸시를 받아서인지 아니면 자비심이 많아서인지, 현장에서 노동자들은 옷을 깨끗이 입은 사람만 보면 습관적으로 굽실거린다(姬铁见, 2013: 92).

10월 17일 일기의 내용은 이렇다.

오늘은 공사가 완공된 날이다. 이를 축하하기 위해 현장관리자와 회사의 간부들은 모두 시내 식당으로 식사하러 나갔다. 그러나 힘들게 일하여 한층한층 쌓아올린 노동자들에게는 1인당 맥주 한 병씩 나눠주는 게 전부였다. 우리는 사실 그 무슨 혜택을 바라는 것이 아니다. 다만 이럴 때 회사 책임자들이 노동자들에게 그간 정말 수고가 많았다는 인사 한마디만 하면 된다. 분명 노동자들의 피땀으로 이루어진 공사가 아닌가? 그런데 그런 것도 없이 우리를 보고 싸인하고 맥주 한 병씩 타가라고 하는 게 전부다(姬铁见, 2013: 93).

11월 20일의 일기의 내용은 다음과 같다.

오후 나는 '포수'(별명)와 함께 거리에 나갔다. 거리에서 우리는 마침 공사장 주변에서 이발소를 운영하는 아줌마를 만났다. 그는 매우 예쁘장한 차림을 하고 있었다. 포수가 너무 반가워 인사를 하자 아줌마는 응대도 없이 총총히 발걸음을 옮겼다. 포수는 평소에 그렇게 살갑게 대해주던 아줌마가 오늘은 왜 저렇게 싸늘한가하고 궁시렁거리며 머리를 절레절레 흔든다. 그렇지만 나는 속으로 그 이유를 알 수 있을 것 같았다. 평소에는 우리가 이발하러 가니 손님을 대하는 차원에서 열정적으로 대한 것이고, 거리에서는 우리와 같은 농민공이 아는 체하니 망신스럽게 생각하여 모르는 체 한 것이다. 이발하러 온 고객과 길거리에서 만난 농민공을 어찌 같은 태도로 대할 수 있겠는가?(姬铁见, 2013: 95).

5) 감정세계와 여가생활

압축적 성장과 더불어 현재 중국사회도 소비사회로 진입하고 있다. 주말이 되면, 도시 주위의 한적한 유람지와 공원에는 소풍을 나온 사람들로 북적이고, 영화관에는 가족단위로 영화를 보러 온 관객들로 늘 붐빈다. 소득의 증가와 함께 증대되고 있는 중산층은 행복한 생활을 만끽하기 위하여 여가와 문화생활에 돈을 아끼지 않는다. 그렇다면, 경제성장의 주역인 농민공들의 여가와 감정세계는 어떠할까? 지톄젠의 일기에는 그들의 애환이 담겨져 있다.

5월 28일의 일기에서는 다음과 같이 기록되어 있다.

오늘 건축현장에서 며칠 생활하던 한 동료의 마누라가 고향으로 돌아간다고 한다. 동료의 쓸쓸한 얼굴을 보면서 안쓰럽다는 생각이 들었다. 그의 마누라는 며칠 전에 남편을 만나러 건축 현장으로 왔었다. 그들 부부로 놓고 보면, 아들은 성장하여 대학으로 갔고, 부부는 아들을 공부시키기 위하여 일자리를 찾아 도시로 나왔다. 그의 부인은 원래 의류회사에서 일하였는데, 회사에서 인력감축을 하여 실직 당하였다. 고향으로 돌아가려 해도 가족도 없고 하여 남편에게로 왔다. 건축현장에는 부부가 함께 거처할 수 있는 숙소가 있을 리 만무했다. 그 동료가 현장관리원을 찾아서 통사정을 한 결과 설비실을 임시 거처로 이용할 수 있게 되었다. 그 동료는 기쁜 나머지 새 거처에 우리를 청하여 술까지 마셨다. 그러나 행복한 생활은 결코 오지 않았다. 그의 마누라는 외모단장에 신경쓰는 편이어서 굽 높은 구두에 미니스커트, 볼륨이 드러나는 티를 즐겨 입어, 늘 뭇사내들의 눈총을 받았다. 그 뿐만 아니라, 그 후부터 많은 사람들이 여러 이유로 설비실을 들락거리기 시작하였는데, 워낙 공용공간이라 뭐라고 할 수도 없었다. 더구나 저녁이 되면 마실 오는 사람이 많아져 밤늦게까지 한담을 하다가 갔으며, 심지어는 밤에 문밖에서 기척이 들리기도 하였다. 낮에 일이 고되어 저녁이면 푹 자야 하는 데 잠도 편하게 잘 수 없게 되었다. 이를 눈치 챈 그의 마누라는 혐오를 느끼며 집으로 돌아가기로 결심하였다. 평소 그와 가깝게 지내온 나는 그와 같이 마누라를 바래다주었는데, 동료는 분노에 찬 표정으로 '이럴 줄 알았으면 싼 여관이라도 찾을 걸 그랬다'면서 눈시울을 붉혔다. 그걸 보면서 나는 뭐라 위로하면 좋을 지 생각나지 않았다(姬铁见, 2013: 151-153).

메마른 생활세계에는 별의별 이야기가 다 있다. 6월 20일 일기의 내용은 다음과 같다.

저녁이 되어 잠자리 한담이 시작되었는데, 또 남녀 사이 '성'에 관한 지저분한 이야기들이다. 별 희귀한 이야기가 다 등장하는데, 너무 들어 이젠 귀에 못이 박힐 정도이다. … 그러나 오늘 저녁 이웃동네 어느 고향사람 A에 관한 이야기가 나의 관심을 불러 일으켰다. 그는 작년에 나와 같은 현장에서 일한 적이 있지만 올해는 보지 못했다. 동료의 이야기에 의하면, 50세 넘은 A가 작년에 성에 대한 갈증을 이기지 못해, 성보건품 상점에 가서 미녀 인형을 샀다는 것이었다. 고향에 있을 때, 나는 그의 마누라를 본 적이 있는데, 듣는 말에 의하면, A가 술만 마시면 패악질을 하여 가출하였다고 한다. 동료들이 '그것이 도움이 되는가?'하면서 궁금해 하고 있는데, 그 동료가 계속 말을 잇는다. '말도 마세요. 인형을 깨끗이 씻어놓고 있으면 어떨지 몰라도, 씻지 않아 온통 먼지투성이어서 보는 사람이 다 밥맛을 잃을 정도였어요.' 그러자 다른 동료가 계면쩍어 하면서 '그래도 좀 쓸데는 있지 않을까요? 그러니 샀겠지요.' 그들의 대화를 들으면서 나는 건축현장 숙소에서 생리적인 갈증을 해결하기 위하여 인형을 산 고향사람을 생각하면서 참 불쌍하다는 서글픈 생각이 교차했다(姬铁见, 2013: 153-154).

고달픈 육체노동에 종사하는 농민공에게 있어 품위있는 여가생활은 일종의 '꿈'에 불과하다. 11월 12일의 일기에서는 다음과 같이 적고 있다.

…어제 저녁 눈이 내려 오늘 현장은 휴식이다. 우리는 온종일 잠을 자다 오후 늦게야 거리에 나가 좀 둘러 보았다. 나는 별 재미가 없어 먼저 돌아왔다. … 잠을 자려고 금방 누웠는데, '포수'가 헐떡거리며 달려 들어와 동료들이 술을 마시다 싸움이 벌어져 피를 흘리고 야단났으니 빨리 나가서 수습하자고 하였다. … '또 술! 술! 술! 그 술이 사단이구나.' 나는 한편으로 화가 나기도 하고, 답답하기도 하였다. '하긴 술을 마시지 않으면 무엇을 한단 말인가? 매일 아가씨(매음녀)를 찾아갈 수도 없고. 술을 마시지 않으면 육체적으로나 심리적으로 쌓인 피로와 스트레스를 무엇으로 푼단 말인가?' 나는 속으로 그저 그들이 술을 적게 마시기를 빌었다(姬铁见, 2013: 143-145).

험한 노동현장과 생활환경에서 생활하는 그들이지만, 가족에 대한 그리움과 행복한 생활에 대한 동경이 없는 것은 아니다. 9월 14일의 일기에서는 다음과 같이 적고 있다.

오늘은 비가 내려 휴식이다. …부슬부슬 내리는 비를 보노라니 마음이 울적해졌고, 집 생각이 무척 나서 그리움에 관한 글을 써야겠다 생각했다. 망설이며 앉아 있던 중, 문득 봄철에 보았던 한 장면이 뇌리에 떠올랐다. 그것은 젊은 부부가 어린 아들을 데리고 잔디 위에서 연을 날리며 기뻐하던 장면이었다. 행복한 부부의 얼굴과 천진난만한 어린이의 해맑은 웃음이 떠올랐다. … 이 몇 년 간 나는 생계를 위하여 늘 타향으로 떠돌았다. 나는 늘 다른 부모들이 애를 데리고 연을 날리고, 공원의 잔디위에서 즐겁게 노는 것을 보아왔다. 그럴 적마다 나도 모르게 눈가에 눈물이 맺히곤 하였다. 저 멀리 고향에 있는 처자여, 이 시각 나는 얼마나 그대들의 손을 잡고 잔디 위를 달리며 연을 날리고 싶은 줄 아는가? 언제면 나도 처자식을 데리고 아무런 걱정없이 연을 날려볼 수 있을까?(姬铁见, 2013: 174-175).

거친 일을 하는 육체노동자들이지만 그들에게도 사랑과 낭만의 기억은 있다. 10월 4일 일기의 내용은 이렇다.

밤에 소변 때문에 잠에서 깨었는데 다시 잠이 오지 않는다. 추석이 금방 지나 달이 무척 밝다. 그 달을 바라보면서 문득 몇 년 전 아내와 함께 추석을 보냈던 기억이 났다. …우리는 조용히 마주앉아 이야기를 나누었다. 아내는 결혼 후 사랑이 식은 것 같다고 괜한 시비를 건다. 나는 옛날에 쓴 연애편지를 다시 꺼내어 읽으며 사랑이 식지 않았다고 맹세했다. 아내의 얼굴에는 홍조가 떠오르며 닭살이 돋는다고 더 읽지 말라고 했다. 우리는 손을 잡고 강가를 거닐었다. 푸르른 벌판과 졸졸 흐르는 시냇물 소리를 들으면서 나는 마치 꿈속에 있는 것 같았다. 물욕이 팽창하고, 물욕 때문에 허덕여야 하는 혼잡한 도시에서 나는 지난 몇 년을 버텨내느라 마음이 시멘트벽처럼 굳어져 버렸다. 그러나 이 시각 고향산천은 감로수마냥 내 마음을 적셔주고 있다. 나는 곧 해산을 앞둔 아내에게 무리하지 말고 가서 쉬자고 하였고 아내는 더 거닐자고 한다. … 깊어가는 밤과 더불어 아내와 함께 보낸 추석에 대한 그리움은 더 깊어만 갔다. 나는 속으로 내년 추석은 아내와 아들과 함께 보낼 수 있기를 간절히 기도하였다(姬铁见, 2013: 192-194).

하위계층으로 인식되어 사회적 멸시를 감당해야 하는 농민공들은 정에 목말라있다. 9월 12일 일기의 내용은 이렇다.

…한번은 같은 숙소에서 생활하는 동료가 감기에 걸려 기침을 심하게 하였다. 목이 너무 아파 고통스러워하는 그를 보면서, 나는 주방으로 가서 더운물을 한 컵 받아와 빨리 약을 먹으라고 권하였다. 그런데 그가 갑자기 눈물을 보이더니 마침내 심하게 흐느끼기 시작하는 것이었다. 깜짝 놀란 우리는 그를 말리면서 속으로 너무 아파서 그러는가 생각하였다. 며칠 후, 그가 조용히 내 곁으로 다가와 목이 메여 '지금까지 누구의 관심을 받아본 적이 없는데, 당신처럼 좋은 사람을 처음 보았다'면서 감격해하였다. 나는 속으로 '물 한 컵에 불과한데 뭐 이 정도까지일까?'하는 생각이 들었다. 후에 알고 보니 그는 어려서부터 부모를 잃고 오랫동안 혼자 생활하였다고 한다. 나의 자그마한 선의가 한 동료를 이처럼 감격케 할 줄 몰랐다. 그렇게 힘든 노동생활에서도 눈물을 흘리지 않는 그들이 그저 자그마한 관심에 뜨거운 눈물을 흘리는 것이었다. 가엾은 나의 동료들이여!

6) 수입과 소비

중국의 대부분 농민공에 관한 연구들은 호구제도와 연관된 공공정책의 차별적 적용에 초점을 맞추는 경향이 강하다. 반면, 신자유주의적 정책경향과 관련된 노동의 유연화와 저임금 구조에 대해서는 상대적으로 관심이 덜하다. 그러나 사회적 분절에 영향을 주는 보다 근본적인 요인은 공공정책보다 임금체계에 있음을 부인할 수 없다. 중국의 농민공집단의 하위계층화는 노동의 유연화와 저임금 구조에 밀접한 관련이 있다. 톈진(天津)시 농민공에 대한 리잉(李瑩)의 2006년 조사연구에 의하면, 당시 톈진시의 월평균 임금은 2,400위안인데 반해, 소수 관리직과 기술직 종사자를 제외한 농민공의 월평균 수입은 800~1,500위안 밖에 되지 않아 농민공들이 저임금 염가 노동력으로 활용되고 있음을 확인할 수 있었다(李瑩, 2013: 83). 이러한 노동의 유연화와 저임금, 부족한 노동보호는 지톄젠의 일기에서도 확인된다.

5월 2일의 일기에는 그들의 보수체계에 대한 이야기가 적혀 있다.

> 점심때, 동료들이 식당 문 어귀의 흑판 앞에 몰려들었다. 다가가 보니 각 사람들의 4월 달 노동일 수가 공표되었다. 얼마나 중요한 일인가! 우리가 평소에 피땀 흘리는 것도 이를 위한 것이 아닌가. 월말 임금 결산은 노동일 수를 기초로 하는데, 회사가 효율을 중시하는 만큼, 우리도 수입을 중시한다. 간신히 제 이름을 찾아 봤더니 28일로 기록되어 있었다. 갑자기 긴장되면서 무언가 잃은 것만 같았다. 곰곰히 생각해보니 4월 달에 하루 반 밖에 휴식하지 않았으니 응당 28.5일이 되어야 하는 데, 28일로 기록되어 있으니 0.5일이 없어진 것이다(현장에서는 하루를 1공(工)으로 계산하여 반나절이면 반공, 연장근무를 할 경우 관리인의 판단에 따라 0.1공 혹은 0.2공 등의 방식으로 계산해준다. 1공이 50위안이니 0.1공은 5위안인 셈이다. 우리는 너무 힘들게 버는 돈이기 때문에 매일 공수를 기록하여 이를 손금 보듯 빤히 알고 있다). 나는 밥을 먹을 겨를도 없이 상점으로 달려가 담배 두 갑을 사들고 관리인을 찾아가서 0.5공이 빠졌으니 보충해달라고 하였다. 가져온 담배를 보더니 관리인은 말없이 보충해 주었다. 그제서야 나는 안도의 숨을 쉬었다(姬铁见, 2013: 55-56).

10월 7일의 일기에는 왜 저임금을 받을 수밖에 없는 지에 대한 내용이 기록되어 있다.

> 오늘 현장에는 또 20여 명의 인부들이 왔다. 요 며칠사이 온 사람들을 합치면 족히 60여 명이 되는데, 하는 일에 비하여 일꾼이 많다. 요즘 인부들이 늘고 있는 것은 가을걷이를 마친 농민들이 돈을 벌려고 도시로 오기 때문이다. 이제야 알 것 같다. 건축노동자들이 왜 이런 대우를 받는 지를. 건축일을 하려고 하는 사람이 이렇게 많으니, 현장에서는 노동자들이 일을 그만 두는 것을 개의치 않는다. 하기 싫으면 나가라 하고 새 사람을 받으면 된다. 가방끈이 짧아 이름 석자 정도 밖에 쓸 수없는 사람들이니 이런 일을 할 수 밖에 없지 않는가? 정말 가엾은 사람들이다(姬铁见, 2013: 194).

10월 28일의 일기에서는 생활비 지급에 관한 관리인의 횡포를 그리고 있다.

> 오늘 점심, 회사의 재무당담 직원이 와서 노동자들에게 생활비(한달에 200위안)를 지급하였다. 한 동료가 '집에 급한 일이 있으니 돈을 좀 더 지급해 주세요'하면서 그 직원에게 통사정을 한다. 그는 얼굴을 찌푸리며 '회사에도 지금 현금사정이 안 좋아 누구에게도 더 주지 못한다'며 잡아뗀다. 현장관리자가 딱한 사정을 알고 도와준 결과, 그 직원은 마지못해 동의하면서 백 위안(한화 1만 5천원)을 더 내준다. 동료는 불만스럽지만 더 말을 못하고 허리를 굽히며 연신 '고맙습니다'하고 인사를 한다. 그 장면을 보면서 나는 정말 어처구니가 없었다. 회사에서 분명히 노동자들의 월급을 제때에 발급하지 않아 빚지고 있는 셈인데, 노동자가 오히려 생활비를 쥐꼬리만큼 더 내주었다고 감사해야 하는 기막힌 일이 아닌가? 응당 당당히 받아야 하는 노동보수인데 말이다(姬铁见, 2013: 117).

11월 22일의 일기에서는 연말 임금 결재 시에 겪었던 수모를 적고 있다.

> 오늘은 일 년 노동보수를 지급받는 날이다. 그동안에 겪었던 모든 고통과 피땀, 수모, 상처는 오늘을 끝으로 연기처럼 사라질 것이다. … 한껏 부풀어 올랐던 기대와 달리 우리는 또 한 번의 부당한 대우와 횡포에 마주해야 했다. 그 자초지종은 이렇다. 연초(年初) 일을 시작할 때 회사에서는 가을걷이 때 휴가를 내지 않는 사람[8]에게는 1천 위안의 보조금을 준다고 약속하였다. 동료들 중 휴가를 내지 않고 일을 한 사람은 나와 '포수'인데, 우리는 이렇게 큰 회사가 꼭 약속을 지킬 것이라 생각하면서 열심히 일만 하였다. 그러나 급여를 지급받으면서 보니 우리와 다른 동료들의 수입이 똑같았다. 약속했던 보조금을 내주지 않은 것이다. 평소에 그렇게 무던하던 '포수'가 '나는 돈을 절대 이렇게 못 받는다. 이렇게 처리하는 법이 어디 있는가'하면서 고함치자 험상궂게 생긴 남자 직원이 '포수'를 막고 나서면서 '자꾸 떠들어대면 가만두지 않을 거야'하고 위협하였다. 겁이 많은 '포수'는 더 말을 못하고 애원의 눈길로 나를 바라보았다. 나는 더는 참을 수 없어 그 자를 밀어내면서 '최소한의 양심이라도 있어야 되지 않느냐? 죽는 한이 있어도 가만히 있지 못하겠다'고 같이 고함을 질렀다. … 동료들이 나를 말리면서 위로를 해주었다. 나는 너무 서러운 나머지 눈물이 났다. 돈 몇 푼 때문에 서러운 게 아니다. 우리가 그렇게 고분고분 말을 들으며 성실하고 뼈 빠지게 일했는데, 이렇게 사기를 쳐도 별 방법이 없다는 것이 서러웠다. 나는 하늘에 묻고 싶었다. '우리의 자존심은 어디에 있냐고'(姬铁见, 2013: 130-132).

8) 농민들이기 때문에 도시에서 일하다가도 농사일을 해야 하는 계절이 되면 다시 고향에 돌아가서 농사일을 마친 후 돌아오는 사람들이 많다. 회사들은 인력을 보장하기 위하여 휴가를 내지 않은 사람에게 일부 인센티브를 제공하고 있다.

피땀으로 돈을 버는 그들이기에 생활 속에서 극도로 돈을 아낀다. 10월 15일의 일기에서는 다음과 같이 적는다.

> 오늘은 다리도 아프고, 기분도 나쁘다. 그래서 일기를 쓰지 않고 좀 누워 쉬려고 하였다. 그러나 오후에 있었던 일이 자꾸 떠올라 적기로 하였다. 오후에 한 마을에서 온 동료 다섯 명이 요 며칠 현장식당의 음식이 너무 형편없어 돈을 모아 고기부침이라도 좀 사먹자고 토론하였다. 처음에는 1인당 5위안씩(한화 1, 000원) 내서 8위안짜리 돼지껍질 두 근과 5위안짜리 술 한 병, 4위안짜리 야채무침을 사자고 약속하였다. 그런데, 한 동료가 5위안짜리 술은 너무 마시기 힘드니 1인당 1위안씩(한화 200원) 더 내어 조금 좋은 술을 사 마시자고 제안하였다. 그런데 다른 동료가 반대하고 나서면서 5위안씩 내면 회식에 참가하고, 6위안씩 내면 참가하지 않겠다고 나섰다. 6위안씩 낼 것을 주장한 그 동료는 그를 가리키며 '겨우 1위안 차이인데 왜 그렇게 궁상이냐?'하면서 빈정거렸다. 결과 말다툼이 벌어졌다(물론 회식은 없던 일이 되었다)(姬铁见, 2013: 49-50).

11월 2일의 일기 내용은 다음과 같다.

> 저녁을 먹었는데도 배가 계속 출출하여 거리에 나갈 채비를 하는 동료에게 돼지머리 고기 한 근을 사오라고 부탁하고 싶었다. 10위안이 아까워 한참 망설이던 끝에 결국 돼지머리 고기는 부탁하지 않고, 5위안을 주며, 닭발 두 개를 사달라고 부탁하였다. '먹어야 일할 것이 아닌가?' 이렇게 스스로를 위안하면서…(姬铁见, 2013: 50).

7) 희망

농민공에게도 미래에 대한 아름다운 '꿈'들이 있다. 지톄젠은 11월 3일의 일기에서 이에 대해 적고 있다.

> 오전에 우리는 일을 하면서 한담을 나누었다. … 오늘은 의외로 각자의 희망사항에 대한 주제를 가지고 이야기를 나누었다. 모두가 여러 가지 꿈을 말하였지만, 가장 공통된 꿈은 돈을 모아 고향에다 멋진 집을 짓는 것이었다. … 집을 짓는 것이 꿈인 그들이었지만, 모두 건축현장에서의 노동을 지겹게 여겨서 아이들은 꼭 잘 키워 자신처럼 건축노동자로 만들지 않겠다고 다짐하고 있었다. 한 동료는 자신이 하루 일당 50전(한화 100원) 때(1980년대)부터 건축일을 시작하여 현재까지 하고 있다고 한다. 한 가지 일만 하다보니 지금은 다른 일을 할 수도 없지만 애가 공부를 잘하여 큰 힘이 된다면서 흐뭇한 표정을 짓는다. '우리 애가 꼭 출세할거야.' 말을 마친 그의 얼굴에서 희망에 부푼 마음을 읽어낼 수 있었다(姬铁见, 2013: 201-203).

4. 압축적 성장 과정 속의 포섭과 배제의 논리

지톄젠의 일기 내용은 농민공들의 열악한 생활실태를 여실히 보여준다. 물론 일용직 건축노동자집단은 농민공 중에서도 유동성이 심하고, 험한 노동을 해야 하는 다소 특정된 집단일 수 있지만, 농민공에 관한 기존의 많은 연구들을 볼 때, 그들의 노동과 생활환경은 별로 큰 차이가 없이 총체적으로 열악한 편이다. 도시 중산층의 시각에서 볼 때, 일기에 반영된 내용들은 다소 충격적일 수 있다. 그러나 이는 G2로 불리는 오늘날 중국사회에 존재하는 엄연한 현실이다. 그렇다면, 왜 세계가 주목하는 압축적 성장을 이뤄내는 과정에서 이와 같이 노동인구의 1/3을 차지하는 사람들이 '농민공'이 되어 차별적 대우를 받아야만 했을까? 많은 연구들은 그 원인을 우선 중국 특유의 호구제도에서 찾는다.

1950년대 중반 중국은 소위 사회주의 계획경제체제를 수립해가기 시작한다. 계획경제의 원만한 시행을 위해서는 우선 거주지와 연결된 정확한 인구통계가 있어야 하며, 인구이동을 통제하여 거주를 안정시켜야 계획경제가 정상적으로 작동할 수 있다. 이외에도 많은 농촌인구가 도시로 자유롭게 진출할 경우, 아직 충분한 공공시설과 취업기회를 제공할 수 없는 도시상황을 놓고 볼 때 큰 난관이 아닐 수 없으며, 사회통제에서도 큰 곤란에 봉착할 수 있다. 이 모든 문제를 해결하기 위하여 중국정부는 1958년에 인구의 자유로운 이동, 특히 농민의 도시 이동을 제한하는 것을 주요 목적으로 한 「중화인민공화국호구등기조례」를 반포한다. 이 조례에는 농민의 도시 진출을 제약하는 많은 조건들이 제시되어 있어, 이후 농민들의 도시진출은 대학진학, 군입대 등 극히 적은 통로로 제한되게 된다.

그러나 호구제도의 실제 의미는 단지 이동을 제한하는 데 그치지 않고, 훨씬 더 광범위한 것이었다. 도시의 주민들은 각 기업과 기관들에 귀속되어 있었고, 이러한 기관들은 직원들에게 주택, 의료, 교육, 양로, 실업 등 전방위적인 사회복지를 제공하고 있었다. 중국 학계에서는 이러한 제도를 '단위제(單位制)'[9]라고 지칭한다. 반면, 농민에게 주어지는 사회복지 정책은 매우 미미하였다. 농민들은 거의 모든 문제를 마을 단위로 자체적으로 해결해야만 했다. 따라서 호구제도는 사실상 '신분제도'였고 시

---

9) 개인이 근무하는 직장에서 생활과 관계되는 모든 문제를 해결해준다는 뜻이다. 직장에서 학교를 꾸려 직원들이 자식들을 교육시키고, 병원을 꾸려 건강관리를 해주며, 주택도 제공하는 등의 방식을 통해서 말이다.

민과 농민이 국가로부터 받는 복지대우는 가히 '하늘과 땅 차이'였다. 중국학계에서는 이를 '도농이원화(城鄕二元化)' 구조로 개념화하고 있다. 이러한 제도적 배치는 사실상 자본이 제한된 상황에서 자원을 도시에 중점적으로 배분함으로써 산업화를 촉진시키기 위한 일종의 고육지책으로 볼 수 있다.

1970년대 덩샤오핑에 의해 개혁개방정책이 추진되면서 중국사회에도 변화가 일기 시작한다. 우선, 농촌에서 가족단위로 농사를 하게 되면서 잉여노동력이 생기기 시작하였고, 경제가 활성화되면서 도시의 서비스업 수요가 늘기 시작하였다. 이러한 변화에 따라 중국정부는 1984년에 새로운 정책을 발표하여 '농민들이 소도시에 진출하여 장사를 하거나 서비스업에 종사하는 것을 허용'한다. 그러나 그 범위는 소도시로 국한되었다. 1980년대 말이 되면서 정부의 의도와는 무관하게 갈수록 많은 농민들이 도시로 진출하게 되었고, 특히 개방지역인 연해지역으로의 이동이 꾸준히 이루어지기 시작하였다.

그로부터 21세기 초에 이르기까지 도시로 진출하는 농민들과 그것을 적절히 통제해보려는 정부사이의 끈질긴 줄다리기가 시작된다. 그 과정에서 지역과 지역사이, 도시 내의 서로 다른 부처 간의 이해관계가 달라지면서 서로 다른 정책들이 나타나기도 한다. 가령, 인구가 유입되는 지역에서는 인구이동을 통제하려 하지만, 유출되는 지역에서는 유출을 방임하려 하며, 한 도시 내에서도 경제를 관리하는 부문들은 노동력 유입을 환영하지만, 사회적 관리를 책임져야 하는 부문들은 이를 반대하려 한다. 『중국 도시에서 시민권 쟁취하기(在中國城市中爭取公民權)』라는 쑤다이루이(蘇黛瑞, 2009)의 탁월한 연구에서는 이러한 문제에 대하여 상세한 분석을 수행하고 있다.

중국정부에서 농민들의 자유로운 도시진출을 사실상 전면 허용한 것은 2003년부터이다. 그해 10월에 열린 중국 공산당 중앙대표대회에서 농민들의 도시진출을 제한하는 정책들을 전면 취소할 것을 결의한다. 그 배경은 2001년의 중국의 세계무역조직의 가입이다. 중국이 WTO에 가입하면서 연해지역에 대한 외국기업들의 투자가 급증한다. 그 투자의 상당부분은 중국의 저임금 노동력 이용을 목적으로 하는 노동밀집형 공업이었고, 그로 인한 노동력 수요가 급증하면서 노동력 부족상황이 나타나게 된 것이다. 이를 해결하기 위해 마침내 농민들의 자유로운 도시진출을 전면 허용하게 된다. 즉 세계경제체제로의 편입이 농민들의 도시진출 장벽을 허물었다고 볼 수 있다. 그 후 천만 단위로 계산되던 농민공의 수는 빠른 시일 내에 억 단위로 급증한다.

이로부터 알 수 있듯이, 중국의 도시들은 중앙정부의 동의하에 다른 요인들은 배제한 체 오로지 경제발전의 수요에 따라 농촌노동력을 포섭하거나 배제하는 정책을 취해왔다. 제한정책을 위주로 하던 1990년대에 일부 도시에서는 각종 허가증을 발급하는 방식을 취하기도 하고, 혹은 특정 업종 종사 제한 방식을 취하기도 했으며, 경우에 따라서는 체류 햇수에 따라 차별적인 정책을 취하기도 하였다(李强, 2012: 39). 따라서 그 방식이 마치 선진국에서 후진국의 이민을 대하는 방식과 흡사했다. 2003년 노동력의 이동을 전면 허용한 후에도 중국의 각급 정부는 그들을 도시로 진출하여 임시 노무활동에 종사하는 '유동인구(流動人口)'로 규정하면서 그들의 시민권에 대해서는 소극적인 태도로 일관하여 왔다. 그 숨은 이유는 시민으로 인정할 경우, 그에 해당하는 사회복지와 서비스를 제공함으로써 사회적 비용문제가 발생하기 때문이다.

리창(李强, 2012: 64-70)은 이러한 신분규정에 의하여 농민공들이 받는 차별적 대우를 자녀의 교육, 사회복지정책, 사회적 차별, 시민으로서의 정체성 형성 등 몇 개 방면으로 나누어 분석한다. 가령, 자녀교육의 경우, 농민공 자녀들은 해당 도시의 호구가 없기 때문에 의무교육정책으로 주어지는 정부의 보조금을 향유할 수 없으며, 대학입시의 경우, 고향으로 되돌아가서 시험에 참가하여야 한다. 또한 각종 사회복지정책의 경우 제한적 조치들이 많은 바, 2009년의 통계에 의하면, 농민공의 28.9%만이 의료복지 혜택을, 17.6%만이 퇴직금 혜택을, 10.9%만이 취업정책의 혜택을 받을 수 있어, 복지정책의 혜택을 받을 수 있는 사람이 소수에 불과하였다. 도시에서는 그들에게 '농민공'이라는 차별적 신분을 부여함으로써 노동력의 부족을 해소하는 동시에 시민의 증가에 따른 사회적 비용을 줄일 수 있게 된 것이다.

그러나 그들이 겪는 차별적 대우를 공공정책의 배제에서만 찾을 경우, 더욱 핵심적인 포섭과 배제의 논리를 놓치게 된다. 머튼(Robert Merton, 1910~2003)의 기능론적 이론으로 분석하면, 공공정책에서의 배제는 '농민공' 신분 부여의 '드러난 기능'에 불과하다. 더욱 중요한 것은 드러나지 않은 '암묵적 기능'이다. 그 '암묵적 기능'은 바로 '신분의 불안정'을 이유로 그들의 정규직으로의 진출을 막음으로써, 방대한 노동력집단을 비정규직으로 고착화시키고, 이로써 임금상승을 억제하는 한편, 노동의 유연화를 촉진함으로써 자본에 유리한 고용환경을 창조하여 경제성장을 촉진하기 위한 데 있다. 즉 월러스틴(Immanuel Wallerstein, 1930~)이 지적한 것처럼 자본의 이윤 창출을 돕기 위하여 새로운 '종족'을 만들어 낸 셈이다.

지톄젠의 일기에서도 볼 수 있듯이, 그들이 처한 열악한 노동과 생활환경은 공공정책의 배제에서 직접 기인되기보다는, 노동의 비정규직화와 유연화에서 초래되는 측면이 강하다. 층층이 도급되는 하도급제 하에서 고용주들은 일용직 노동자들을 고용하고, 그 비용을 최대한 절약하기 위하여 노동자들의 대우와 생활환경 개선에는 전혀 신경을 쓰지 않는다. 물론 정부의 노동보호가 뒷받침되지 못한 것도 문제가 되지만, 보다 근원적인 문제는 과도한 노동의 유연화에 있다고 볼 수 있다.

따라서 '왜 압축적 성장 과정에 방대한 농민공집단이 존재하여야만 하는가?'라는 질문에 보다 명료한 답을 얻을 수 있게 되었다. 그것은 바로 압축적 성장이 비정규직화된 대량의 노동력을 필요로 했기 때문이다. 만약 농민공집단이 없었다면, 외국자본의 중국투자도, 값싼 중국산 제품도, '세계의 공장'과 중국경제 성장의 신화도 없었을지 모른다. 열악한 노동과 생활환경, 낮은 임금을 감수한 농민공집단의 존재가 중국발 경제기적의 튼튼한 버팀목이었고, 이는 노동에 대한 교묘한 포섭과 배제 논리의 작동 하에서 이루어졌다.

5. 묻힌 "소서사"를 주목받는 "성찰적 서사"로 전환하기

'부흥'과 '성세'의 대서사가 정부의 주도로 공공영역에서 주류담론으로 지배적 위치를 차지하고 있는 중국사회에서, 지톄젠의 일기와 같은 농민공의 소서사는 가히 '묻힌 서사'로 볼 수 있다. 그것은 지톄젠과 같이 목소리를 낼 수 있는 농민공들이 극히 제한적일 뿐더러, '발전의 신화'와 '부흥의 서사'에 젖어 있는 사회적 분위기 속에서 이러한 '어둠의 서사'가 사람들에게 관심의 대상이 될 수 없기 때문이다.

그렇다면 '성장'과 '발전'이란 도대체 무엇인가? 그간 중국은 확실히 압축적 경제성장을 이루었다. 그러나 지례젠의 일기에서 볼 수 있듯이, 그 성장은 노동인구의 1/3에 해당되는 사람들에 대한 차별적 대우에 기초하고 있다. 즉 경제성장을 위하여 가장 많이 땀을 흘린 사람들의 이익을 희생시키면서 이루어낸 것이다. 이것을 소위 '발전'이라고 할 수 있을까? 많은 사회에서 '성장'을 열망하고 있지만, 지금까지의 역사를 보면, 많은 경우 '성장'은 '더욱 많은 사람들의 희생으로, 더욱 적은 사람들이, 더욱 큰 성취를 이뤄가는 과정'이었다. 시장경제의 논리는 마치 도박장의 논리처럼 '잃는 사람이 있어야, 따는 사람이 있는 것'일지도 모른다. 같은 논리로 '희생을 하는 사람이 있어야 성장이 가능한 것'이다. 많은 사람들이 도박장을 혐오하지만, 이 사회의 주류적 논리가 바로 도박장 논리임을 주목할 필요가 있다.

이러한 맥락에서 인류사회가 기존의 논리를 성찰적으로 반성하고, 더욱 밝은 미래로 나아가기 위해서는 반드시 다양한 소서사가 주목받을 필요가 있다. 같은 논리로 중국사회가 진정한 '부흥'을 실현하기 위해서는 반드시 지례젠과 같은 소서사에 귀를 기울여야 한다. 노동인구의 1/3에 해당되는 사람들의 노동과 생활환경이 개선되지 않고서는 전면적인 소강(小康)사회('중산층 사회'라는 뜻) 건설이라는 목표는 '속빈 강정'에 불과하다. 물론 농민공이 받는 차별적 대우를 해소하기 위하여 중국정부는 최근 몇 년간 많은 노력을 기울여 왔다. 그러나 더욱 근본적인 문제는 소위 '성장'과 '발전'에 대한 더욱 깊은 성찰일 지도 모른다. 그런 의미에서 지례젠의 '농민공일기'와 같은 소서사는 '성찰적 서사'로 더욱 큰 관심을 받을 필요가 있다.

참고문헌

潘家华(主编). 2011.『中国城市发展报告No.4』, 社会科学文献出版社.

李强. 2012.『農民工與中國社會分層』, 中國社會文獻出版社.

李瑩. 2013.『中國農民工政策變遷』, 中國社會文獻出版社.

蘇黛瑞. 2009.『在中國城市中爭取公民權』, 浙江人民出版社.

姬铁见. 2013.『止不住的梦想：一个农民工的生存日记』, 九州出版社.

〈기사〉

『中国政府网』, "李克强：推动创业创造让更多的人富起来," 2015年 3月 16日.

『人民网』, "中国外出农民工1.68亿人 月平均收入2864元," 2015年 2月 28日.

『人民日报』, "解决区域发展不平衡难度超想象," 2012年 10月 28日.

5장

일본에서의 '생활'의 전쟁, '생활'의 전후*

'생활이 운동이 된 시대'

마츠다 시노부(松田 忍)

1. 들어가며

이 글은 1920년대부터 1950년대 일본에서 전개된 '생활의 운동'과 관련하여, 신흥생활운동을 사례로 삼아 그 역사적 의의를 논하는 것을 목적으로 한다.

이 글에서 다루는 제2차 세계대전을 사이에 둔 시기를 '관전기(貫戰期)'로 파악하는 시각이 있다. 가령 앤드류 고든은 사람들이 '소비'를 '미덕'으로 받아들이고, 대중소비사회와 상업화된 오락으로 덧칠된 '근대'를 수용해 간 것이 이 시기라고 논의한 바 있다(ゴードン, 2006). 일반적으로 사람들에게 '근검'을 요구한 것으로 이해되고 있는 공황과 전쟁이 오히려 '소비'와 '오락'을 지속시켰을 뿐 아니라, 그것을 가속화하는 역할을 수행했다는 것이다. 존 W. 다워가 말하는 '쓸모가 있었던 전쟁'이라는 지적 역시 이 시기를 포착하는 중요한 관점이다(タワー, 2010). 다만 '생활'의

* 이 글은 『日本語文學』 제67집에 수록된 "「生活」の戦争, 「生活」の戦後: 「生活が運動になる時代」を考える手掛かりとして"번역하고 이 책의 취지에 맞추어 수정한 것이다.

시점에서 보자면, '관전기'의 초기에 '근대생활'을 영위할 수 있는 사람은 상대적으로 적었으며, 많은 이들에게서 '해야 마땅한 생활(あるべき生活)'의 모습은 아주 멀리 존재하는 것이었다는 점도 지적되고 있다.

한편 일본에서 1920년대부터 1950년대까지의 시기는 외교상의 고뇌, 정치상의 고뇌가 연속해서 발생한 때이기도 했다.

외교적으로는 중국의 정치정세가 안정되지 않은 가운데, 워싱턴 체제를 준수할 것인가 말 것인가를 둘러싼 정치노선의 대립이 발생했으며, 내정에서는 잇따른 공황에 관동대지진이라는 자연재해가 더해졌다. 또 도시와 농촌의 생활격차 문제라든가 빈곤의 문제가 의식되면서, 문명의 존재방식에 대한 회의도 대두하였다. 동시에 '총력전'을 경험하면서 이미 변혁을 이룬 유럽 여러 나라의 정치체제와 사회체제를 좇아가지 않으면 국제경쟁 속에서 일본만이 뒤처지는 것이 아닌가 하는 '초조함'도 존재했다.

이어서 중일전쟁과 태평양전쟁이라고 하는 '총력전'을 치르고 패전을 경험한 이후로는, 어떻게 하면 일본의 '독립'과 '경제'를 재생시켜 빈곤으로부터의 회복을 노릴 수 있는지를 둘러싼 위기의식이 존재했다. 샌프란시스코 강화조약에 의해 형식적인 '독립'을 달성한 후에도 사실상 군사적, 경제적으로 미국의 지배를 받는 상태였으므로, 어떻게 하면 '진정한 독립'을 달성할 수 있을 것인가 하는 과제도 존재했다. 나아가서는 1955년의 국제연합 가입, 56년의 일소공동선언 발효 이후에도, 국제사회 안에서 일본이 어떻게 행동해야 하는지를 둘러싼 정치적 대립의 시기를 맞게 된다.

그런데 이 기간 일본에서는 1920년대에 생활개선운동과 문화생활운동이, 1930년대부터 전시기에 걸쳐서는 신생활운동과 국민정신총동원운동이, 패전 후에는 신생활운동과 생활기록운동이 발흥하였다. 당대 일본이 경제면, 정치면, 외교면에서의 전환과정에 놓여 있었다는 점과 일본에서 '생활의 운동'이 일어난 사실은 서로 무관한 일이 아니다. 모두가 '생활'을 정치의 저변에 자리매김하고, '생활'을 개변함으로써 일본의 국가상을 마련해 가려는 운동이었기 때문이다.

사람들의 '일상생활'과 '해야 마땅한 생활' 사이에 격차가 있을 때, 사람들은 '해야 마땅한 생활'을 영위하고 있지 못하다는 점을 자각하고, 물질과 '혼'의 불안을 느꼈다. 그 불안을 에너지로 삼아 '생활'은 '해야 마땅한 생활'을 목표로 삼는 '운동'이 되었다. 제1차 세계대전 후, 관동대지진 후, 세계공황 후, 전시기, 패전 후 등 각각의 시기에 '해야 마땅한 합리적 생활'의 상이 이야기되고 또 국민에게 그 '생활'의 수용을 촉구함으로써, '국난'을 타개하려는 정치적 의도가 존재했다. 또 '생활'의 개선을 지향한 것은 정치 측에 한정된 일이 아니었다. '일상생활'을 영위하는 사람들 자신도 역시 '생활자(生活者)'로서 이를 의식했고, '해야 마땅한 생활'상을 목표로 스스로 '생활의 운동'을 일으켰다. 이렇게 정치적 의도와 '생활자' 양쪽의 에너지가 공명함으로써 '생활의 시대'가 융성을 맞이했던 것이다.

이러한 불안의 상황은 1960년대에 들어서 평정을 찾게 된다. 1955년에 자유민주당이 결성된 이래, 1993년에 호소카와 모리히로(細川護熙)가 정권을 쥐게 될 때까지 지속된 자민당 단독정권 아래에서 경제성장 우선의 정치노선이 의식적으로 추구되었고, 같은 시기 미국이 '군사', 서유럽의 복지국가가 '복지'에 우선적으로 자본을 투자한 것에 반해, 일본에서는 경제성장을 위한 사회자본 투자, 특히 공공사업에 이를 쏟아 부음으로써 '기업국가' 노선을 택하게 되어(宮本憲一, 1981; 渡辺治編, 2004), 사람들의 일정한 지지를 모으기에 이르렀던 것이다. 그것은 '기업'에 묶여 매달림으로써 사람들의 불안이 해소되는 과정이기도 했다.

현대의 시점에서 보면 '기업국가' 노선이 그 후 일본의 행로를 결정했다고 할 수 있겠지만, 근대사회의 뒤틀림을 '생활'로 직접 받아들이도록 하고, 또 받아들일 만한 '생활'을 만들어내려고 하는 움직임이 존재했다는 점은 근대 일본의 중요한 특질이 아닐까 한다. 필자가 1920년대부터 1950년대까지를 '생활의 시대'라고 시기 구분하는 까닭이 여기에 있다.

이 논문에서는 신흥생활운동을 사례로 삼아, '근대의 막다른 길'을 '생활'이 떠맡도록 하려 했던 발상이 전쟁의 격화와 더불어 국민들에게 널리 수용되었던 과정을 검토할 것이다.

2. 잡지 『생활』의 창간

1935년 3월 1일 사토 게이타로(佐藤慶太郎), 야마시타 노부요시(山下信義), 기시다 겐조(岸田軒造) 등을 중심으로 사토신흥생활관(佐藤新興生活館)[1]이 창립됨으로써 신흥생활운동이 개시되었다. 그리고 같은 해 10월부터 잡지 『신흥생활』이 창간되었다. 창간 당시 편집 일에 관계하던 가토 요시노리(加藤善徳)는 당시의 모습을 1955년에 회고하고 있다.[2]

> 사토신흥생활관이 태어나고 7개월 후, 처음으로 기관지 『신흥생활』이 첫 울음소리를 올렸다. 당시로서는 드물게 국배판, 그라비어 종이를 사

1) 사토신흥생활관은 1941년 4월에 대일본생활협회로 개칭되고, 이어서 1946년 8월 일본생활협회로 개칭되었다.

2) 加藤善徳, "虹を追う時代—「新興生活」創刊のころ—," 『生活』 1955년 10월호, 20-21쪽.

용한 표지 포함 20쪽. 8포인트 6단 편집. 1부 5센(銭), 연간 60센이 정가였다. 창간호는 애초 1만부를 찍었던 것 같고, 순식간에 품절이 되어 5천부를 증쇄했던 것으로 기억한다. 발송명부는 임원들이 모아온 것에 더하여, 그때까지 야마시타 이사가 다자와 요시하루(田澤義鋪) 씨와 함께 십여 년 발행해온 『대성(大成)』의 독자 7, 500명 남짓이 기본이 되었다. 제3호, 즉 소화 10년(1935) 12월까지로 해서 기증은 중지하고, 제4호부터는 구독자에게만 직접 보내기로 되었는데, 『신흥생활』의 2년 6개월과, 『생활』로 개제(改題)하고 1년 4개월, 합계 3년 10개월이었던 나의 편집기간, 독자는 6,500명으로 안착되어 있었다.

야마시타 노부요시는 1880년에 태어나 교토(京都)제국대학 법과대학을 졸업한 후, 1907년부터 시즈오카현(静岡縣)에서 농업에 종사하며 농촌청년에 대한 지도활동을 펼치던 인물이다. 1924년에는 다자와 요시하루와 함께 신정사(新政社)를 창립, 잡지 『신정(新政)』, 『대성』을 발간했던 일로도 알려져 있다. 1949년에 작고하였다(修養団運動八十年史編纂委員会編, 1985: 84-85).

가토의 회고를 통해 신흥생활운동이 이와 같이 야마시타의 생활개선의 운동을 토대로 시작되었다는 점을 알 수 있다. 또한 독자(동인) 인원수 6,500명 내에 98%가 남성이며, "가정생활, 생활전반의 문제를 내걸고 있는 운동에 부인이 적은 것은 대단히 허전하다," "우리의 운동은 여성의 협동 없이는 무의미하다"고 하여, 생활을 지탱하는 여성을 향한 운동 확대가 사토신생활관의 심각한 과제가 되고 있었던 점도 확인된다.[3]

3) "女性同人の奮起を願う," 『新興生活』 1935년 12월호, 17-18쪽.

3. 신흥생활운동의 목표

다음으로, 창간 당시의 『신흥생활』이 어떤 세계관을 가지고 있었고, 또 어떤 운동을 지향했는지 검토하기로 한다. 『신흥생활』 창간호에는 「신흥생활선언」[4]과 「신흥생활강령」[5]이 게재되어 있다.

신흥생활선언

현하 사회의 정세를 돌아봄에 재화(災禍) 빈발, 비참시(悲慘時) 속출, 가난한 자 가난에 울고, 부유한 자 부유로 고통 받으며, 사람은 사람과 다투고, 나라와 나라 또한 평온치 않다. 백 가지 시책과 천 가지 방도로도 여전히 효험 없는 상태이다. 이 험악, 불안, 동요의 세상(世相)을 보며, 누구인들 깊은 근심을 금할 수 있으랴. 이는 필경 세인(世人)이 인생의 참 의의를 자각하지 않고, 금전지상, 물질편중에 빠져 진리에 반하는 생활을 영위함에서 비롯한다. 이 잘못된 생활태도를 고치지 않는 한, 아무리 생활개선이나 사회개량에 노력할지라도, 아마 그것은 헛된 노고에 그치고 말 것이다.

생활혁신의 요체는 자기중심, 영리제일주의의 인생관을 고쳐 세워서 과감히 신(神) 중심, 봉사제일주의의 영적 생활로 갱생하는 것, 그밖에는 결코 길이 없다. 이 신생명의 본원(本源)으로부터 나오는 사랑과 봉사의 생활, 이것이야말로 바로 일체의 고난을 극복하는 유일한 지도원리이며, 환희광명의 세계를 건설하는 둘도 없는 근본 동력인 것이다.

이 정신기조를 세워서 일체를 합리화하는 신생활, 이를 칭하여 『신흥생활』이라고 한다.

신흥생활자는 이 원리에 기초하여 생활의 과학화, 도덕화, 예술화, 종교화를 도모하며, 앞서서 이를 조직화하고, 공동화하며, 사회화하여 널리

4) 『新興生活』 1935년 10월호, 1쪽.

5) 위와 같음.

인보상애(隣保相愛)의 열매를 거두려고 하는 이들이다.

오늘날 우리가 주장하는 신흥생활운동이야말로 한편 인류의 대망(待望)이자 시대의 요구이다. 다행히 우리는 천하 각지에 많은 동인(同人)을 갖고 있다. 신흥생활의 왕국은 이미 우리 좌우에 전개되고 있는 것이다.

함께 근심하고 같이 느끼는 사(士)들이여. 바라건대 더불어 조국의 흥륭(興隆)과 인류의 복지를 위하여 우리의 이 신흥생활운동에 협력제휴해주시기를.

신흥생활강령

일. 신흥생활은 영적 갱생에서 출발한다.

일. 신흥생활은 사랑과 희생과 봉사로 살아간다.

일. 신흥생활은 실생활의 합리화에 힘을 쏟는다.

일. 신흥생활은 사람과 물건과 시대를 살려낸다.

일. 신흥생활은 가까이로부터 멀리에 이른다.

「선언」 및 「강령」에 나타나는 특징은 크게 네 가지로 지적할 수 있을 것이다.

우선 신흥생활운동의 배경이 되는 세계정세 인식이 특징적이다. 「신흥생활선언」에서 "재화 빈발, 비참시 속출, 가난한 자 가난에 울고, 부유한 자 부유로 고통 받으며, 사람은 사람과 다투고, 나라와 나라 또한 평온치 않다"고 하는 "현하 사회의 정세"에 있어서 "인생의 참 의의"를 자각할 필요성이 제창되고 있다.

다른 논고에서 야마시타 노부요시는 서양문명의 근간인 다윈(Charles Robert Darwin)의 진화론은 '약육강식', '우승열패'를 이끌며, 아담 스미스(Adam Smith)의 국부론(An Inquiry into the Nature and Causes of the Wealth of Nations)은 '공리적 타산이기주의'에서 비롯하였다고 적은 다음, "고도의 문명향락의 기관(機關)"이 공평하게 분배되지 않는 "현대문명[=서양문명]은 반드시 멸망한다"고 단언하고 있다.[6] 또한 『신흥생활』에서 무토 데이이치(武藤貞一)[7] 역시 일본에는 "살육의 문명"인 서양문명과는 다른 길이 열려있다고 하면서, 중국과 연대하여 동양의 문명을 일으켜 세울 것을 논했다.[8]

두 번째로 지적하고 싶은 것은 일본인으로서 어떻게 살 것인가 하는 문제관심에 더하여, (서양문명을 기피하면서도) 인류적인 관점에서 생활을 포착하려는 관점이 양립한다는 점이다. 사토 게이타로가 적은 「창간의 사(辭)」[9]에도, 신흥생활이 필요한 것은 "한편으로 인류의 생활태도 결정에 관계가 깊은 고찰이자 다른 한편 그것에 바탕을 둔 우리의 일상생활 기조에 대한 실천적 훈련"이며, "어떠한 생활태도를 쥐고 있어야 할 것인가, 또 일상생활의 어떤 부분을 어떻게 조정할 것인가, 이들 문제를 (서로) 거론하며 협력하여, 생활의 재출발을 시도하려는 데에 탄생의 의의와 사명이 있습니다"라고 적혀 있다. 「선언」의 말미에도 "조국의 흥륭"과 "인류의 복지"를 목적으로 한다는 선언이 이루어져 있고, 그에 이어지는 지면에도 양쪽의 주장이 병존하고 있었다.

세 번째로는, 생활 그 자체가 아니라 생활하는 정신의 문제가 거론된다는 점이다. 「신흥생활강령」에서 "영적 재생"을 첫째로 들고 있으며, 생활에 상대가 되는 정신 기조를 가지런히 하고 그에 기초하여 "실생활의

---

6) "現代文明の行方と次に来るべき生活—新興生活の真意義—," 『新興生活』 1937년 2월호.

7) 저널리스트. 『신흥생활』 창간호(1935년 10월)부터 1937년 9월호에 이르기까지 칼럼 「지금의 문제 해설(時の問題解説)」을 집필했다.

8) "時の問題解説," 『新興生活』 1935년 11월호, 10쪽 및 武藤貞一(1936)의 「序」.

9) 佐藤慶太郎, "御挨拶 創刊の辞," 『新興生活』 1935년 10월호, 2쪽.

합리화"를 이루겠다는 논리적 구성이 되어 있다는 점으로부터도 이런 인식이 확인된다.

넷째, 동지적인 결합을 기초로 한 운동의 확대방침이 수립되어 있다는 점이다. 「신흥생활강령」 중에는 "신흥생활은 가까이로부터 멀리에 이른다"고 되어 있다. 이는 초기의 신흥생활운동에서 동인이 동인되기를 권유함으로써 운동의 확대를 노린다는 방침이 세워져 있고, 정촌(町村)이나 청년단 등과 같은 기존 조직의 활용은 염두에 두고 있지 않았다는 점을 나타내는 것으로 생각된다.

「신흥생활선언」이나 「신흥생활강령」은 제1차 세계대전이나 세계공황을 서양문명의 막다른 길로 여기고, '문명', '근대'의 논리적 틀 안에서 그것을 해결하는 것이 아니라, '생활'의 개변에 의해 '살아가는 법'을 바꿈으로써 이를 극복하려는 방향을 가지고 있었다고 할 수 있다.

4. 1939년의 사토신흥생활관 개혁과 그 원인

잡지 『신흥생활』의 구독자는 동인이라고 불렸다. 초기의 사토신흥생활관이 운동의 기반으로 내세운 것은 동인 클럽이라고 명명된 조직이었다.

동인 클럽은 『신흥생활』 1936년 5월호에서 제창되어, 7명의 동지로 결성하는 것을 기본으로 삼고 있었다. 그 특색은 각자가 "최고의 선의와 스스로의 최선으로써 서로 교유하고 서로 혼신을 다하며 서로 더불어 믿는" 관계를 구축한 위에서, 매달의 집회일에 7인이 함께 모여 "묵상, 생활개선사항의 협의, 체험, 연구감상의 발표, 윤독(輪讀), 합창, 체조, 연주, 천진난만한 놀이"를 행하도록 되어 있었다. 또한 동인 클럽의 결성방법으로는 "당신 주위에서, 당신의 직장에서, 학교에서, 학급에서, 병원에서, 상점에서, 마을에서, 회사에서" 이 사람이라고 생각되는 7명을 골라 참가를 청하도록 요구하고 있다.[10] 마음이 맞는 클럽 멤버 각자가 자신의 주위에 있는 생활과제를 가지고 와서, 서로 도와가며 해결하는 것을 목적으로 삼은 것이다.

동인 클럽은 『신흥생활』의 독자들 중에서 가장 열심히 운동에 참가하는 사람들이 결성한 것으로 여겨진다. 그들은 어떤 사람들이었을까. 『신흥생활』에는 결성된 동인 클럽의 명부가 게재되어 있다. 그것을 연령별·성별로 집계한 것이 〈표 1〉, 직업별로 분류한 것이 〈표 2〉이다.[11]

〈표 1〉 동인 클럽 멤버의 성별·연령별 구성

	남성(명)	여성(명)	합계(명)
60대	4	0	4
50대	19	0	19
40대	55	1	56
30대	106	12	118
20대	181	3	184
10대	12	0	12
합계	377	16	393
평균연령	32.3세	31.4세	32.2세

비고: "結成せよ同人クラブ," 『新興生活』 1936년 8월호, 16쪽; "同人クラブ," 『新興生活』 1936년 9월호, 14쪽; "同人クラブ," 『新興生活』 1937년 3월호, 18쪽; "同人クラブ," 『新興生活』 1937년 4월호, 14쪽; "伸びゆく同人クラブ," 『新興生活』 1937년 8월호, 14쪽의 각 기사로부터 집계해 작성했다. 松田忍(2015: 47)에서 인용.

10) "同人クラブを即刻つくれ！！," 『新興生活』 1936년 5월호, 4쪽.

11) 연령불명으로 되어 있는 자료도 있는 관계로, 〈표 1〉과 〈표 2〉의 합계는 일치하지 않는다.

압도적으로 남성이 많으며, 20대, 이어서 30대의 청년층이 중심이 되어 있음을 알 수 있다. 또 직업별로 보면, 약 반수를 '농업', '농업(지도자적 입장)'이 점하고 있는데, 널리 도시민에게도 운동이 확산되고 있었던 점도 알 수 있다. 또한 화이트칼라로 보이는 '회사원'부터, 각종 소매상을 포함하는 '상업 · 서비스업' 그리고 '직공'까지 포함되어 있어서, 폭넓은 사회층이 참가하고 있었던 것으로 평가할 수 있을 것이다.

〈표 2〉 동인 클럽 멤버의 직업별 구성

직업	인원(명)
농업	198
상업 · 서비스업*	37
교육**	28
농업(지도자적 입장)***	24
공적기관 근무	21
광공업	18
금융	17
종업원	17
학생 · 강습생	16
회사원	14
신사 신자대표(氏子総代)	3
의사	2
무직	2
화가	1
교원 부인	1
산파	1
주지(住職)	1

신관저술업(神職著述業)	1
신문기자	1
창원(廠員)	1
농공업	1
화복재봉사(和服裁縫師)	1
불명	32
합계	438

비고: * 금융, 교육, 회사원, 의사, 신문기자, 산파를 제외함.** 농업교육 관계자를 제외함.*** 농학교장이나 농회기술원 등 지도자적 입장에서 농업에 관계하는 인물을 분류하였다 목축관계 포함. 농학사 및 시주 각 1명 포함.松田忍(2015: 48)에서 인용.

그러나 이와 같은 동인 클럽에 대한 평가는 사토신흥생활관 이사들 안에서도 양분되어 있었다.

동인 클럽 제도의 창립에 관계하였던 야마시타 노부요시는 이를 높이 평가했다. 야마시타는「인생행로에서 바라는 것 동인 클럽 제창의 이유」[12] 라는 글에서 동인은 곧 "제2의 나"라고 하고 있다. 일대일로 시비가 벌어지게 되면 "어떤 올바른 도리로 설복하더라도 상대가 마음이 뒤틀려 심술을 부려버리게 되면 그것으로 끝, '그런 말 듣고 싶지 않다'는 것이 되고 만다." 그렇지만 동인들이 이야기하게 되면 "상대편이 마음을 열고, 올바른 도리는 올바른 도리로서" 받아들이게 된다는 것이다. "사람의 문제이기 때문에, 똑같이 고생을 하더라도 마음에 넉넉함이 있다. 잘 되면 벗들이 기뻐해준다. 그러니 내 마음도 기쁘다. 기쁨이 이중주가 되고, 삼중주가 된다"는 점이 중요하다고 적어나간다. 그리고 다음과 같이 잇고 있다.

12) 山下信義, "人生行路に欲しきもの同人クラブ提唱の理由,"『新興生活』1937년 5월호, 3쪽.

이와 같이 두 사람의 사이에 참된 사랑이 성립하게 되면, 좋은 것, 나쁜 것, 나의 모든 것은 그의 것, 그의 것은 나의 것이 되어 애초의 우애연맹은 두뇌연맹이 되고, 공제(共濟)연맹으로 비약발전해가는 것이다.
우리의 단 한 번뿐인 인생 도상에서 바라는 것, 그것은 제2의 나의 존재이다. 그 집단이다. 우리의 목소리를 높여, 동인 클럽의 제창보급을 도모하는 까닭이 여기에 있다.

이에 대하여 기시다 겐조[13]는 동인 클럽의 짜임새가 '생활조합'이라는 것이 알려지지 않은 점이 불충분하다고 지적했다. 그리고 동지가 모여서 사이좋게 활동하는 것만으로는 신흥생활운동이라고 할 수 없다고 하였다. 기시다의 생각이 강하게 나타난 것이 아래의 서술이다.

금후에는 매달 한 개 꼴로 그 달의 생활개선사항을 본지 상에 발표하기로 되어 있다. 매달 하나이기는 하지만 수년 후에는 모든 방면의 일을 망라하게 될 것이다. 가능한 한 아주 비근(卑近)하며 실행하기 쉬운 일로부터 시작하겠다. 동인 여러 형제들은 전부 이 실행에 노력해주시기를 부탁드리고자 하는데, 특히 동인 클럽을 결성하고 계신 분들은 반드시 그 달의 실행사항을 중심으로 집회를 열고, 실행방법의 연구토의를 하시고, 아울러 이전 달 실행사항의 경험상황을 상호 보고하도록 부탁드렸으면 한다. 매달 1회 이상, 월례회를 여는 일은 동인 클럽의 생명이라고 할 만큼 중요한 사항이다.[14]

---

13) 기시다 겐조(岸田軒造, 1885～1975). 효고현(兵庫縣) 태생. 도쿄(東京)고등공업학교(현 국립대학법인 도쿄공업대학 전신) 졸업 후 전매공사에서 근무. 1909년 『향상』을 읽고 감명을 받아 수양단(修養團)의 하스누마 몬조(蓮沼門三)를 방문하여 입단. 같은 해 고베(神戸)시립 효고상공실수학교장(兵庫商工實修學校長) 시대에 수양단 고베 지부를 설립. 1929년 수양단 본부에 초치되어 총무, 상무이사를 지냈으며, 강습과 강연을 행했다. 1935년 사토 게이타로와 함께 사토신흥생활관을 창립, 생활개선운동을 전개함(修養團運動八十年史編纂委員會 編, 1985: 71-72).

14) 「旧きより新しきへ」, 『新興生活』 1937年5月, 4-5쪽.

야마시타가 생활운동의 과제를 서로 간의 사이에서 발견하고, 함께 해결해가는 일을 중시했던 데에 반해, 기시다는 생활의 과제가 잡지 『신흥생활』 상에서 발표되고 독자나 동인 클럽 멤버는 이를 정확히 실행할 것을 요구하고 있다. 기시다의 주저는 『진정한 사는 법』이며, 그 책 안에서 개선해야 할 생활과제를 열거하고 있다(〈표 3〉).

〈표 3〉 기시다 겐조의 『진정한 사는 법』 장별 구성

제1표준생활	개인으로서 실행할 사항	건강에 대하여	조석(朝夕)의 체조, 피부의 단련, 절식(節食), 저작완전(咀嚼完全), 당분절제(當分節制), 침전함수(寢前含嗽), 금주금연
		지능에 대하여	매일독서, 일인 일연구
		덕성에 대하여	조기(早起), 매일 성전열독(聖典閱讀), 불평 않을 것, 자안애어(慈眼愛語), 예의작법존중, 매일 일기기재, 침전 감사묵도(感謝默禱)
	가정으로서 실행할 사항	식사에 대하여	현미 상식 및 혼식, 채식본위, 취분(炊焚) 조리법의 개선, 전가족 식사균등
		의복에 대하여	의복의 실용화, 면입복(綿入服)의 폐지, 세탁법의 개선
		주택 및 가계에 대하여	주택내외의 정돈장식, 예산생활, 가정경제의 마음가짐
		가풍(家風)에 대하여	가족일제기상, 가족일제체조미화작업, 가정조례(朝禮), 가정작법존중, 자녀교육법 개선, 극기데이(day) 설정, 사대절(四大節) 가정축하, 가족일기표 및 연중행사표 제작
	사회생활상 실행할 사항	시간에 대하여	정시여행(定時旅行), 사무방문(事務訪問) 시간단축
		사교의례에 대하여	사교간소, 증답(贈答)의 절감, 연회(宴會)의 개선, 혼례의 개선, 장의(葬儀)의 개선
		동포친화에 대하여	부락차별 철폐, 조선동포와의 친교, 외국인에 대한 친애, 공중작법존중, 사회봉사

제2표준생활	개인으로서 실행할 사항	복력(腹力)의 단련, 일분시(一分時)를 최고능률로 사용할 일, 일전(一錢)을 최고가치로 사용할 일, 사욕방기(私欲放棄), 모든 사람에 감사할 일, 모든 물건에 감사할 일, 모든 일에 감사할 일, 끊임없이 기도할 일
	가정으로서 실행할 사항	가정방침의 확립 · 주요 가사(家事)의 완성, 최저생활의 실행, 가산재단(家産財團) · 공익재단 · 사업재단의 확립, 주택의 개선, 부엌의 개선, 가정향상회(家庭向上會)의 개최
	사회생활 상 실행할 사항	공동농작(共同農作), 산업조합 및 소비조합의 진흥, 구빈사업 지원
기초신념	개인생활에 관한 사항	목표의 확립, 사명의 자각, '천재는 노력이다'라는 신념, 분투의 묘미 체득, 죄의 자각, 영생의 신념
	가정생활에 관한 사항	결혼 신의(神意)의 신념, 재산 신유(神有)의 신념
	사회생활에 관한 사항	사해동포관, 헌신몰아의 정신, 신국(神國) 일본의 신념, 일본의 사명 자각

비고: 岸田軒造(1942: 1-4)로부터 작성. 松田忍(2015: 11)에서 인용.

신흥생활운동 중에서도 기시다는 '진정한 생활', '올바른 생활'을 위로부터 보여주고, 확실히 사람들이 실행할 것을 요구하고 있었다. 글 중에서 기시다가 언급하는 것처럼, 그 후 『신흥생활』은 매 호 특집이 짜이게 되었다. 그 특집 주제를 정리한 것이 〈표 4〉이다.

〈표 4〉 『신흥생활』 · 『생활』 각호 표지에 나타난 특집 표시(1937년 5월~1939년 12월)

1937년 5월	동인 클럽 약진 호
1937년 6월	건강생활 호
1937년 7월	아베 이소오(安部磯雄) 씨에게 간이생활을 묻다
1937년 8월	생활에 여유가 있게 하라
1937년 9월	부(富)와 인생 호
1937년 10월	헌립(獻立)통제제창 호
1937년 11월	시국대책생활전람회 호

1937년 12월	애린(愛隣)운동 호
1938년 1월	신년특집 호*
1938년 2월	(특집 없음)
1938년 3월	학창(學窓)으로부터 사회로 호
1938년 4월부터 12월은 불명	
1939년 1월	특집、신생활운동의 방향
1939년 2월	특집、간소생활
1939년 3월	(특집 없음)
1939년 4월	특집、시국 아래 자녀의 생활교육
1939년 5월	특집、민족의 순혈(純血)을 지켜라
1939년 6월	특집、저축보국
1939년 7월	특집、햇빛과 건강, 장의 개선
1939년 8월	특집、무엇을 어떻게 살릴 것인가
1939년 9월	특집、우리 총후(銃後)에서 이처럼 싸운다
1939년 10월	특집、능률적인 주택설비(그 일, 부엌개선)
1939년 11월	특집、젖먹이 유아를 키우는 법
1939년 12월	특집、예산생활 · 기장(記帳)생활

비고: * 「일어나라! 비상시의 신년」, 「비상시국과 신년의 각오」가 게재되었다. 松田忍(2015: 53)에서 인용.

동인 클럽을 둘러싼 평가의 차이로부터, 사토신흥생활관 내부에서 운동노선의 대립이 있었음을 파악할 수 있다. 결과적으로 그 후의 주도권을 쥔 것은 기시다였다.

1939년 2월, 야마시타 노부요시는 사토신흥생활관의 이사를 사임, 같은 해 4월에 동인 클럽은 생활동인회로 개편되었다. 동인 클럽에서는 다양한 인맥에 의한 동지의 결합이 목표가 되었던 데에 반해서, 생활동인회에서는 "동일 정촌(町村) 내에 여러 생활동인회가 있을 때는 연합하여 정촌 생활동인회연맹을 조직하고, 한 부현(府県) 안에 여러 생활동인회가 있을 때는 연합하여 부현 생활동인회를 조직하는 것으로 한다. 각 부현 생활동인회는 결속하여 전일본 생활동인회를 조직하며, 이에 전국의 동인을 완전히 조직화하고자 한다"는 점이 내세워졌다.[15] 그리고 "우리가 주장하는 올바른 생활"의 확실한 실행을 호소하였던 것이다.

1939년에 사토신흥생활관은 크게 개혁되었다. 1939년 1월에는 하마다 도시카즈(浜田寿一), 이어서 2월에는 생활관 창립 당시부터 관계하던 공로자 중 하나인 야마시타 노부요시 또한 이사직에서 사임하고 지면에서 자취를 감춘다.[16] 그리고 4월에는 야마시타가 심혈을 기울인 성농학원(聖農學園; 농촌 공동생활을 통한 농촌청년의 교육을 목표로 하는 조직)이 간나미농학원(函南農学園)으로 개편되었고, 동인 클럽도 생활동인회로 그 조직원리를 바꾸게 되었다. 즉 야마시타 노부요시가 마련한 운동의 방향성(「신흥생활선언」으로 대표되는)이 점차로 제거되어갔던 것이다. 그 원인은 직접적으로는 지면상에 나타나지 않는다. 그러나 1937년의 중일전쟁 발발, 그 후의 생활물자(특히 식량) 결핍이 크게 영향을 미친 것이 아닌가 생각된다.

잡지 『신흥생활』은 중일전쟁 발발 및 확대를 신흥생활운동 확대의 '호기'라고 파악하였다. 왜냐하면 합리적인 생활을 영위할 것을 주장하는 사토신흥생활관에 있어서, 합리적으로 절약하고 생활하지 않으면 이를 넘어설 수 없는 전시(戰時) 기간은 신흥생활운동의 필요성을 사람들에게 자각시키는 더할 나위 없는 기회라고 이해되었기 때문이다. 1939년, 조

---

15) "生活同人会を作れ(同人クラブを改称す)," 『生活』 1939년 4월호, 28-29쪽.

16) 그 후 야마시타 노부요시가 『생활』 지면에 기고한 것은 1948년 2월호였으며, 이것이 『생활』 지상에서의 최후의 투고가 되었다.

선의 쌀 흉작에 의해 한반도로부터의 쌀 이입이 거의 단절되자, 가을부터 일본은 심각한 쌀 부족에 시달리게 되었다. 정부는 백미 식사를 금지하고 칠분도미를 먹도록 국민에게 요구하게 되었는데, 이에 대해서도 잡지 『생활』은 "정부는 드디어 백미 금지의 법령을 제정하게 되었다. 실로 흔쾌하지 않을 수 없다"[17]고 적었다. 즉 백미 식사라고 하는 '사치'스러운 식생활을 벗어나, "자연의 영양"이 포함된 칠분도미를 먹는 계기를 전쟁이 가져다준 데에 대하여, 전면적인 기쁨의 목소리로 화답하고 있었던 것이다.

5. 생활운동의 변화를 사람들은 어떻게 받아들였는가

이러한 운동의 변질을 사람들은 과연 어떤 식으로 받아들이고 있었을까.

전시기에 정부가 내놓은 국민저축증가(이후에는 증강) 장려운동에 사토신흥생활관은 전면적으로 협력하였다. "백억 저축은 성전(聖戰) 수행을 위해 어떻게든 이루어내지 않으면 안 되는 국민의 의무"였으며, "1전이든 2전이든 저축하기" 위해서는 "근본적으로 우리 집부터 삶의 방법에 재검토"를 더하여, "과연 어떻게 사는 것이 진정한 방법인가"[18]를 생각할 필요가 있다고 하고 있었다. 그 실효성을 올리고 운동을 확대하기 위해 『생활』 1939년 10월호에서는 동인 배가운동이 제창되었다. 『생활』의 권

17) "いよ / \ "白米禁止"実現さる！！現内閣のヒット・本館も相呼応して運動," 『生活』 1939년 11월호, 13-17쪽.

18) "진정한 사는 법"이라는 핵심어는 기시다의 관여가 있었음을 강력히 연상시킨다.

말에 붙어있는 소개엽서를 이용하여 동인에게 새로운 동인을 권유하고, 동인수를 배증시킬 것을 목표로 세웠던 것이다. 동인을 권유하는 일에 성공한 인물은 지면에 소개되었으며, 새로운 동인을 획득하려는 동인들의 노력은 거의 경쟁이 되다시피 하고 있었다.

〈표 5〉 B동인(『생활』 및 『신흥생활총서』 구독자)에의 신규신청자수 및 그 내역

(단위: 명)

게재 권호	B동인* 신규신청 자수	B동인 신규신청자 중				단체명으로 B동인이 된 단체	C동인*** 신규 신청 자수
		여성** (추정)	도쿄	시즈오카	직접 신청		
1939년 9월호	169	71	37	4	0	없음	1
1939년 10월호	147	69	23	0	0	없음	1
1939년 11월호	191	55	67	22	44	없음	3
1939년 12월호	270	123	90	20	40	없음	2
1940년 1월호	184	71	92	3	44	(三重)滝川青年学校	0
1940년 2월호	421	151	181	2	92	(山形)光丘文庫, (札幌)工成舎, (神奈川)産業報国会	0
1940년 3월호	(신규구독자명부 게재 않음)						0
1940년 4월호	447	159	188	19	109	(千葉)政友会図書部, (三重)東洋紡績津工場	0
1940년 5월호	371	138	118	17	89	없음	9
1940년 6월호	273	102	110	11	98	(静岡)大日本報徳社, (神奈川)春光園母子寮	3

1940년 7월호	323	136	139	12	122	(山形)昌徳寺, (京都)京都織物株式会社, (京都)第一工業製薬株式会社, (朝鮮)淑明女子専門学校, (愛知)名古屋城北栄養協会	2
1940년 8월호	242	98	94	7	94	(名古屋)白鳥連合女子青年団, (静岡)森女塾, (香川)三菱鉱業直島精錬所, (東京)大井社会 事業協会, (北海道)留萌高等女学校々友会	2
1940년 9월호	366	143	92	2	78	없음	3
1940년 10월호	573	306	379	9	297	(秋田)三輪村役場勧業係, (東京)西高井戸松庵町会, (和歌山)母の会, (東京)山市商会, (東京)富士防水布商会, (東京)鬼足袋株式会社	5
1940년 11월호	758	475	424	2	383	(福岡)国婦戸畑支部, (宮崎)宮崎県立 女子高等技芸学校校友会, (徳島)鳴門教化連盟	1
1940년 12월호	511	239	209	3	153	(東京)阿古村尋高小学校, (東京)阿古村国防婦人会, (東京)伊豆村国防婦人会, (東京)太陽製菓株式会社	2
1941년 1월호	556	209	193	16	131	(秋田)秋田実務学寮, (大阪)中松組織工部, (福岡)北九州戦時生活相談所, (東京)日東石綿工業株式会社, (神奈川)川崎市連合女子青年団	3
합계	5,802	2,545	2,436	149	1,774		37

비고: * 'B동인에의 신규신청자수'에는 단체로서 동인 신청한 것을 포함한다. ** 원 명부에 남녀의 구별이 기입되어 있지 않으므로, 이름 및 권유 상황으로부터 여성으로 추정되는 인물을 헤아린 추정치이다. '明', '栄' 등 남녀 양쪽에 사용될 수 있는 이름의 인물에 대해서는 극력 생략하는 쪽으로 하였으므로, 실제 여성 수는 이 표보다 많을 것으로 예상된다. *** C동인은 사토신흥생활관의 출판물을 모두 송부받는 계약이다. 'C동인에의 신규신청자수'는 'B동인으로부터 C동인으로의 전환'을 포함한다. 松田忍(2015: 61)에서 인용.

그 자료를 집계한 것이 〈표 5〉이다. 1939년 9월호부터 1941년 1월호까지 사이에 5,802명의 동인이 확보된 점을 알 수 있다. 창간 당시의 동인 수가 6,500명 정도였다는 점으로부터 비교하자면, 그야말로 '배가'가 실현되었다고 할 수 있다. 또한 〈표 1〉과 비교하면 『생활』의 독자층이 크게 변화한 점도 확인된다. 동인 클럽에 모였던 이들이 거의 남성이었던 데에 비하여, 이 시기 동인이 된 사람들의 약 4할 정도가 여성이었으며, 마찬가지로 약 4할에 해당하는 2,436명이 도쿄 거주자였다. 여성의 운동 확대는 운동 개시 당초부터의 과제였는데, 전쟁 발발이 그 과제의 해결을 가져왔던 것이다.

또 동인의 증가는 강제적인 권유에 의한 것만도 아니었다. 스스로의 의지에 의해 직접 신청해온 사람들이 1,774명으로 나타나 있다. 잡지 『생활』이 목표로 삼았던 방향으로의 변화는 사람들에게 호의적으로 받아들여지는 측면이 있었다고 해야 할 것이다.

1955년 시점에서의 회상이기는 하지만, 이 시기에 『생활』 동인이 되었던 남성은 다음과 같이 회고하고 있다.

> 약 20년 아이들을 위해서라고 생각하며 독신으로 지냈습니다. 그 사이 유일한 저의 반려가 되고 지침이 되어 준 것이 이 『생활』이었습니다. 일일이 예를 들어 말할 것도 없이, 그 사변[=중일전쟁, 미일전쟁] 기간 중 가장 곤란했던 것이 식생활과 의복의 문제였습니다. 특히 식생활에서는 이 『생활』에서 얻은 지식이 얼마나 크게 도움이 되었던지…. 사람들은 그 고통스러운 식료의 결핍 때문에 거의 비명을 내지르고 있었습니다. 그런 중에 저만은 의연히 자신에 찬 생활을 하고, 세 명의 아이가 있었어도 하루아침에 무슨 일이라도 생겼을 때 곤란을 겪지 않기 위해 한 가마의 쌀을 항상 준비해두고 있었습니다. … 그리고 저는 『생활』의 독자인 점, 이 협

회의 지우(誌友)라는 점을 몰래 자랑으로 여기고 있었습니다.[19]

이에 앞서 1938년 4월에는 잡지의 지면 수를 대폭 확충하여, 두 배 이상인 80쪽이 되었다. 중일전쟁 개전(1937년)으로부터 미일전쟁 개전(1941년)에 이르는 시기가 사토신흥생활관 운동의 '전성시대'[20]였다. 전국 각지에서 생활개선지침을 원하는 사람들이 사토신흥생활관에 모여들어, 견학이나 집회의 장소로 이용하였다. 또한 사토신흥생활관에서도 각지로부터의 요청에 응답하여, 생활개선지도의 강사를 적극적으로 파견했다. 운동의 확대는 사토신흥생활관 임직원층의 증감을 타나낸 〈표 6〉을 통해서도 분명히 드러난다.

〈표 6〉 창립 이래의 임직원 이동

연도	임원수(명)	직원수(명)	합계(명)
1935년	8	8	16
1936년	8	14	22
1937년	10	35	45
1938년	11	65	76
1939년	13	69	82
1940년	12	74	86
1941년	20	66	86
1942년	21	65	86
1943년	17	75	92
1944년	15	55	70
1945년	15	39	54
1946년	5	20	25

19) 小笠原初市, "人生行路の指針," 『生活』 1955년 10월호, 45-46쪽.
20) 奧田半亮, "協会と共に二十年," 『生活』 1955년 10월호, 38-42쪽.

1947년	6	13	19
1948년	6	12	18
1949년	6	9	15
1950년	6	7	13
1951년	8	10	18
1952년	8	8	16
1953년	9	11	20
1954년	8	11	19
1955년 10월 현재	6	11	17

비고: 『생활』 창립20주년기념호, 1955년 10월, 뒤표지로부터 작성. 松田忍(2015: 68)에서 인용.

그리고 일본생활협회는 대일본생활협회로 명칭을 변경하고, 대정익찬회(大政翼賛會)의 외곽단체로서 '국민생활지도'의 최전선에서 활동하게 되었다.[21)]

6. 전후에의 전망

신흥생활운동은 근대서양문명의 '막다른 길'을 '생활'의 개변(改變)으로 넘어서는 것을 목적으로 하여 일어난 운동이었다. 중일전쟁 개전 이전에는 동지적인 결합에 의해 상호의 노력으로 생활개선을 이루려는 움직임이 남성의 운동으로서 전개되고 있었다. 중일전쟁 개전 후에는 '해야 마땅한 생활'(='진정한 사는 법')을 협회가 제시하고, 그것을 사람들이 수용하는 형식으로 바뀌면서 운동이 확대되었다. 전시기는 또한 '해야 마땅한

21) "会名・館名の改正 財団法人大日本生活協会と佐藤生活館," 『生活』 1941년 4월호, 1쪽.

생활'을 원하는 사람들의 에너지가 넘치는 시대이기도 했다고 해야 할 것이다.

'생활'의 깊이로부터 에너지를 끌어내는 형태로 제2차 세계대전이 진행되었던 관계로, 일본 국민은 '총력전'에서 진 일을 두고 정부의 패전, 군부의 패전이 아니라 자신의 '생활'의 패배라고 받아들였다. 여기에서 말하는 '생활'은 단지 물질생활을 가리키는 것이 아니다. 사람과 사람 사이의 연결의 존재방식, 그와 같은 일본의 '생활'의 총체가 미국의 '생활'에 때려눕혀진 사건으로서 패전을 이해했던 것이다.

패전 후 대일본생활협회는 운동의 침체를 맞이했다. 우선 협회 소유의 사토신흥생활관이 GHQ 사령부에 접수되고,[22] 본부의 사무소와 경제적 기반을 잃은 점을 들 수 있을 것이다. 그러나 보다 결정적인 문제로서, 위로부터 '해야 마땅한 생활'을 '생활지도'하는 운동을 전시체제기에 이끌어온 협회가 그대로의 모습으로 운동을 지속하기는 곤란했다는 점을 들 수 있을 것이다.

그 고뇌를 『생활』 1946년 8월호에 게재된 「원고를 모은다!」에서 엿볼 수 있다.[23]

> "생활"은 진정한 의미에서 회원 각위의 잡지이다. 위로부터의 '생활지도'의 시대는 이미 종언을 고했다. 과거의 정신적인 생활 이해와 밀어붙이기야말로 제국주의의 온상이었다고도 할 수 있다. 이제부터의 국민생활은 대담하게 개방되고, 온갖 노력을 기울여 그 향상과 합리화에 힘써야만 한다. 합리화란 그저 생활비를 절감하는 일일 수 없다.
> 본 협회 역시 이에 결의를 새롭게 하여, 새로운 '생활운동'을 출발시키고

22) "協会だより," 『生活』 1946년 3 · 4월호.
23) "原稿をつのる！," 『生活』 1946년 8월호, 29쪽.

자, 그 도움닫기로서 국민생활의 실태 파악을 실행하고자 한다. 생활합리화는 냉엄한 현실을 직시함으로서만이 이루어질 수 있다. 다행히 본 협회에는 전국에 열성의 회원 각위들이 있다. 모든 지방의 모든 특수사정을 상세히 알 수 있는 입장이다. 한 사람 한 사람이 본 협회의 조사원이 되어 주셨으면 한다. 모든 생활조사의 실태보고를 행해 주셨으면 한다. 그들 사실의 종합 위에 섰을 때만이, 새로운 국민생활상의 구상도 가능해질 것이며, 본 협회의 운동도 비로소 궤도에 오를 수 있을 것이다.

모집원고

※ 생계비조사 ※ 보건조사

※ 물가조사 ※ 영양조사

※ 주거조사 ※ 생활지도조사

※ 기타 개개의(가령, 결혼비, 장례비 등) 조사

게재한 분에 대해 약간의 사례

제2차 세계대전에서 패전한 '생활'은 대일본생활협회가 지도해온 '생활'이었다. 그러므로 대일본생활협회는 "과거의 정신적인 생활 이해와 밀어붙이기"가 곧 "제국주의의 온상"이었다는 반성 없이는 전후의 운동으로 계속되어 나갈 수 없었다. 그리고 회원들로부터 이루어지는 '아래로부터 위로(bottom up)'의 방향에 의해 '해야 마땅한 생활'의 상을 모색해갈 것이라는 점을 이 문장을 통해 선언하고 있는 것이다. 단, 「원고를 모은다!」의 노선은 이 호로만 그치고 있으며, 지면 편집방침 자체가 저미(低迷)하는 가운데, 운동은 혼돈 속으로 치닫게 되었다.[24)]

그러나 일본의 '생활운동' 자체가 이것으로 종언을 고하게 된 것은 아니었다. 이번에는 신생활운동이라고 이름을 바꾸어, 「원고를 모은다!」에서 대일본생활협회가 드러낸 바와 같은 노선, 상호 간에 '이야기하는' 가

---

24) 松田忍(2015), 제5장.

운데 생활과제를 발견해가는 것을 "진정한 민주주의"라고 이해하며, 힘을 모아 생활과제의 해결을 이루는 것이야말로 "해야 마땅한 생활"의 모습이라고 주장하는 신생활운동이 패전 후부터 1950년대에 걸쳐 붐을 이루게 되었던 것이다.[25)]

7. 나오며

'생활'에 다대한 부하를 덮어씌움으로써 '총력전'을 싸워내면서도 정치 측은 여전히 '생활'에서 국가를 일으켜 세울 에너지를 구하고, 국민 측 역시 '생활'로부터 그에 응답하려는 에너지가 존재했다는 점은 어느 면에서 보더라도 그 자체 자명할 수는 없는 일이다.

한국사 연구와의 비교를 시도해보자. 2006년 이래 조선의 생활개선운동 연구를 진행하고 있는 이노우에 가즈에(井上和枝, 2006; 2007; 2011) 씨에 따르면, 한국의 역사학계에서는 "생활개선운동은 '개량주의자'들에 의해서 주도되었다는 선견(先見)으로 인해, 연구의 대상으로서 오랜 동안 기피되어 왔다." 또 근래 사회학 분야에서 식민지의 일상생활에 대한 규명이 이루어지게 되었지만, "시간이나 의복과 같은 일상생활에까지 탄압과 통제가 미치고 있었다는 결론으로 수렴되는 것으로 보인다"[26)]고 한 바 있다.

조선에서의 생활개선운동은 "1920년대부터 30년대 초에 조선인 주체

25) 大門正克編(2012). 필자는 제1장과 종장의 일부의 집필을 담당했다.

26) 한국사회사학회의 2005년 특별 심포지엄 〈일본제국주의의 지배와 일상생활의 변화〉(2005.2)에서의 논의를 예로 들어 이노우에 씨는 설명하고 있다.

로 추진된 가정개선이나 의식주 등 일상생활의 변혁운동과, 주로 1930년대 이후 총독부에서 본격적으로 추진한 정책적인 운동"으로 나누어진다. 그러나 형식은 어찌되었든 내용면에서는 둘 사이에 연속성이 있으며, 적어도 조선인들 사이에서 "식민지라고 하는 엄혹한 조건 속에서나마 어떻게 하면 조금이라도 인간적인 일상생활을 보낼 것인가"라는 목표를 갖게 됨과 동시에, "차세대의 우수한 조선인 양성 및 민족의 재생"과 같은 종국적인 민족운동으로서의 과제를 '생활'의 변혁에 기대고 있었다는 점을 지적하고 있다.[27)]

국민정신총동원체제의 시기가 되면 생활개선의 최종목표는 '보국'이라고 규정되게끔 되지만, 적어도 초기의 운동에 있어서는 조선민족의 문제로서 생활개선운동을 주체적으로 받아들이려는 바탕이 조선인 사이에도 있었으며, 더욱이 '해방공간'에 있어서, 또 미군정, 과도정부, 한국정부 수립직후에 있어서, 신생활운동이 일어난 점도 근래 이노우에 씨가 지적하고 있다.

'생활'을 정치의 저변으로 자리매김하고 그 육성을 도모함으로써 국난을 극복하려는 정치수법은 한일 양쪽에서 관찰될 수 있으며, 그 비교연구를 한 층 더 촉진할 필요가 있다고 할 것이다.

27) 史学会大会シンポジウム「生活の運動が立ち上がる時代—日本, 中国, 朝鮮の比較の視点から—」(2015년 11월 15일 개최예정) 준비보고, 2015.9.22.

참고문헌

雑誌『生活』

雑誌『新興生活』

ゴードン, アンドルー. 2006. "消費, 生活, 娯楽の「貫戦史」," 『岩波講座アジア太平洋戦争6日常生活の中の総力戦』, 岩波書店. −1

宮本憲一. 1981.『現代資本主義と国家』, 岩波書店. −4

ダワー, ジョン・W. 2010.『昭和 戦争と平和の日本』, 明田川融監訳, みすず書房. −2

大門正克編. 2012.『新生活運W動と日本の戦後敗戦から1970年代』, 日本経済評論社.

渡辺治編. 2004.『日本の時代史27高度成長と企業社会』, 吉川弘文館. −3

武藤貞一. 1936.『戦争』, 宇佐見出版事務所.

松田忍. 2015.『雑誌『生活』の60年—佐藤新興生活館から日本生活協会へ—』, 昭和女子大学近代文化研究所. 第五章°

修養団運W動八十W年史編纂委員会編. 1985.『わが国社会教育の潮流 修養団運動八十W年史 資料編』, 修養団.

岸田軒造. 1942.『改訂版 本当の暮し方』, 武内洗心堂.

井上和枝. 2006. "第4章 植民地朝鮮における生活改善運W動「新家庭」の家庭改善から「生活改新」運W動へ," 中村哲編, 『1930年代の東アジア経済東アジア資本主義形成史』, 日本評論社.

______. 2007 "第7章 1920~30年代における日本と植民地朝鮮の生活改善運W動," 中村哲編, 『近代東アジア経済の史的構造東アジア資本主義形成史Ⅲ』, 日本評論社.

______. 2011 "農村振興運W動~戦時体制期における朝鮮女性の屋外労働と生活の変化~," 『国史文化学部論集』 第11巻 第2・3・4合併号.

6장
베트남의 압축성장 속의 장인*
기억과 경험

안 투 짜(An Thu Trà)

국가마다 산업화—근대화의 과정은 서로 다른 맥락에서 서로 다른 지침에 따라 나타나며, 기본적으로 인적 요소와 사회-경제적 조건, 전통문화적 특성들에 의존한다. 따라서 산업화와 근대화의 과정에 대한 다양한 관점들이 존재한다. 근대화를 성공적으로 수행하기 위해선 전통적 요소들을 제거해야 한다고 보는 관점이 있다. 이러한 관점에 따르면 조상세대로부터 오늘날까지 전해 내려온 소규모의 자기-생산적이고, 자기-충족적인 생산은 기본적으로 더 이상 쓸모없는 기예이며, 다른 산업들과 함께 생산이 지속될 수 있는 영역을 제외하고는 근대 사회에서 이제는 설 자리가 없다. 또 다른 관점은 발전으로부터 기예들을 보존하는 전통문화가 근대화로 인해 스러져 간다고 본다. 사실, 이러한 논의들은 전통적으로 조직된 생산체계와 전통적 무역망들이 국가의 발전을 위한 토대로 여겨져 왔던 도이머이(개혁 · 개방) 정책 시행 초기인 베트남의 수

---

* 이 글의 내용은 2015년 4월 14~16일 전북대학교에서 개최한 2015 International Conference "Comparative Study on the Compressed Modernity in East Asia: Concept, Reality and Personal Document"에서 발표한 발표문에 기초하고 있다.

공예 관습과는 부합하지 않는다. 문화학자이자 역사학자인 쩐 꾸옥 브엉(Tran Quoc Vuong) 교수는 다음과 같이 지적한다.

> 산업화는 분명 일어났다. 그러나 산업화-근대화를 달성하기 위해 대형 공장, 높은 빌딩을 세우는 것뿐만 아니라 전통공예의 회복과 발전, 내수 소비와 수출을 위한 다양한 생산품의 창조 또한 산업화의 방향이다(Vuong, 2000: 124).

21세기 초, 베트남이 2020년까지 선진 산업국이 되겠다는 목표를 향해 나아감에 따라 산업화-근대화의 과정은 국가적인 수준에서 급속도로 일어났다. 의미심장하게도, 이는 전통적 공예 마을의 복원과 개발을 수반하는 농업과 농촌 지역의 근대화를 의미한다. 압축적인 산업화-근대화의 과정은 근대과학과 기술이 수공예업에 응용되어야 한다거나, 생산자들이 수공예 전통을 전 세대로부터 계승해야 한다고 사고방식을 변화시켜왔다. 따라서 일반 공예 마을과 몇몇 특수한 공예품들은 존속과 발전을 위해 사고방식과 생산방식을 변화시켜야 한다는 기회와 도전에 직면하게 된다. 하나의 공예가 존속할 수 있을지 여부, 그리고 그것이 어떻게 변화할지는 대체로 장인들(artisans, craftsman)에게 달려있다. 따라서 사회의 근대화 과정에서 인적 요소는 극히 중요하다. 사람들은 자신들의 고유한 사고와 실천을 발전시키기 위해 적응이 필요하다. 사람들이 근대적 사회와 부합하는 방식으로 만들어낸 변화들은 전통에 기초하면서도 공예 마을에 활력을 가져올 새로운 특징들을 가진 생산품들을 창조하도록 도와줄 것이다. 따라서 이러한 변화는 공예 마을이 오늘날에도 존속하고 발전할 수 있도록 이바지할 것이다. 실제로 다른 나라들과의 무역은 사회적 근대화 및 세계화와 함께 성장해왔으며, 따라서 외국의 상품들(goods)이 점점 더 지역의 수제품들과 경쟁하게 되고, 이는 장인들(artisans, craftsmen)에게 시장과 생산과정에 대한 인식의 변화를 요구하게 된다.

푸랑(Phu Lang) 마을(하노이(Hanoi)로부터 60㎞ 떨어진 박닌 주(Bac Ninh Province))의 테라코타(적갈색 점토를 유약을 바르지 않고 구운 것) 도자기 공예를 예로 들어보자. 이 공예는 수많은 흥망성쇠를 거쳐 왔으나 오늘날에도 여전히 유지되고 발전해 왔다. 푸랑 마을은 강변에 위치하고 있으며, 농지는 제한되어 있고, 농토 역시 비옥한 편이 아니다. 따라서 이곳의 농부들은 농업에만 의존해 살아갈 수 없다. 그들은 14세기 이래로 테라코타 도자기를 만들어 왔으며, 이 공예는 그들의 주 수입원이 되었다. 이 마을의 일상적인 가족생활을 유지하기 위한 대부분의 비용은 도자기 제작에서 나오는 이윤에 의지한다. 마을 주민 중 한 사람인 응우옌 반 키엠(Nguyen Van Khiem) 씨(1920년 출생)는 이렇게 말한다.

> 수 세대 동안 도자기 제작은 우리 가족의 주 수입원이 되었습니다. (도자기를 판) 돈은 음식, 의류, 경조사 등의 일상적인 생활비를 충당하는데 도움이 되었습니다. 이곳에서 농업은 중요한 역할을 하지 않습니다. 왜냐하면 토질이 나쁘기 때문이죠. 경작하고 모내기할 장소는 그저 세금을 충당할 정도밖에 되지 않습니다. 도자기는 우리에게 안정과 번영을 가져다주었지만, 농업은 그렇지 못했습니다.

1990년대에 푸랑 마을은 300가구 이상이 도자기 제작에 종사했다. 이 시기는 도자기 제작의 번영기로, 이 마을과 주변 마을까지 수천 명의 사람들에게 일자리를 제공했다. 그 수입은 도자기 제작에 종사하던 가구들을 농업에 의존했던 가구보다 부유하게 해주었다. 응우옌 반 데(Nguyen Van De) 씨(1927~2006)는 이렇게 말한다.

> 1990년대 이 마을은 항상 붐벼 사람들이 드나들고 가마는 항상 뜨겁게 달구어졌습니다. 생산품은 베트남 북부와 중부의 모든 지역에까지 팔려 나갔습니다. 우리는 아이들을 학교에 보내고, 쇼핑을 하고, 가전제품을 살 돈을 갖게 되었죠.

이 시기 푸랑 도자기 마을의 주요 생산품은 항아리, 머그잔, 주전자, 단지, 술항아리, 라임 단지, 돼지 여물통, 절구, 약탕관 등이었다. 이러한 생산은 지속적으로 일어났고, 이들의 생산품은 농촌지역 및 해안, 산간지역의 시장에까지 퍼져나갔으나, 아직 근대화에 이르진 못 했다. 푸 랑(Phu Lang) 도자기 생산품은 저렴한 비용과 높은 내구성 덕분에 사람들의 수요를 충족시켰다. 동시에 수제품은 "넉넉히 먹고, 오래도록 입으며" 값싼 제품에 관심 있던 대다수 사람들의 생각에 부합하기도 하였다. 그러나 이러한 높은 성장과 수요의 시기는 약 10년간(1990~1999년)만 지속되었다. 2000년 이후로 계속해서 많은 사람들이 떠났다. 일부는 살기 위해 남부로 이주했고, 다른 이들은 일을 찾기 위해 다른 마을로 떠났다. 마을 경제에서 이러한 변화는 원자재 가격의 상승과 높아진 세금에 기인했다. 게다가 많은 젊은 노동자들이 공부를 위해 마을을 떠났다. 도자기 제작으로 부유해진 가족들은 자신의 아이들이 도자기 제작보다 더 높은 수입을 가져다줄 경력을 쌓을 수 있도록 대학에 보내는데 투자했다. 많은 푸 랑(Phu Lang) 마을 주민들이 이제는 도자기 제작이 농사보다 훨씬 적은 수입만을 가져다준다는 걸 알고 있었다. 이 어려운 시기는 약 3년간 지속되었다.

이러한 맥락에서 이를 염려하는 일부 손 윗세대 장인들은 수련할 준비가 된 젊은이들과 아버지 세대의 공예업을 계속해서 발전시키는데 에너지를 쏟아 부을 열정 있는 젊은이들을 찾았다. 이들은 이러한 공예를 유지하고 발전시키기 위해서 무엇보다 젊은이들이 기예를 습득하고, 숙련을 쌓으며, 공예에 열정을 가져야 하며, 노동과 비용을 줄여주어 공예마을이 존속될 수 있도록 해 줄 보조 기계들을 사용하는 방법을 알아야 한다는 사실을 잘 인지하고 있었다.

생산에 있어서 근대화의 역할과 변화의 필요성을 인식함으로써 푸랑 도자기는 새로운 국면으로 변화하기 시작했다. 도공들은 발로 차는 전통적인 녹로(轆轤)[1] 대신 모터 달린 녹로를 사용하거나, 점토 반죽을 하는 데 발로 밟기보다 기계를 사용하는 등, 생산에 있어 근대적 생산 장비들을 활용했다. 이들은 원재료를 만드는 데 기계를 사용함으로써 에너지를 절약하고 노동 생산성을 높일 수 있었다. 현대 사회에서 소비 시장의 수요를 맞추기 위해 오늘날 푸랑 도자기 노동자들은 단순히 소비재를 생산할 뿐만 아니라 다양한 스타일과 디자인의 채색 자기, 꽃병, 항아리, 접시, 도자기상, 장식용 그릇 등과 같은 자기 공예품들로 생산품목들을 확장시켜야만 했다. 특히, 늉(Nhung), 티에우(Thieu), 응옥(Ngoc), 띤(Tinh)과 같은 도예 작업장들이 생겨났다. 이러한 작업장들의 소유주와 노동자들은 하노이 산업예술대학(Hanoi University of Industrial Arts)에서 기예를 습득해 자신들의 생산방식을 변화시켜왔으며, 소비자들의 취향에 맞는 보다 새로운 스타일의 생산품을 디자인해왔다. 늉 도자기(Nhung's Pottery)의 소유주인 부 후 늉(Vu Huu Nhung) 씨는 다음과 같이 말한다.

---

1) 도자기 만들 때 쓰는 돌림판(역주).

푸랑 도자기 마을의 후예로서 마을의 항아리, 주전자, 단지들이 더는 팔리지 않고, 마을이 황폐해지며, 도공들이 사라져가는 모습을 볼 때마다 매우 애석한 마음이 들었습니다. 그래서 저는 푸랑 도자기를 부활시켜 브랜드를 만들고자 하는 관심을 키워왔습니다.

이러한 관심으로부터 젊은 장인 부 후 늉(Vu Huu Nhung)은 도자기 제작 과정을 보조해 줄 기계 사용법을 익히면서 동시에 꽃병, 그림, 도자기상, 등잔과 같은 새로운 모델을 만들어내고자 했다. 그의 생산품은 나무, 벽돌, 돌, 직물, 대나무 등 다양한 새로운 재료들을 사용했으며, 바나나 잎, 감자, 연잎, 파파야 잎과 같은 패턴이나 개, 고양이, 물고기, 닭, 버펄로, 새, 말과 같이 사람들에게 친숙한 상징적 동물들 등 삶 속에서 가져온 장식용 문양들을 사용했다. 늉 도자기(Nhung's Pottery)의 독특한 특징은 붉은 점토와 투박한 장어 가죽을 섞어서 만든 유약이다. 이 모든 요소가 결합하여 푸랑 도자기에 새로운 숨결을 불어넣었고, 보다 높은 소비자들의 요구를 충족시켰다. 또한 이 마을의 새로운 예술품은 미국, 일본, 이탈리아, 한국 등에서도 주문을 받았으며, 한 작업장의 수입은 한 달에 수억 동(수만 달러)에 달했다. 푸랑 도자기 작업장은 그 마을과 몇몇 주변 지역 수천 명의 노동자에게 일자리를 제공해왔고, 그렇게 함으로써 안정적인 삶을 유지하고 전통적 공예를 보존하는데 기여해왔다. 푸랑 도자기 마을은 늉(Nhung)과 응옥(Ngoc) 같은 개인 도예 작업장의 경험을 습득하고, 프엉(Phuong), 홍 민(Hong Minh), 바오 응우옌(Bao Nguyen), 투엉 응우옌(Thuong Nguyen)과 같이 도자기 공예품에 특화된 몇몇 회사들과 함께 더 많은 작업장을 갖게 되었다. 푸랑 도자기 마을은 진정으로 되살아났고, 마을 주민들의 삶은 점차 안정되고 풍족해져 갔다. 최근에는 전문대학과 4년제 대학에서 공부하는 젊은이들의 비율이 70~80%에 달하는 것으로 확인되었으며, 많은 가정이 비싼 가구나 자동차, 오토바이, 에어컨, TV, 냉장고 등과 같은 현대적 삶을 위한 기기들을 사들였다. 푸랑 인민위원회 위원장인 응우옌 띠엔 넨(Nguyen Tien Nen)은 다음과 같이 말한다.

> 푸랑 도자기 마을은 많은 풍파를 겪어왔고, 그때마다 수많은 도공들이 일자리를 잃고 다른 직업으로 옮기는 듯 보였습니다. 그러나 다행히도 푸랑의 아이들이 있습니다. 그들은 훈련받고, 자격을 갖추었으며, 업계에 현대 기술들을 적용해 푸랑이 어떻게 공예를 개선하고 유지하며 발전시켜나가야 할지를 알고 있습니다.

그러나 일시적인 번영 뒤에 푸랑 도자기 마을은 지난 몇 년간 침체되는 양상을 보였다. 도자기 공예 작업장은 쇠퇴하기 시작했으며, 일부는 운영을 중단했고, 단지 몇몇 작업장만이 효과적으로 운영되고 있다. 일전에 유명했던 늉(Nhung) 도자기 작업장은 현재 일본풍의 동물들을 테마로 한 상품들만을 주로 생산하며, 한때 수천 제곱미터에 달하던 작업장은 이제 단지 수백 제곱미터로 줄어들었으며, 노동자는 거의 없고, 심지어 남은 작업장 구역은 다른 상품을 생산하기 위해 임대되었다. '티에우 도자기(Thieu pottery)', '상 도자기(Sang pottery)', '띤 도자기(Tinh pottery)' 등지가 이러한 상황에 부닥쳤고, 이 시설들은 이전에는 번창했으나 이제 그저 소규모로만 생산하고 있다. 우리의 조사에 따르면 2015년 기준으로 푸랑 업장 대부분이 어려움에 처해 있으며, 오직 '응옥 도자기(Ngoc's pottery)'만이 상대적으로 원활히 운영되고 있다. 팜 반 응옥(Pham Van Ngoc) 씨(1982년생)의 도자기 작업장은 안정적인 노동자 고용을 유지하고 있으며, 하노이에서 팔리는 상품만을 생산하는 것이 아니라 중부와 남부 시장에까지 상품을 생산해 팔고 있다. 팜 반 응옥 씨는 다음과 같이 말한다.

> 우리의 도자기 작업장은 우리가 시장을 공부하고 이해하는 데, 그리고 현재의 수요에 따라 디자인을 향상시키는 데 주력하는 한 버틸 수 있습니다. 우리는 주로 내수시장을 목표로 생산하지만, 또한 해외의 주문에도 응합니다. 품질과 가격이 우리의 우선적인 고려 사항이죠. 모조품, 덤핑, 불공정 경쟁의 문제가 현 상황에서 해결하기 어려운 문제입니다.

2014년 '응옥 도자기(Ngoc's pottery)'는 15개의 용광로를 가지고 대략 3만여 제품들을 생산하고 있다. 이는 주로 하노이의 ASEAN 리조트, 타인 호아 주(Thanh Hoa province)의 반 차이(Van Chai) 리조트 건설, 또는 호이 안(Hoi An)과 후에(Hue) 지역의 일부 건축장에서 쓰일 고품질의 장식용 자기품이다. 게다가 '응옥 도자기(Ngoc's pottery)'는 소규모 도자기 작업장으로 전통풍의 가정용 도자기와 예술 도자기를 생산하는 것으로 유지되고 있다. 이들의 생산품은 주로 이장용 관, 모든 종류의 꽃병, 벽화이다. 이러한 유형의 제품들은 대량생산되고, 내수시장의 수요를 충족시킨다. 프엉 도자기(Phuong pottery) 소유주인 응우옌 티 프엉(Nguyen Thi Phuong)(1975년생)은 다음과 같이 말한다.

> 우리는 적정한 정도로만 생산하고 전통적인 제품과 예술적인 제품들 모두를 유지하는 덕분에 살아갑니다. 만약 누군가 높은 급여로 노동자를 고용하고, 고도로 세련된 제품들을 만든다면 그 제품의 최종 가격은 매우 높을 것입니다. 이러한 제품은 요즘 상황에서 팔리기 어렵습니다. 우리가 감당할만한 그런 주문이 들어오지 않고서는 말이지요. 푸랑에서 응옥(Ngoc) 작업장에서 나오는 예술 도자기만이 적극적으로 생산되고 있

고 나머지는 그저 발버둥 치는 상황입니다.

최근 푸랑 도자기 마을은 200여 가구가 도자기를 만드는 일에 종사하고 있는데 이는 1990년과 비교했을 때 약 100여 가구가 줄어든 것이다. 예술 도자기(art pottery)를 만드는 가구는 1990년에 10가구에서 2015년에 들어서는 60가구 이상으로 증가했다. 이런 상황에 대해 응 옥 도자기(Ngoc pottery) 공장의 소유주이자 푸랑 도자기 협회의 부사장인 팜 반 응옥(Pham Van Ngoc) 씨는 다음과 같은 우려를 표했다.

> 이것은 조상들로부터 내려오는 전통공예이며, 푸랑 도자기는 많은 우여곡절을 겪어왔지만 여전히 이를 보존하고 있습니다. 예술 도자기가 하나의 신흥 시장으로 부상하던 10년 전에 도자기 공예가 발전했습니다. 최근 3~4년 동안 도자기 시장은 몇 가지 이유로 침체되어 왔습니다. 많은 디자인이 복제되었으며, 가격은 마구잡이로 떨어졌습니다. 그리고 개별 거래자들이 시장 가격을 불안정하게 만들었기 때문에 우리는 제품을 팔 수 없었습니다. 도자기 공장들과 도자기를 생산하는 가계들이 공예(craft)를 유지하고 개발하는데 한목소리를 내주는 것이 정말로 필요합니다. 인력을 줄이고 생산성을 높이기 위해 제작 공정에서 근대적인 기계를 투입해야 할 뿐만 아니라, 모든 가족, 모든 공장이 자기 스타일의 디자인을 만들어내야 합니다. 특히, 우리는 국가가 심사숙고하여 도자기의 투자와 발전을 위한 구체적인 계획을 세워 주길 희망합니다.

상술했던 것과 같이 근대화의 맥락 속에서 푸랑 도자기 마을은 흥망성쇠를 겪었지만, 도공들은 현대사회에 적응하는 유연한 변화에 힘입어 사업을 유지하고, 발전시킬 수 있었다. 도자기 외에도 오늘날의 시장 상황에서 그 명맥이 유실될 위험에 처한 다른 공예들이 있다. 다른 공예의 장인들은 어떻게 이에 대처해 왔을까?

푸랑 도자기 마을과 유사하게, 세계화의 추세와 시장 경제체제는 박닌주 퐁 캐군 종 까오 마을(Dong Cao village, Phong Khe Commune, Bac Ninh province)의 조 페이퍼(Do paper)[2] 장인들에게 강한 영향을 미쳐왔다. 조 페이퍼 제작은 300년 이상의 역사를 가지고 있다. 이 전통마을은 수많은 흥망성쇠를 겪어왔다. 팜 주이 루(Pham Duy Luu) 씨는 다음과 같이 말한다.

> 1924~1925년은 조 페이퍼가 번창하였던 시기로, 모든 마을이 밤낮으로 작업했었죠. 우리 마을은 족보를 기록하거나 한자로 쓰인 의례절차를 본뜨기 위한 비문(碑文)용 조 페이퍼와 종 호 민속 판화(Dong Ho folk Prints)용 조 페이퍼를 만들었습니다. 조 페이퍼는 음력 설(Tet holiday)에 쓸 폭죽을 만들던 빈 자(Binh Da)마을과 종 꾸앙(Dong Quang)마을에 팔리기도 했죠. 1924년에 카이 딘(Khai Dinh) 황제는 베트남의 각 마을에 기념비들과 수호신들, 그리고 국가에 헌신했던 관료들의 목록을 작성하도록 칙명을 내렸고, 따라서 라이 씨족(Lai families' clan)은 종 까오(Dong Cao) 마을에서 조 페이퍼를 만드는 가구를 고용한 응이아 조(Nghia Do)(하노이)로부터 법령에 쓸 종이를 가져왔습니다. 그 당시 종 까오(Dong Cao) 종이마을에 살던 가구들은 일거리들이 많아, 옆 마을까지 고용해 도움을 얻어야만 하는 상황이었습니다.

조 페이퍼 공예는 4년간(1924~1928) 번창해오다가, 1930년에서 1950년 사이 급격히 쇠락했다. 왜냐하면, 당시는 프랑스의 통치 및 제제를 당하던 시기로, 사람들의 움직임이 매우 철저히 통제되었으므로, 조 페이퍼를 제조하는 가구들은 종이를 만드는데 사용되는 조 나무(Do

2) 베트남 전통종이의 일종으로 현지에서는 종이를 뜻하는 '저이(Giay)'를 붙여 '저이 조(Giay Do)'라고 부른다.(역주)

tree) 껍질을 사러 다른 주(province)로 나갈 수 없었기 때문이다. 재료 부족으로 인해, 마을의 조 페이퍼 생산 가구는 적정 수준의 양밖에 생산할 수 없었다. 게다가, 카이 딘(Khai Dinh) 황제의 지침이 발표된 이후, 많은 마을들이 기념비 및 마을과 국가에 헌신해 온 인물들의 목록을 정확하게 만들지 못했기 때문에, 황제와 조정은 이를 승인하지 않았다(Thuat, 2000). 따라서 조 페이퍼에 대한 수요는 급격하게 줄어들었다. 또한 조 페이퍼의 주요 시장은 종 호(Dong Ho) 목판화 마을(박 닌 주 투안 타인현 송 호군(Song Ho Commune, Thuan Thanh district, Bac Ninh province))의 가구들, 또는 투옹 띤(Thuong Tin)(하 따이(Ha Tay))의 광택제 제조자들, 또는 항 쫑(Hang Trong) 그림(하노이) 제작자들이었다. 하지만 거기에서 종이는 과잉 생산되었고, 종이들은 잉여 생산물로 남아있게 된다. 그 시절의 베트남 경제생활은 어려웠으며, 대부분의 사람들이 먹을거리에 대해 걱정을 해야 했고 집에 걸어 놓을 그림을 살 수 있는 형편의 사람들은 많지 않았으며, 단지 음력 설 때나 이를 구입했다. 하노이(Hanoi), 후에(Hue), 사이공(Saigon) 같은 큰 도시의 부유한 가문들은 프랑스의 군대가 들이닥치는 것을 피하고자 떠날 수밖에 없었다. 따라서 이 기간에 그림을 기꺼이 소비할만한 수요는 거의 없었다.

이런 상황에서, 소수의 헌신적인 사람들이 조 페이퍼 제조기술을 유지해왔다. 팜 주이 땀(Pham Duy Tam)(1970년 출생)은 다음과 같이 말한다.

> 나의 아버지 팜 주이 루(Pham Duy Luu)께선 1945년에 사람들은 배고프고, 우리 가족 또한 어려움에 처했었다고 당시를 회상합니다. 하지만 할아버지는 항상 '조 페이퍼를 만드는 것은 가문의 전통적인 공예이며

그걸로 네가 먹고 자라온 것이다. 그러니 너는 어떤 어려움이 있더라도 이 공예를 지켜나가야 한다!'고 말씀하셨습니다. 할아버지의 가르침에 따라, 우리는 이 일을 보존하고 유지하며, 아이들에게 종이를 물려주기로 결심했습니다.

그러나 1945년~1954년의 기간에는 프랑스에 대항했던 베트남 저항 운동의 영향으로 조 페이퍼를 제조하는 가구는 급격하게 줄어들었다. 그 후로 북부지역에서 농업 협동조합 발전 정책이 시행되었던 1955년~1975년 기간에는 농부들은 식량 생산에 집중했고, 그들의 노동은 곡물로 보상받았기 때문에 조 페이퍼를 만드는 일은 오후나 밤에만 이루어질 수 있었다. 이 기간에 종 까오(Dong Cao) 마을은 100여 가구만이 종 호 민속화(Dong Ho folk painting) 마을과 폭죽을 만드는 빈 자(Binh Da) 마을, 그 밖에 하노이에 있는 폭죽 제조 공장에 공급할 종이를 만들었다.

조 페이퍼에 대한 수요는 베트남 전쟁이 끝난 후인 1975년~1985년 사이에 다시 증가하기 시작했다. 나라는 평화로웠고, 사람들은 그림, 사진 인쇄, 족보 기록, 비문 본뜨기, 그리고 신년제(Tet festival) 폭죽의 외피 제작용으로 조 페이퍼를 구입했다. 1990년부터, 국가는 민간 영역의 생산 활동을 향상시키고 부유해질 수 있도록 장려했는데, 그로 인해 조 페이퍼 공예는 많은 발전을 이룰 수 있었다. 조 페이퍼 제품은 주로 하노이와 하 타이(Ha tay)에서 폭죽을 만드는 가구, 그리고 종 호(Dong Ho) 마을의 목판화를 제작하는 가구에 주로 팔렸다. 그 뿐만 아니라 예술가들은 조 페이퍼를 그림용으로 구입했고, 가문들에선 자신들의 족보를 복사하기 위해 조 페이퍼를 구입했다. 종 까오(Dong Cao)의 조 페이퍼 마을은 4년간(1990-1994) 번창하였으나, 그 이후로 1944년 국무총리가 폭죽 생산, 폭죽의 판매 및 사용을 금지하는 명령을 발표하면서 하향세에 접어들게 된다. 종 까오(Dong Cao)의 조 페이퍼는 생산량의 50% 이상이 박 닌 주(Bac Ninh province)의 종 꾸앙(Dong Quang) 마을과 하타이(Ha Tay) 지방의 빈 자(Bing Da) 마을(지금은 하노이)과 하노이의 폭죽 공장에 공급되었기 때문에, 조 페이퍼 공예는 급격히 추락했다. 이 기간에 조 페이퍼의 주요 시장은 종 호(Dong Ho) 민속화 마을과 족보 복사, 그림, 서예 등을 위해 조 페이퍼를 구입하는 소매 고객이었다. 비록 장인들은 시장 경제의 압력, 폭죽 생산금지, 그리고 근대화의 영향 아래에서도 종이 생산을 유지하려 했지만, 1944년에 300가구 이상이던 조 페이퍼 종사 가구가 2015년에는 단지 6가구로 줄어들었다. 조 페이퍼 공예를 여전히 따르는 6가구는 팜 주이 땀(Phạm Duy Tâm), 응우옌 반 디에우(Nguyễn Văn Điều), 응우옌 반 찌(Nguyễn Văn Chi), 응우옌 반 껜(Nguyễn Văn Kén), 팜 주이 르우(Phạm Duy Lưu)이다. 특히, 응우옌 반 껜(Nguyễn Văn Kén) 씨의 가족은 세 명의 일꾼이 있으며, 소규모 생산자들이 공예를 지키려 노력하지만, 종이를 구입하는 사람이 거의 없으므로 수확기 후에 소량만을 생산할 뿐이다. 공예를 보존하는 가구 중, 팜 주이 땀(Pham Duy Tam) 씨의 가족만이 다양한 조 페이퍼 제품을 생산할 수 있도록 기계화에 투자하고, 디자인을 발전시키며, 자신들의 기술 영역을 확대해 대규모 생산 체계를 구축하기 위해 노력하고 있다. 팜 주이 땀(Pham Duy Tam) 씨는 다음과 같이 회상한다.

> 이전에는 마을이 제품 생산으로 북적거려 마을 입구에서부터 절구(mortar) 찧는 소리를 들을 수 있었습니다. 사회가 변화함에 따라 종이에 대한 수요는 너무나 작아서 더 이상 그 소리를 들을 수 없을 정도입니다. 나는 마을이 사라질 위험에 처해있다는 사실에 애석한 마음이 듭니다! 우리 가족은 이 공예를 보존하려 노력하고 있는 몇 안 되는 가족이지

만, 우리가 언제까지 이 공예를 보존할 수 있을지는 모르겠어요.

이러한 사실에서 알 수 있듯 오늘날 종 까오(Dong Cao) 마을은 더 이상 조 페이퍼 복원에 적극적으로 참여하지 않는다. 많은 가구들이 모든 종류의 폐품 종이를 포함한 오래된 종이를 원재료로 구입하고 재활용하며, 이를 시장의 수요에 따라 필기 용지, 인쇄용지, 티슈나 화장실용 휴지로 만들어 재활용하는 마을의 가구들에 판다. 특히, 이처럼 다른 유형의 종이 생산으로 이행함에 따라, 이 가구들은 대규모 생신을 위한 기계적이고, 기술적인 생산라인 구축에 투자해왔다. 공예 종이의 기술적 생산이라는 자산의 기초 위에서, 그들은 수천 명의 노동자들에게 일자리뿐만 아니라 조 페이퍼를 만들 때보다 더 높은 임금을 제공하는 산업적 종이를 생산한다. 신기술을 사용해 종이를 생산하는 가구주들 중 하나인 응오 티 중(Ngo Thi Dung)(1961년 출생) 씨는 다음과 같이 말한다.

> 신기술을 이용한 종이 제작은 시간이 덜 들면서도 더 효율적입니다. 우리 가족은 운 좋게도 제때에 방향을 선회했기 때문에, 우리는 현재 매우 잘해 나가고 있습니다. 우리는 안정적인 삶을 찾았고, 나 역시 텔레비전, 냉장고, 오토바이, 자동차 등을 사들였죠…. 우리 마을에서 조 페이퍼를 만드는 가구는 매우 소수입니다.

최근에 종 까오(Dong Cao) 마을은 산업적 종이 생산의 확대와 외부 환경의 부정적인 영향들의 발생과 같은 새로운 도전들에 직면해 있다. 생산과정을 통해 세대에서 세대로 축적되었던 수많은 전통적 경험들(토착지식)은 침식되어가고 있다. 재료들의 선별과 분류에 대한 민속 지식과 천연수지 제조에 관한 비법, 조 페이퍼 제작기술들은 사라질 위기에 처해있다. 조 페이퍼 제조 가구들은 자신들의 사업 기밀들을 지키며, 경험들을 공유하지 않았다. 조 나무껍질(Do bark)은 다른 나무의 껍질과 혼합해야 할 정도로 희소해졌다. 연못, 호수, 강은 공장이나 집을 짓기 위해 땅으로 메워졌기 때문에, 조 나무껍질(Do bark)에 물을 먹이는 전통적인 방식은 변화했다(시멘트나 철로 된 물 저장 컨테이너에 조 나무껍질(Do bark)을 넣어 물을 삼투시킨다). 이러한 모든 객관적이고 주관적인 요인들이 조 페이퍼의 질에 영향을 미쳐왔고(종이는 덜 부드럽고 흡수성이 덜하다), 따라서 조 페이퍼는 시장의 요구에 부응하지 못 했다. 게다가 종 까오(Dong Cao) 마을의 젊은 세대는 이 전통공예가 그 소비시장이 지지부진하고, 소득은 적으며, 종이산업이나 다른 부문들보다 덜 안정적이기 때문에 더는 이에 관심이 없다. 어린 소년인 팜 티 타인(Pham Thi Thanh)(1995년 출생)은 다음과 같이 말한다.

> 조 페이퍼 제작은 매우 힘이 들지만 그 소득은 적어요. 그래서 우리는 이를 배우려 하지 않아요. 난 이 일에서 벗어나 다른 새로운 직업을 얻기 위해 대학에 진학하려고 합니다. 심지어 고등교육을 받지 못한 제 친구들도 산업 단지에서 일하고 있어요.

요약하면, 현대사회의 맥락에서 모든 것은 발전하고 변화한다. 그리고 많은 사람들은 오늘날의 사회가 전통들을 잠식해왔기 때문에 장인정신은 발전할 수 없다고 믿거나, 실제로 근대화를 달성하기 위해서는 국가정책이 소규모 수공예 생산은 무시해야 한다는 관점을 가지고 있다. 현실은 인간적 요소가 근대화에 있어 매우 중요하다는 사실을 보여준다. 사회적 근대화와 조화를 이루는 직종(career)의 변화 혹은 생산수단의 변화는 창조적이면서도 전통적인 요소들을 모두 포괄하는 새로운 상품을 만들어 낼 것이다. 그리고 이는 오늘날의 사회 속에서 하나의 위치를 차지하고 있다. 민속 공예가들과 장인들(artisans, craftsmen)의 이야기, 그리고 이와 관련된 개인들의 염원과 생각들을 통해서 우리는 베트남의 근대화 과정에 따른 영향과 이와 같은 변화가 전통적인 장인정신에 미친 영향을 확인할 수 있다. 첫째, 전통적인 마을들은 근대화의 추세 속에서 수공예에서 중소산업으로 이동했고, 국제적인 통합은 결국 상품 수출을 위한 개발을 촉진시켰다. 둘째, 개방정책과 국제무역은 외국 상품의 유입을 촉진시켜 공예 마을들은 더욱 가혹한 경쟁에 직면하고 있다. 조 페이퍼와 같이 독특한 정체성을 가진 전통적인 물품들은 특별한 관심 없이는 경쟁이 될 수 없으며, 사라질 위험에 처하게 된다. 이는 문화적 정체성의 상실을 의미한다. 셋째, 근대화의 과정에서 새로운 기술들은 공예 마을들과 치열하게 경쟁할 수 있다. 예를 들어, 산업적 종이를 제조하는 신기술은 조 페이퍼를 제작하는 전통적 방식을 대체해왔다.

베트남에서 수공예는 농촌의 노동자들에게 직업을 제공하고, 소비자들이 필요로 하는 다양한 제품을 만들며, 소득과 삶을 향상시킬 뿐만 아니라 어떤 산업적 환경에 적응할 수 있는 젊은 노동자들로 구성된 집단을 구축하여, 서로 다른 종족 집단들의 문화적 정체성을 발전시키고 보존하는데 기여하도록 한다. 근대화와 세계화의 맥락에서 문화유산의 가치를 보존하고 홍보하는 것뿐만 아니라 전통적인 수공예를 유지하고 발전시키는 것은 새로운 과학과 기술을 각국의 현실적 환경만이 아니라 문화적 환경에 맞게 적용하는 것일 뿐만 아니라 사회 전체의 이익이란 관점에서 이해되어야 한다.

참고문헌

Chang, Kyung- Sup. 2010. "Compressed Modernity in Perspective: South Korean Instanes aanhd Beyond," 5th World Congress of Korean Studies, 25-28, October, 2010, Chinese Culture University, Taipei, Taiwan

Bui Xuan Dinh. 2009. *Handicraft villages in Thanh Oai district* (Hanoi): Tradition and change, Social Sciences Publishing House, Hanoi.

Nguyen Dien. 1997. *Industrialized agriculture, rural in Asia and Vietnam*, National Political Publishing House, Hanoi.

Mai The Hon, Hoang Ngoc Ha, and Vu Van Phuc. 2002. *Development of traditional villages in the process of industrialization and modernization*, National Political Publishing House, Hanoi.

Truong Minh Hang. 2007. *Brown pottery in Phu Lang*, National Political Publishing House, Hanoi.

Kendall, Laurel. 2014. "Intangible traces and material things: the performance of heritage handicraft," *Actakorana* 17(2): 537-555.

Miyama Ryo. 2003. *The Preservation and Exhibition of East Asean culture in Relation to Folk Craft Aesthetics*, Tokyo.

Thuat, Vu Hong. 2000. "Research Report on "Do" paper craft village in Bac Ninh," *International Conference at the University of Hanoi Foreign Trade*, dated 19.04.2000.

______. 2007. *Cultural values of traditional crafts, in the historical and cultural relics in Cau Giay district*, Culture and Information Publishing House, Hanoi, p.164.

Vuong, Tran Quoc. 2000. *Vietnam Culture, explore and ponder*, Culture and Ethnic Publishing House, Hanoi.

An Thu Trà. 2013. "Review on the Vietnam Museum of Ethnology's Activities in Preserving and Promotin Intangible Cultural Heritage," *Museum & Anthropology Magazine* 1: 26–36.

7장

이케다 고진의 문서와 대만 총독부 전매국 공문서를 통해 본 소금 전매*

鍾淑敏

1. 들어가는 말

1895년에 대만은 일본 식민지 초기에 소금 전매제도를 폐지함으로 하여 청나라시기에 세운 소금 판매 체계가 무너지게 되었고, 소금 공급은 중대한 문제로 부각되었다. 1899년에 일본은 소금 전매를 새롭게 시작하였는데 총독부의 지시 하에 구셴룽(辜顯榮) 등 대만 상인이 함께 '관염매팔조합(官鹽賣捌組合)'을 조직하였고, 대만 제염업의 판매 특허를 받았다. 본점은 타이베이(臺北)에 설치하고, 대만 전역의 중요한 도시에 판매점을 설치하였으며 같은 해에 '대만염전규칙'을 반포하였다. 제염은 크게 천일염(天日鹽), 전오염(煎熬鹽) 및 재제염(再製鹽)으로 나눌 수 있다. 1912년 4월부터 구셴룽은 총독부로부터 재제염 제조·판매 특허를 받게 되는데 1915년 말까지 지속하였다. 하지만 『대만염전매지(臺灣鹽專

* 이 글의 내용은 2015년 4월 14~16일 전북대학교에서 개최한 2015 International Conference "Comparative Study on the Compressed Modernity in East Asia: Concept, Reality and Personal Document"에서 발표한 발표문에 기초하고 있다.

賣志)』에 의하면 구셴룽은 명분상 재제염 제조 판매인일 뿐이고 사실상 자금 경영자는 도요타 세이이치로(豊田清一郎)였다. 도요타(豊田)는 타이난(臺南) 안핑(安平)에 재제염 공장을 세우고 옌청(鹽埕) 염전(鹽田)의 낮은 등급의 소금을 원료로 사용하였는데 1912년 4월부터 이 사업을 시작하여 대만 전역에 제품을 공급하였다. 1914년 4월부터 도요타 세이이치로는 신주(新竹) 이북 및 동부 지역에 재제염한 소금을 편리하게 공급하기 위하여 기무라 겐키치(木村謙吉)로 하여금 타이베이에 분공장(分工場)을 세우도록 하였다. 1916년 3월 총독부에서 도요타 세이이치로를 남부 재제염의 원매팔인(元賣捌人) 즉 판매 계승자로, 기무라 겐키치를 북부 재제염의 원매팔인으로 명하여 각자 재제염을 독자적으로 제조하도록 하였고, 구셴룽을 염무총관(鹽務總館)과 동등한 지위에 올려놓았다(松下芳三郎, 1925: 513-514).

1917년 대만 총독부 전매국 베이먼위(北門嶼) 지국장(支局長) 야마무라 마츠타카(山村光尊) 등은 문서를 불법으로 차지하고 위조한 등의 죄로 법원의 판결을 받게 되었다. 이것은 대만에서 민간과의 관계가 밀접한 전매국 관원의 불법 사건이었는데 이 사건은 구셴룽, 도요타 세이이치로 등이 연루되기도 하였다. 사건의 내용은 신문을 통해서도 어느 정도 실마리를 찾을 수 있었지만 전매국 관원 '이케다 고진(池田幸甚) 문서'와 '대만 총독부 전매국 공문서'를 통해 우리는 이 사건의 복잡한 일면과 그 배후에 숨어있는 숨은 실정을 읽어낼 수 있었다. 이 글은 먼저 전매국 관원이 탐오 독직(瀆職)횡령한 사건의 개요를 간단하게 서술한 뒤, 개인이나 정부 당국의 내부 문서를 통해 같은 점과 차이점을 비교 분석함으로써 공문서가 역사 연구에서 가지는 의미를 찾아보고자 한다.

2. 범죄 사실

1917년 9월 타이난 지방법원은 기존의 전매국 베이먼위 지국장 야마무라 마츠타카(山村光尊), 서기 사노 스스무(佐野暹), 기수(技手) 시라이시 겐스케(白石健助) 등 세 명에게 '공문서 위조 및 사기 횡령' 등 죄명으로 야마무라 마츠타카에게 징역 1년 6개월, 사노 스스무와 시라이시 겐스케에게 각각 징역 6개월, 4개월을 선고하였다(『대만일일신보(臺灣日日新報)』, 1917/09/05).

사건이 발각된 것은 바로 1916년 11월 야마무라 마츠타카의 후임으로 베이먼위 지국장을 맡았던 아사쿠라 긴지(朝倉欽次)가 인수인계할 때에 시작되었다. 당시 사노 스스무가 제출한 장부와 실제 조사한 내용을 대조할 때, 연이어 제본한 검수증(檢收證) 99장이 있었고 또 본 당국에 제출한 것과 다른 공사 설계 도면이 있었는데 이로 인하여 의심이 생겨 다부사 슈노스리(田房秀之助) 염무과장(鹽務課長)에게 보고하게 되었고, 이에 전매국은 하타노 히로키치(波多野廣吉) 서기를 파견하여 조사한 결과, 끝내 일련의 죄를 밝혀내게 되었다.[1] 전매국 자체 내에서 조사를 진행함과 동시에 검찰관(檢察官)도 아구(阿緱)의 도급 상담 사건에 대해 조사할 때 타니히라 요네키치(谷原米吉)의 집에서 몰수한 문서로부터 야마무라(山村)와 사노(佐野)의 서신을 발견하게 되었는데 이것이 베이먼위 사건과 관련이 있을 것으로 판단하였다.[2] 사건의 경위는 법원의 심리

---

1) 국사관 대만 문헌관 소장, 《대만 총독부 전매국 공문류찬(臺灣總督府專賣局公文類纂)》 00102294002, 〈대정 6년 북문서(大正6年北門嶼鹽田築堤工事ノ件)〉, '야마무라 마츠타카 외 2명 횡령 피고 관련 사건(山村光尊外二名橫領被告事件ニ關スル件)'(제161쪽-163쪽).

2) 〈대정 6년 북문서 염전 축제 공사건(大正6年北門嶼鹽田築堤工事件(3)〉, 《대만 총독부 전매국 공문류찬(臺灣總督府專賣局公文類纂)》, 중앙연구원 대만역사연구소 공문서관,

(審理)를 복심(覆審)하는 과정에서 비교적 철저하게 보도되었다. 세 명의 범죄 혐의는 아래와 같았다. 첫째, 가짜 출장으로 회계 보고한 문제이다. 세 명은 1915년 4월부터 1916년에 이르기까지 시라이시(白石)를 점자구(店子口) 지청(支廳)에 거짓으로 파견해 가짜 출장을 조작하여 여비를 도합 24원 40전을 수령하였다. 둘째, '임시창고 검량장(稱量場) 수건공사비'의 경비를 실제보다 부풀려 기입하고 보고하여 국비에서 504.83원의 차액을 수령하였다. 셋째, 제방 수축 공사에서 홍강(弘岡) 정주(正周)[3]를 사실상 605원으로 도급하였는데 도급금액을 1,226원으로 허위 보고하였다. 넷째, 안핑(安平) 제염회사 지배인 도요타 세이이치로의 청탁으로 제방 수축 공사비용에서 7,500원을 도요타(豊田)에게 빼돌렸다. 그 후 5,198.18원만 회수하여 2,201.82원을 적게 받음으로써 손해를 초래하였다. 다섯째, 타니히라 요네키치의 청탁으로 앞에서 언급한 도요타 세이이치로 사건과 비슷한 사례로 2,766.61원의 손해를 보게 되었다. 또한 전매국 하타노 히로키치 서기는 국가 대리인 명의로 제염업자 왕모(王谋)씨 등 237명과 함께 소송을 제기하였다(『대만일일신보(臺灣日日新報)』, 1917/11/22).

이 사건에 대해 법원은 복심에서 야마무라에게 1년 6개월, 사노에게 6개월, 히로이시에게 4개월의 징역 및 집행 유예 3년 판결을 내렸다. 민사 부분에서는 야마무라, 사노 등이 왕모(王谋)등 237명에게 백 원을 배상하도록 판결하였고, 기타 원고(原告)의 요구는 기각하였다(『대만일일신보(臺灣日日新報)』, 1917/12/11). 이 사건의 심사는 여기서 일단락을 짓

제327-329쪽. '대정 6년 4월 2일 이케다(池田) 과장이 재경(在京) 전매국 국장에게 보낸 암호 전보'.

3) 전매국 공문서에는 광강(廣岡) 정주(正周)로 기록됨. 음이 서로 같음.

게 되었다.

사건의 주인공 야마무라 마츠타카는 1875년에 출생하였고, 아이치 현(愛知縣) 평민으로서 원래 이름은 야마무라 야타로(山村彌太郎)였다.[4] 1897년 6월에 순찰을 맡았고, 1899년 6월에 현지 원주민어 통역(土語通譯)을 겸직하였다. 1901년 2월에는 청원을 하여 순찰을 면하게 되었으며, 1901년 6월에 전매국의 고용인으로 전환되었다. 1906년 9월에 전매국 서기직에 승진되었으며, 염무과(鹽務課)에 소속되었다. 1909년 4월에 베이먼위 지국에 파견되었고, 1912년에 타이난 지국장(支局長)으로 승진하였다가 1915년 2월에 베이먼위 지국장으로 전임하였다.[5]

공문서 위조, 횡령, 사기 등 범죄 사실이 터지기 전에 뉴스에서는 그가 현지 대만의 일본인과의 협동이 좋다고 보도한 적이 있었다. 심지어 일부 지방에서는 나무를 심어 그를 기념하는 미담도 전해지고 있었다(『대만일일신보(臺灣日日新報)』, 1916/11/09). 이것은 아마도 그가 가지고 있는 대만어 능력과도 관련이 있을 것이다. 같은 안건의 사노 스스무는 동양 협회 전문학교 졸업생으로 1907년에 졸업과 함께 의란청(宜蘭廳) 소속 신분으로 대만에 왔다. 다음해 5월에 가의청(嘉義廳)으로 전임되었고, 동시에 식산국(殖產局) 산하의 가의(嘉義) 모범 제지공장 사무를 맡았다. 아쉽게도 1909년 3월에 제지공장이 문을 닫게 되었고, 사노 스스

4) 국사관 대만문헌관 소장, 《대만 총독부 전매국 공문류찬(臺灣總督府專賣局公文類纂)》 00112592803, 〈대정 6년 원재관직자 이력서 전매국(大正6年元在官職者履歷書專賣局)〉, '야마무라 마츠타카(山村光尊)'.

5) 국사관 대만문헌관 소장, 《대만 총독부 전매국 공문류찬(臺灣總督府專賣局公文類纂)》 00112690092, 〈메이지40년부터 대정 5년까지 이력 조사 사항 ナ에서 ヤ까지 5책 내3 전매국(明治四十年至大正五年履歷調查事項自ナ至ヤ五册ノ內三專賣局)〉, '山村光尊'.

무도 가의청으로부터 총독부 전매국으로 전임되었다.[6] 그가 대만협회 학교 확충으로 이루어진 동양협회 전문학교 출신이라는 점으로 볼 때 사노는 중국 관화(官話)와 대만어를 배웠을 것이고, 일정 부분 대만인과 소통하는 역할을 했을 것으로 추정된다. 시라이시 겐스케를 살펴보면, 1906년부터 전매국 대남 지국 직원에서부터 시작하여 다거우(打狗), 부다이주이(布袋嘴), 베이먼위 등 여러 지국으로 이동하였다. 사건이 발생한 후 시라이시 겐스케가 어디로 갔는지는 확실치 않았는데 야마무라 마츠타카와 사노 스스무는 모두 식민지 지방 관청에서 살았다는 기록을 찾아볼 수 있었다.

이 사건에서 가짜 출장으로 출장 경비를 많이 부풀려 보고하고, 제방 수축 공사에서는 적은 것으로 많은 돈을 수령하였으며, 본인의 주머니를 채운 등 죄증이 확실하였으므로 관계자들은 모두 상응하는 징벌을 받았다. 하지만 범죄 내부 관계, 즉 야마무라 마츠타카가 어떻게 제방 수축 공사 비용을 안핑(安平) 제염의 도요타 세이이치로와 도급 상인인 타니히라 요네키치에게 빼돌렸는지, 사건 발생 후 상대방이 전액을 반환하지 못하여 오히려 소송을 당하게 되었는지, 왕모 등 237명의 제염업자들은 이 사건과 또한 어떤 관련이 있는지 등에 대해서 상술한 자료를 통하여 분명하게 밝힐 수 없었다. 다행히도 전매국 공문서에 '대정 6년(1917년) 북문서 염전 제방 수축 공사 건(大正6年北門嶼鹽田築堤工事件)'의 기록이 있었는데 이 독직·횡령사건에 대하여 더욱 자세한 내용이 기록되어 있었다.

---

6) 대만 총독부 공문류찬 수위화(數位化) 공문서 1345-33 '좌야섬임의란청속(佐野暹任宜蘭廳屬)'에 근거하여 정리함. 1437-60 '의란청속좌야섬임가의청속(宜蘭廳屬佐野暹任嘉義廳屬)', 1557-77'囑託佐野暹賞與, 解囑', 1557-111'가의성속좌야섬총독부전매국에 출향(嘉義廳屬佐野暹總督府專賣局へ出向)'.

1917년 6월 19일 베이먼위 지국장 아사쿠라 긴지(朝倉欽次)가 '전북비 제5호(專北秘第5號)'로 염무과장(鹽務課長) 다부사 슈노스리(田房秀之助)에게 올린 보고서에 '예심결정서(豫審決定書)'가 첨부되어 있었는데 거기에서 '공문서 위조로 재산을 횡령 사기한 피고 사건'에 대해 언급하였다. 예심 법원 검찰관 마츠이카 히데아키(松井榮堯)는 대남 지방법원 초심 판결 때 사건의 전말에 대해 자세한 설명을 하였다.

대정(大正) 3년(1914) 베이먼위 지국장 구마타니 유우치(態谷雄治)는 바닷물이 범람하여 염전이 파괴되는 것을 방지하기 위해 제염업자들에게 베이먼위, 징짜이자오(井仔脚)에 염전 제방을 수축할 것을 권유하였다. 예산은 58,885.51원(이후 60,836.241원으로 변경됨)이었고, 그 중 보조금액이 29,371원이었으며, 대출금액이 19,000원, 협의금이 5,000원이었다. 기타 부족한 부분은 제염업자가 노동력으로 보충하였는데 같은 해 8월에 시행하였다. 사노 스스무는 재무를 책임졌고, 시라이시 겐스케는 공사 부분을 책임졌다. 대정 4년(1915) 2월에 구마타니 유우치가 퇴직하고, 야마무라 마츠타카가 지국장을 역임하게 되었다. 하지만 야마무라는 분수를 알지 못하고, 요정(料亭)을 자주 드나들면서 공정 도급상과 술자리를 함께 했으며, 제방 수축 비용을 마음대로 청부업자에게 대출해 주었을 뿐만 아니라 상사, 부하, 친구, 내빈 등과 주고받고, 초대하거나 클럽 등에서 지나친 소비를 함으로써 해당 지출을 감당하기 어려운 상황이 초래되었다. 때문에 사노 스스무, 시라이시 겐스케 등을 시켜 제방 수축 비용과 지국 예산을 침범하여 공문서를 위조하게 되었다. 구체적인 상황은 아래의 표와 같다.

공사 명칭	發包 시간	도급상	기존 계약금	변경 금액	차액
中井仔脚 築堤공사	大正 4년 5월	광강(廣崗) 정주(正周)	605.12원	1,226.33원	621.21원
供應老古石 13坪6合1勺	大正 4년 10월 5일	豊田淸一郎	115원	1,571.78원 (186坪1合으로 허위보고함)	1, 456.78원
井仔脚築堤공사	大正 5년 1월	狩谷長三郎	1, 530원	1,630원	100원
北門嶼支局 임시창고 등 수선공사	大正 5년 3월 14일	田中一	197.95원	321.50원	123.55원
北門嶼 임시창고 및 稱量場 수선공사	大正 5년 3월 14일	王泰	194.60원	263원	68.40원
蚵寮庄 임시창고와 稱量場수선공사	大正 5년 3월 14일	蔡天祐	163.20원	255원	91.80원
蚵寮창고一 棟 건축공사	大正 4년 6월 20일	王謀	922원	1,052원	130원
支局倉鹽收納小屋 수선공사	大正 5년 10월 10일	涂宜	86.17원	177.97원	91.8원

횡령사건이 터진 후, 야마무라 마츠타카 등은 범죄사실에 대해 부인하지 않았고, 검찰관(檢察官)은 이 사건이 분수를 알지 못한데서 원인이 야기되어 부지런히 주고받거나 접대하다가 끝내는 공금을 도용하여 부족함을 메우게 되었다고 인정하였다. 하지만 전매국 문서 보고와 오고 갔던 서신 및 야마무라가 사건을 일으켰던 당시의 서무(庶務) 과장 이케다 고진(池田幸甚)의 문서 등을 통해 횡령사건의 배후에 숨겨진 복잡한 관계를 찾아볼 수 있었다.

3. 전매국 내부의 대응

야마무라 마츠타카는 1971년 1월 8일에 전매국 염무(鹽務) 과장에게 시말서를 제출하였고, 또한 2월 9일에 전매국 국장에게 연임 여부 관련 보고를 올렸으며, 4월 6일에 정직 명령을 받았다. 아울러 같은 날 법원으로부터 구금당했고, 7월 26일 같은 현(縣)의 사람이 보증금 1천 원을 제공하고 가석방되었다.[7] 공식적인 판결을 받기 전까지 82일 동안 야마무라는 전매국 관원과 일련의 통신 자료를 남겼는데 이로부터 전매국 관원의 이 사건에 대한 대응을 엿볼 수 있었다.

전매국 공문서에 타이난 청(台南廳) 쉐자바오(學甲堡) 베이먼위(北門嶼) 제염업자 천간(陳赶) 등 26명이 서명한 탄원서가 보관되어 있었는데 탄원 대상은 '대만 부인 자선회'였고, 탄원한 일자는 대정(大正) 6년 4월 2일이었다. 이 탄원서에 의하면 베이먼위 부근의 제염업자가 부인 자선회로부터 19,000원을 빌렸고, 6년 동안 분할 상환하도록 약속하였음을 알 수 있었다. 1917년 3월 25일에 원금에 이자를 합쳐 4,000여 원을 갚아야 했지만 1916년에 소금 생산량이 증가되면서 제염업자가 5,000여 원을 모아 갚으려 할 때, 도리어 왕위(王育)를 비롯한 6명이 납부 기한 연기를 신청하려 한다는 소문이 돌았다. 그리하여 천간 등 26명은 부인 자선회가 납부 기한 연장에 동의하지 말 것을 서명하여 탄원하였다. 하지만, 사실상 왕위 등은 결코 소문과 달리 정부 당국의 압력을 이기지 못하여 했던 것이었다.

야마무라 마츠타카의 기소문 내용에 의하면 이번 제방 수축 공사 예산은 58,885.51원(후에 60,836.241로 변경됨)이었는데 그 중 보조금이 29,371

---

7) 〈대정 6년 북문 서염전축제공사건(2)(大正六年北門嶼鹽田築堤工事件(2))〉, 《대만 총독부 전매국 공문류찬(臺灣總督府專賣局公文類纂)》, 중앙연구원 대만 역사연구소 공문서관, 제245쪽-247쪽.

원, 대출이 19,000원, 협의금이 5,000원이었으며 기타 부족한 부분은 제염업자가 노동력으로 충당하였다. 제염업자가 부인자선회에 신청한 금액은 바로 19,000원에 달하는 거액의 대출이었고, 대출을 신청한 자는 바로 베이먼위의 대만 제염업자들이었다. 대만 제염업자는 노동력으로 충당하는 것 외에 19,000원을 빌려 제방 수축 공사의 보조금으로 사용하였다.

베이먼위 '본도인염전(本島人鹽田)' 제방 수축 사건은 『대만염전매지(臺灣鹽專賣志)』에 기록되어 있다. 펑후(澎湖)의 오래된 고석(古石)으로 돌담을 쌓아 베이먼위 염전 제방을 만드는 공사는 1909년에 시작되었지만 폭풍의 침식을 감당하지 못하였기에 1913년에 제방 수축 계획이 있었으며 정부에서 거액의 보조금을 내려주고 융자로 부족한 금액을 보충하였다. 1914년부터 1916년에 이르기까지 공사가 완공되었고, 부다이(布袋)와 베이먼 두 지역 염전 앞에 큰 제방을 수축한 결과 염전을 확보하게 되었다(松下芳三郎, 1925: 57-58). 대만 부인자선회의 서술에 따르면 메이지 44년(1911)이래 베이먼위는 여러 차례의 폭풍으로 염전 손실이 막대했다고 한다. 예를 들어 방파제는 수리하면 파손되곤 하였는데 베이먼위 장(北門嶼庄) 전반이 모두 지극한 곤경에 빠져서 두 손을 놓고 기아에 허덕이는 참상이 나타났다. 저렴한 자본으로 염전과 방파제를 수축하여 염전업을 회복시키고 간접적으로 노동자 및 기타 영세민을 구휼하기 위해 본토의 구장(區長), 보정(保正) 및 제염업 총대표 등은 타이난 청(臺南廳)을 통해 부인자선회와 교섭하여 10, 000원을 융통하게 되었다. 따라서 자선회는 대정(大正) 2년 3월에 촌민 중 유력인사의 보증하에 연간 이자를 6분(分)으로 하고 4년 간 분할 상환하는 조건으로 10, 000원을 빌렸다. 성과가 괜찮아서 같은 해 12월에 복구 작업이 전부 완공되었고, 염전업도 부활하였으며, 대출금 역시 대정(大正) 5년 4월에 전부 갚게 되었다.[8] 제염업자가 1916년 4월에 전액 상환하였다는 기록은 위에서 서술한 전매국 하타노(波多野) 서기의 보고 내용과 비교해 보면, 대만 제염업자가 결코 전매국 관원에게 설득당하지 않고 자선회와의 협의에 근거하여 대출을 상환한 것으로 보인다.

이 내용에 근거하여 보아도 제염업자와 전매국, 자선회 사이의 관계는 여전히 복잡하게 얽혀 분명히 정리하기 어렵다. 이처럼 전매국에 소속된 사람들에 대하여 상술한 법원의 판결과 대조해보면, 야마무라 지국장이 대만인의 명의로 대출받은 제방 수축 공사비용의 일부를 도요타 세이이치로(豊田清一郎)와 타니히라 요네키치(谷原米吉) 두 일본 제염업자가 전용하였고, 또 이후에도 전액 회수하지 못했음을 알 수 있다. 전매국 서기 하타노와 대만 제염업자 236명이 제출한 '부대사송(附帶私訟)'에서 추궁한 것이 바로 이 거액의 비용에 관한 것이었다. 하지만 제염업자는 어떻게 제때에 대출을 갚았을까? 현존 자료를 가지고는 여전히 밝히기는 어렵지만, 내부 자료를 통하여 전매국 관원은 처음부터 구셴룽과 도요타 세이이치로의 소송 사건에서 틀림없이 승소하게 될 도요타 세이이치로로로부터 빚진 돈을 받아 상환할 수 있을 것으로 판단하였음을 알 수 있었다. 그렇다면 야마무라 마츠타카의 범죄사건은 또 구셴룽과 어떻게 얽히고 있는 것일까.

4. 기유된 구셴룽(辜顯榮)

사건의 발전은 구셴룽(辜顯榮)과 관련되어 있으니, 바로 도요타 세이

---

8) 『대만 부인자선회지(臺灣婦人慈善會志)』, 제30쪽.

이치로가 구셴룽에게 제기한 소송문제였다. 1917년 2월 24일에 구셴룽의 '대화행(大和行)'에서 재직하고 있던 오우가 가쿠타로(鉅鹿赫太郎)는 전매국 관리 이케다 고진(池田幸甚)의 관사를 방문하여 도요타 세이이치로가 구셴룽을 상대로 제기한 소송문제를 의논하고 더불어 재제염업의 유래에 대해 언급하였다. 회담의 자세한 내용은 이케다 서무과장(庶務科長)이 26일 전매국 국장 가쿠 사가타로(賀來佐賀太郎)에게 보낸 서신 보고에 적혀 있다. 이로부터 우리는 정부 공문서에 드러나지 않은 민족 차별 등 내부 문제도 엿볼 수 있었다. 대화 내용은 대체로 아래와 같다. 마스자와(增澤) 전매국 국장을 맡았던 시기(1910. 7.~1913. 6.)에 도요타 세이이치로는 재제염 계약서를 가지고 구셴룽에게 동의를 구하였다. 구셴룽은 재제염 역시 조염(粗鹽)이니 마땅히 염무 총관에서 제조해야 한다고 생각하였다. 그리하여 계약서를 세 번이나 되돌려 보냈다. 그러나 마스자와(增澤) 국장으로부터 그가 정부의 혜택을 받은 이상 완강하게 나오면 오히려 그 뒷일이 좋지 않을 것이라고 일깨우는 지시를 전달받았기 때문에 구셴룽도 어쩔 수 없이 계약을 체결하였다. 이때에 도요타 세이이치로는 6천원을 내고 예기(藝妓) 두 명을 일본 내지로 데려 가기 위하여 변호사 아네하(姉齒)를 대리인으로 위임하여 소송을 제기하였다. 구셴룽은 당초에 전매국 국장과 염무 과장의 설득에 의해 비로소 도요타 세이이치로로 하여금 재제염을 경영하게 하였을 뿐이므로 손실을 배상할 이유가 전혀 없다고 생각하고 있었다. 흥미로운 것은 오우가(鉅鹿)의 설명을 듣고 난 뒤에 이케다(池田)는 오우가와 변호사 아네하를 청하여 사적으로 얘기를 나누고 도요타 세이이치로가 승소할 경우 순식간에 재산 처리를 하는 것을 방지하기 위하여 반드시 먼저 돈을 '가차압(假差押)' 하여 야마무라 마츠타카의 2천원과 여타 사람들의 대출을 확보하려 하였다. 오우가의 추산에 의하면 구셴룽은 고토 신페이(後藤新平)의 지시 하에 경영한 염무 총관에서 해마다 6만원을 벌어 들일 수 있다 하였다. 따라서 구셴룽으로 하여금 야마무라 마츠타카가 도용한 공금을 내게 하자는 의견은 전매국 관련 관원들의 공동된 인식인 듯 하였다.[9] 덧붙여 언급할 점은 오우가 가쿠타로(鉅鹿赫太郎, 1860~1933)가 총리 관아 4품 번역관을 맡았던 시절에 일본 주재 흠차대신(欽差大臣) 번역관을 10년간 하였고, 일본에 대만 영사가 있은 뒤 1896년에 노기(乃木) 총독을 따라 대만에 오게 되었다. 1898년에 총독부 법원 번역관을 맡았다가 1910년에 퇴직하고 실업계로 넘어가 염무 지관(鹽務支館)으로 지정되자 구셴룽의 고문이 되었다(『대만일일신보(臺灣日日新報)』, 1933/04/25).[10]

구셴룽과 도요타 세이이치로의 소송은 《구셴룽전기(辜顯榮傳記)》, 《염전매지(鹽專賣志)》, 법원자료실 등에서 모두 찾아볼 수 없으며, 대만일일신문에도 등재된 것이 보이지 않는다. 그러나 관련 자료에 근거하면, 이 소송은 구셴룽의 명의 하에 천일염의 유통과 동등한 지위에 설 수 있었던 '재제염'의 제조 판매권을 위한 것으로 추측해볼 수 있다.

야마무라 마츠타카(山村光尊)의 독직(瀆職)사건에 대해 다시 언급하고자 한다. 야마무라 마츠타카는 처음부터 안핑(安平) 제염회사의 도요타 세이이치로와 대화양행(大和洋行)의 구셴룽 사이의 소송에 대해 도요타 세이이치로가 꼭 승소할 것으로 낙관적으로 인식하였다. 때문에 여러 차례의 서신 중에서 도요타 세이이치로의 승소문제를 언급하면서 도요타 세이이치로의 자금을 먼저 동결시켜야 2천원의 배상금을 얻을 수 있다고 하

9) 이케다 고진(池田幸甚) 문서, 1917년 2월 26일 일기.

10) 오우가 가쿠타로(鉅鹿赫太郎)는 생애, 이력 등이 '대만인물지' 자료 서고에 수록되었다.

였다.[11] 다시 말하면, 도요타 세이이치로로부터 예전에 횡령한 자금을 받아낼 수 있다는 것이다. 야마무라 마츠타카가 제방 수축 공사 비용을 전용한 것과 도요타 세이이치로와 타니히라(谷原)의 수법은 이케다 고진의 동정을 얻은 것으로 보인다. 전매국 공문서에는 이케다 고진이 4월 12일 야마무라 마츠타카에게 보낸 사적인 편지의 초고가 있는데 아래와 같다.

> 도요타 세이이치로와 구셴룽의 소송건은 대체로 2, 3일 후에 결과를 알 수 있습니다. 만약 도요타 세이이치로가 승소한다면 당신이 대출한 일부분의 자금을 돌려받을 수 있습니다. 그렇게 되면 당신의 걱정거리도 없어지게 될 것이고, 책임감도 좀 덜게 될 것입니다.[12]

그리고 1917년 5월 20일 야마무라(山村)가 타이난 염옥(鹽獄)에서 전매국 서무 과장 이케다 고진에게 보낸 편지에 아래와 같이 기록되어 있다.

> 염옥(鹽獄)에 온 뒤로 45일이 지났습니다. 그동안 번번이 당신의 간절한 편지를 받곤 하였습니다. 이번 사건에 대하여 처음에 저택을 방문했을 때, 당신이 '승자는 관병(官兵)이고, 패자는 구적(寇賊)이며, 당신은 패자 쪽에 속할 것입니다' 라고 한 말은 저에게 영원한 기억으로 남을 것입니다. 매일 생각할 때마다 눈물이 옷깃을 적시곤 합니다. 입염(入鹽)한 이래 내부적으로는 일부 관리들의 큰 동정을 받았고, 외부적으로는 타이난(臺南)에 거주하는 동현(同縣) 사람들과 포(布; 袋), 북(北; 門嶼), 타이난 지국의 뜻 있는 여러 사람들이 음식 등을 보내와서 저의 쓸모없는 여생

---

11) 〈대정 6년 북문서 염전 축제공사건(大正6년北門嶼鹽田築堤工事件)(3)〉, 《대만총독부 전매국 공문류찬(臺灣總督府專賣局公文類纂)》, 중앙연구원 대만역사공문서관 검색, 제349쪽-351쪽. '대정 6년 3월 17일 야마무라 마츠타카(山村光尊)이 이케다(池田) 서무(庶務) 과장에게 보낸 편지'.

12) 〈대정 6년 북문서 염전(大正6年北門嶼鹽田築堤工事(2)〉, 《대만총독부 전매국 공문류찬(臺灣總督府專賣局公文類纂)》, 중앙연구원 대만역사 공문서관 검색. 제232쪽.

을 보존해주고 있습니다.[13]

상술한 기록은 비록 제방 수축 공사 비용과 야마무라 마츠타카가 대출금을 횡령한 사실을 되돌릴 수는 없지만, 전매국 고위층에서 야마무라의 행위에 대해 부정하지 않았음을 단정할 수 있다. 이러할 뿐만 아니라 흥미로운 것은 1917년 5월 29일 베이먼위 지국장 아사쿠라 긴지(朝倉欽次)가 증인 신분으로 소식을 접한 후 다음 날 염무과 전방수(田房秀) 조과장(助課長)에게 보낸 보고에서 아래와 같이 기록하였다.

잡담 중에서 판관은 '피고는 동정할 만한 점이 있지만 사회적 단점도 있고, 보편적 여론의 호평을 받지 못하는 점도 있으므로 검찰관(檢察官)과 협의하여 되도록 너그럽게 처리하겠다'고 표명하였습니다. 그리고 사노(佐野)는 3주의 시간을 들여 실제 자금 출납표를 작성하였는데 용도가 불분명한 금액이 무려 2천원에 이르렀습니다. 이 금액에 대해 추궁할 때 야마무라(山村)는 모두 본인 탓이라고 하면서 이 금액에 대해 더 이상 추궁하지 말 것을 간청하였습니다.[14]

다시 말하면, 사법부와 암묵적인 약속이 있어 최대한 관대하게 처리한 것이다.

야마무라 마츠타카는 서신에서 도요타 세이이치로가 5,350.51원을 빌린 증서를 언급하였고, 동시에 도요타가 '석재계산서(石材計算書)'라고 제목을 붙인 문서를 첨부하였는데 압수한 문서 중에 보관되어 있을 수도

13) 국사관 대만 문헌관 소장, 《대만 총독부 전매국 공문류찬》 00102294003, 〈대정 6년 북문서 염전축제공사건(大正6年北門嶼鹽田築堤工事ノ件)〉, '야마무라 마츠타카 외 2명 의무 축금 관련 사건(山村光尊外二名義務貯金ニ關スル件)', 제209-210쪽.

14) 국사관 대만 문헌관 소장, 《대만 총독부 전매국 공문류찬》 00102294002, 〈대정 6년 북문서 염전축제공사건(大正6年北門嶼鹽田築堤工事ノ件)〉, '야마무라 마츠타카 외 2명 횡령 피고 관련 사건(山村光尊外二名橫領被告事件ニ關スル件)', 제164쪽.

있었다.[15] 이로 인하여 이케다 서무과장은 4월 12일 대남법원 우노 쇼키치(宇野庄吉) 판관에게 편지를 보내어 도요타가 구셴룽을 상대로 소송을 제기했음을 표명하고, 만약 도요타가 승소한다면 전에 도요타가 야마무라 마츠타카에게 준 '계약서'에 의해 야마무라의 위임장대로 도요타의 예전 대출을 회수할 것을 요구하였다.[16] 이로부터 사법과 행정 사이의 교류가 당시에는 엄격한 경계가 없었음을 알 수 있다.

야마무라 마츠타카 등의 사건으로 말미암아 당시 서무과장을 맡았던 이케다 고진은 견책을 받은 일을 아래와 같이 서술하였다.

> 또한 서무과장 재직 중이었던 대정 4년 4월부터 10월까지 사이에 베이먼위 지국장 야마무라 마츠타카가 기타 두 명의 공모자와 함께 멋대로 근무지를 이탈하고 가지도 않은 출장을 허위로 꾸몄으며, 또 해당 지국이 여러 가지 공사를 도맡은 금액을 실제 금액보다 부풀려 보고하였으므로 공문서를 위조하여 528원 95전의 공금을 손실을 보게 되었다. 이런 것들은 모두 평소에 감독이 철저하지 못함으로 인하여 일어난 일이므로 문관 징계령에 의하여 견책을 받게 되었다.[17]

하지만 두 사람의 친분은 여전히 단절되지 않아 1921년 11월 14일 이케다의 작업일지에서 야마무라 마츠타카의 방문 건에 대해 언급한 내용

---

15) 〈대정 6년 북문서 염전축제공사건(大正6年北門嶼鹽田築堤工事件(2))〉, 《대만총독부 전매국 공문류찬(臺灣總督府專賣局公文類纂)》, 중앙연구원 대만역사 공문서관 검색. 제226쪽.

16) 〈대정 6년 북문서 염전축제공사건(大正6年北門嶼鹽田築堤工事件(2))〉, 《대만총독부 전매국 공문류찬(臺灣總督府專賣局公文類纂)》, 중앙연구원 대만역사 공문서관 검색. 제233-235쪽.

17) 〈池田幸甚〉, 《대정 11년 3월부터 대정 14년 4월에 고등 관리 관직 보유자 이력서》, 《대만총독부 전매국 공문류찬》. 국사관 대만문헌관 〈대만 총독부 전매국 공문서〉에서 검색함. http://ds2.th.gov.tw/20 13년 11월 12일 검색.

이 있는데, "내지인(內地人: 일본인을 말함)의 자본가는 재정적인 불경기 상황으로 당시에 술을 제조하려던 계획을 진행하기 어려웠다"라고 했으니, 독직(瀆職) 사건을 거친 뒤에 야마무라 마츠타카는 여전히 전매국에 출입하였음을 알 수 있다.

5. 나오는 말

전매국 베이먼위 지국장 야마무라 마츠타카(山村光尊)의 독직(瀆職) 사건은 사건 자체로 볼 때는 단순하게 공금을 도용하고 문서를 위조한 불법 사건이고, 판결로 볼 때 주모자는 중한 자라 할지라도 1년 6개월의 징역을 받는데 불과했으며 복역한 뒤에도 형벌을 받은 자가 여전히 식민지 대만에 남아 낮은 직급의 공직을 맡을 수 있었다. 이는 아마도 매우 작은 범죄 사실이었기 때문에 이에 대한 어떠한 연구도 보이지 않는 듯하다. 그러나 전매국의 공문서와 관계자 이케다 고진(池田幸甚)의 관련 자료를 자세하게 정리해 보면 간단한 듯 보이는 이 사건의 배후에 민족적 차별로 말미암아 발생한 속사정을 드러내고 있음을 발견할 수 있었다.

범죄 원인의 하나는 베이먼위 염전의 수축 비용을 전용한 것이었다. 대만인 제염자 명의로 '대만 부인 자선회'로부터 대출 받은 19,000원의 경비는 야마무라 마츠타카가 전용하여 안핑 제염업자 도요타 세이이치로(豊田清一郎)에게 다시 빌려주었다. 그리고 도요타가 갚을 수 없었던 부분은 놀랍게도 시종일관 총독부가 양성해낸 홍정상인(紅頂商人)[18] 구

18) 공무원과 상인 두 가지 역할을 하는 사람이다. (역자 주)

셴룽(辜顯榮)이 대신 갚도록 결정하였다. 우선 도요타와 구셴룽의 소송 사건에서 누가 옳고 그른가 하는 문제를 제쳐두고, 우리는 이케다 고진(池田幸甚)의 일기와 전매국 공문서로부터 소송 사건 판결 이전에 전매국 관원이 이미 구셴룽으로 하여금 돈을 내게 하여 전매국 관원의 독직(瀆職)으로 인하여 빚어진 대만인의 손실을 보충하려는 생각이 있었음을 발견할 수 있었다. 구셴룽에게 거대한 재부(財富)를 안겨준 전매국의 입장에서 보면 이와 같은 작은 보답은 또한 구셴룽으로 하여금 은혜에 보답하게 하는 하나의 기회를 준 셈일 것이다.

이 독직사건과 소송을 거친 후, 1925년 대만 총독부 전매국에서 편찬한 『대만염전매지(臺灣鹽專賣志)』에 여전히 다음과 같이 기록되어 있다. "구셴룽은 명의 상의 재제염 제조 판매상일 뿐이고 사실상의 투자 경영자는 도요타 세이이치로였다." 하지만 이케다 고진의 문서로부터 구셴룽은 전매국의 압력 하에 비로소 도요타로 하여금 재제염 대열에 들어서게 하였음을 분명히 알 수 있었다. 도요타의 자금은 어디에서 온 것일까? 적어도 이 사건에서 그 일부분의 자금은 전매국의 공사대금을 돌려쓴 것이며 그 중의 일부분 공사 대금은 대만 염민(鹽民)이 '대만 부인 자선회'로부터 대출받은 경비였다는 것이 밝혀졌다. 이 사건을 통하여 식민지 인민이 식민지 개척자의 '자선단체'로부터 제방 수축 자금을 대출 받았는데 이 자금은 뜻밖에도 식민정부로부터 특허를 받은 재제염 일본 상인에 의해 일부분 전용되었고 결국 다시 총독부의 혜택을 받은 대만 상인을 강박하여 대신 갚게 하였음을 알 수 있었다. 이러한 식민 구조는 어쩌면 원래 식민 통치의 일반적이고 '보편적인 현상'이며 특별한 의외의 일은 아니었다. 그러나 공문서 자료를 통하여 우리들은 오히려 사건 배후에 숨겨진 역사사실과 깊은 의의를 분명하게 파악할 수 있었다.

참고문헌

松下芳三郎(編). 1925.『臺灣鹽專賣志(대만염전매지)』, 臺北: 臺灣總督府專賣局.

〈자료〉

『臺灣婦人慈善會志(대만 부인자선회지)』

『臺灣日日新報』, "공문서 위조 판결," 1917년 9월 5일자, 제7판.

『臺灣日日新報』, "야마무라 등 공판(山村等ノ公判)," 1917년 11월 22일자, 제7판.

『臺灣日日新報』, "원전매국원판결(元專賣局員判決), 백석은 삼년간 집행 유예(白石は三年間執行猶豫)," 1917년 12월 11일자, 제7판.

『臺灣日日新報』, "지국장석별정심(支局長惜別情深)," 1916년 11월 9일자, 제6판.

『臺灣日日新報』, "오우가 씨 서거(鉅鹿氏逝去)," 1933년 4월 25일자 석간(夕刊), 제4판.

《臺灣總督府專賣局公文類纂(대만총독부 전매국 공문류찬)》

『이케다 고진(池田幸甚) 문서』

색인

〈인명〉

필자 소개

▮이정덕

서울대 인류학과를 졸업하고, 미국 뉴욕시립대에서 인류학 박사학위를 취득했다. 1993년부터 전북대학교에서 문화인류학을 가르치고 있다. 현재 전북대 쌀·삶·문명연구소 소장을 맡고 있으며, 일기를 통한 압축근대의 동아시아적 특성을 연구하고 있다. 주요 저서로는 『21세기 한국의 문화혁명』, 『근대라는 괴물』, 『일기를 쓴다는 것』(공역) 등이 있다.

▮남춘호

현재 전북대학교 사회학과 교수로 재직 중이며, 주된 관심분야는 노동과 빈곤 및 불평등, 청년층의 성인이행 등이다. 최근에는 텍스트마이닝 기법을 사회과학에서 활용하는 방안을 연구 중이다. 주요 논저로는 『전북지역 민주노조운동의 전환과 모색』(2009), 『압축근대와 농촌사회』(2014), 「압축근대와 생애과정의 구조변동」(2014), 「학교-직장 이행과정의 직업경력 배열분석」(2015) 등이 있다.

▮鍾淑敏

일본 도쿄대(東京大)에서 문학박사 학위를 취득하였고, 현재 대만 중앙연구원 대만사연구소 부소장으로 재직 중이다. 주로 일본 식민 통치기의 대만 역사와 대만총독부 문서를 연구하고 있다. 주요 저서로 《臺灣總督府田健治郎日記》上(2001), 中(2004), 下(2009), 《堤林數衛關係文書選輯》(2014), 《三好德郎的臺灣記憶》(2015) 등이 있다.

▮안승택

서울대학교 인류학과를 졸업하고, 동 대학원에서 인류학 박사학위를 취득했다. 현재 서울대 규장각한국학연구원 HK연구교수로 재직 중이다. 전공은 역사인류학이며, 식민지시기를 중심으로 그 전후시기를 오가며 재래 농업기술과 농민사회의 근대적 이행양상을 연구해오고 있다. 주요 논저로 『식민지 조선의 근대농법과 재래농법』, 『평택일기로 본 농촌생활사』(공저), 『조선 기록문화의 역사와 구조』(공저) 등이 있다.

▮진정원

대만 중앙연구원 대만사연구소 연구원으로 재직 중이다. 일본 식민 통치기의 대만 사회, 특히 하층민과 주변인을 연구하고 있다. 주요 저서로 『從東亞看近代中國婦女教育—智識分子對賢妻良母的改造』(2005), 『看不見的植民邊緣: 日治臺灣邊緣史讀本』(공저, 2012), 『東アジアの良妻賢母論—創られた伝統』(2006) 등이 있다.

▌朴光星

중국 연변대학 역사학과를 졸업하고, 한국 서울대학교 사회학과에서 석사학위와 박사학위를 취득하였다. 현재 중국 중앙민족대학교 민족학 및 사회학 부교수로 재직 중이며, 주로 사회학 이론과 도시화, 전지구화 및 초국적 인구이동에 대해 연구하고 있다. 주요 논저로 『세계화시대 중국조선족의 초국적 이동과 사회변화』(2008) 등이 있다.

▌마츠다 시노부(松田 忍)

일본 도쿄대(東京大) 역사문화학과를 졸업하고, 동 대학원 인문사회계연구과에서 일본사 전공으로 문학박사학위를 취득했다. 현재 쇼와죠시대학 역사문화학과 교수(전임강사)로 재직 중이다. 전공은 일본 근현대사이며, 신생활운동, 농회(農會), 전후사(前後事) 분야를 중심으로 연구를 진행 중이다. 주요논저로 『新生活運動協会――九四〇年代～一九六〇年代半ば―』(공저), 『西山光一日記』(공저) 등이 있다.

▌손현주

전북대학교 사회학과를 졸업하고 미국 하와이대에서 정치학박사를 취득했다. 현재 SSK 「압축근대와 개인기록연구단」 전임연구원으로 재직 중이다. 한국 사회의 대안 미래와 미래학방법론을 연구하고 있다. 주요 저서로는 『금계일기 1-2』(공저), 『아포일기 3-5』(공저), 『The Preferred Transformation of South Korea: Alternative Scenarios for 2030』 등이 있다.

▌안 투 짜(An Thu Tra)

현재 베트남 민속박물관에서 언론 및 홍보부서 부대표(Vice-head Communications & PR. Dep., Vietnam Museum of Ethnology)로 재직 중이다.

▌이태훈

서울시립대학교 경제학부를 졸업하고 전북대학교 사회학과 대학원에서 박사과정을 수료하였다. 현재 SSK 「압축근대와 개인기록연구단」에서 개인기록과 동아시아 압축근대에 관심을 가지고 공부하고 있다. 주요 저서로는 『금계일기 1-2』(공저), 『아포일기 3-5』(공저) 등이 있다.

▌유승환

전북대학교 사회학과를 졸업하고 동대학원에서 석사과정에 재학 중이다. 텍스트 마이닝 기법을 활용하여 일기, 교과서 등 다양한 기록물을 분석하는데 관심이 있다.